近代中国断章

近代中国断章　目次

本書刊行に寄せて―原島君とブラームスのこと

原島君が亡くなった年の百年前、つまり一八九七年、ヨハネス・ブラームスが死去している。それがどうしたと言われるだろう。そのとおり。しかし、私の記憶のなかでは二人の人物は結びついているのである。二人が百年を隔てて人生を終えていることに感懐がある。

京大の「逆封鎖」から半世紀。今や老耄の歩みを確実に歩み始めている私にとって、学生時代の記憶は茫々乎として薄れてしまってきているが、忘れ得ぬこともある。

教養部の学生のころであった。原島君から東京の友人が来るので一緒に京都の町を歩こうとの誘いがあり、金戒光明寺・真如堂周辺を散策した。その際、原島君は東京からの友人に私のことを「かれはブラームスが好きなのですよ」と紹介した。聡明な原島君がなぜか錯覚していた。私はブラームスはクラシック音楽の大作曲家であるという通り一遍の知識があるだけで、もちろん愛好家なんかではなかった。だが誤りを指摘できず曖昧に答えた。それ以来半世紀余、私はブラームスを意識し、つまり原島君の言葉を否定できなかったことが心に残り、愛好家になるべく、ＣＤをどれだけ購入し、幾度コンサートに通ってきただろう。おかげで、いくつかの作品は老いの生活に憩いや慰めを与えてくれている。死後も蓮の台の上で聴いていたいとも思うようになった。

原島君の存在は私にとってこのような存在であった。私より三つ年下だが兄事していた。穏やかで上品な物腰、底知れぬ学識、鋭い感性と知性で安易な妥協をこばむ強さと優しさ。あの若さで、すでに孤高の雰囲気さえも持っていた。……と私には思えた。

後、京大を去り東北大学大学院にすすんだ原島君に「仙台に行って何か収穫があったか」と訊ねたとき、即座に「だめですよ、何もないですよ」との答えが返ってきた。決然とした中に、やや悲しみの情が含まれるのを感じた。

その後、原島君は文革後の混沌とした中国南部の大学で中国人学生を、学習院大学で日本の学生を教えた。しかし、五十余歳の生涯はあまりにも短い。直接原島君から指導を受け得た幸運な若者は限られた。残した論文は少なく充分に意を尽くせなかったろう。ではあるけれど、きっと後世の優れた鋭敏な感性と知性は、原島君から重要なメッセージを得て、後に続くと信じている。

今回、橋本さん、印藤さんらの手によって遺稿論文集が編纂刊行されるとのこと、私ごときが特に語り得る事は何もないが、学生時代のわずかな記憶をたどりながら賛意を述べさせていただいた。

山村　洋介

出版説明

本書はもう四半世紀近くも前に亡くなった原島春雄さんの遺稿論文集です。

原島さんは一九九七年六月十日に亡くなる最期の病床で、『陳寅恪的最后二十年』（一九九六年北京で出版）読書と共に、ご自分の著書の構成、章立てについていくつかのメモを残されていました。

著書の題名は「近代中国断章」、その内容はメモの一つでは、

1シャーマニズムの墓標
2斉周華とその時代
3買辦説
4「平均」解
5官督民辦攷
6辮髪考
7史の変遷
8「国」と「家」の間
9租界の思想

＊3・5・7・9は未完成

となっていたということです。

本書は、その内容を第一部としました。しかし、既にネット上に公開されているそれらを、改めて本にすることにどのような意味があるのでしょうか。

それらの論文は、おそらく、一つひとつばらばらに読んでみても、興味深くはあれ、意図する所が分かりにくい。論文ごと何かを考証して成果とするようなものでは、全くない。ゆえに、全体を通読してそれらが意味するところを理解する必要があるのではないか、それが私たちの思いでした。そのため、第一部の前提となった意想を知る手がかりとして・第二部を構成しました。時期的にも第一部よりやや前のものが多いので、読者は第二部から先に読まれるのがよいかもしれません。

第三部は、一番最初と最後の二篇で構成されています。原島さんは学生時代京都では王夫之（船山）を、大学院の仙台では章炳麟（太炎）を研究されていました。また後には王国維の研究を進め、甲骨文、文字学にも深く分け入っておられたようで、それの片鱗がもう一篇からうかがえます。また、「朝鮮における近代化の問題」研究プロジェクトにも参加されていました。朝鮮史への関心は学生時代以来のものと言えます。

他にも中国語の先生として漢語の修辞文法に関わる論文もあります。学生時代の王夫之研究については不明のままですが、偶々見つけた次の文を付け加えておくことにします。高田淳先生と一緒に王夫之の故郷を訪問された時のものです。そこに記録された著者の言葉が本書「自序」の代わりになるでしょうか。微笑みながら低い声で真面目に冗談を言う原島さん面目躍如の場面です。

なお、武内房司先生の「原島春雄先生をしのぶ」（『学習院史学』第三六号、学習院大学史学会、一九九八年三月）に「主要著作目録」が付されています。

本書掲載論文の初出は各文章の末尾に記載しています。また、原島さん自身が付されたものだけでなく、編者の読めない漢字にふりかなを付け加えました。

（編者）

日本の学者が石船山を仰ぎ見る

（周新民・原中文編者訳）

一九八四年九月二十五日（旧暦九月一日）、この日はちょうど明末清初の思想家王船山先生誕生三百六十五周年の記念日であった。日本の学習院大学教授高田淳、講師原島春雄両先生は王船山への景仰の情を抱き、千里遥かに遠く大海を渡って、一路湖南衡陽県曲蘭郷に至り、先生の故居湘南草堂を仰ぎ見た。二人は日本流の鄭重な礼儀によって王船山墓前で祭祀の儀式を執り行なった。六十歳の高田先生が胸一杯の深情を込めて先ず墓の周囲に二瓶の回雁峰の酒を注ぎ、改めて蝋燭に火を点して、手には一つかみの香をもち、墓前に直立黙祷して敬意を表わした。原島先生は感激の様子で同行の皆に向かって述べた。

「船山先生は回雁峰の麓、王衙坪で誕生になりましたから、この偉大な先哲に一口回雁酒を飲んでいただいてこそ、生誕の地を想起することができましょう。」

これを聞いて一行は皆にっこりとした。（後略）

（『船山学報』一九八五年第二期、船山学社（中国湖南省）、一九八五年十月、五四頁。）

第一部

シャーマニズムの墓標――清朝の堂子祭

I

国家が遼（陽）瀋（陽）において建設され、竿を設け天を祭る礼が行われるようになったが、この礼では社稷の諸神祇をもふくめて静室に祀ってきた。それは「堂子」と名付けられている。まことに往古の群神を会祀する明堂の制度と合致するものであり、古礼を踏襲するものといえよう。

これは礼親王、昭槤が『嘯亭雑録』巻八「堂子」条に記した一段であり、堂子祭に言及する研究論文に数多く引用されてきたものである。礼親王の主旨は堂子が明堂と同じい、とする点にある。礼親王は乾隆四一年の生まれ、薨年は道光九年である。西暦では一七七六年～一八二九年ということになる。清朝の建国時の礼親王、代善の親王位を継承する皇族の顕貴の生まれである。礼親王、昭槤は親王としては波乱の生涯をおくることになるが、その経歴の故もあって、清朝の典故に精通していた。それは他の皇族から見ても群を抜くものであった。祖父の代から礼部に奉職し、清朝の典章制度に精通していた龔《きょう》自珍は

王、天聡、崇徳以降の瑣事丕事は皆その年月を説きて誤たず。一事毎に輒《すなわ》ちその源流を言い、正変分合作ること数十重、問答して倦まず、自珍の交わる所の賢不賢の掌故を職とする者、程大理同文よりほか、王に如かざるなり。（『龔自珍全集』第五輯「与人箋」）

と称賛してやまない。『嘯亭雑録』「堂子」の条はさらに

鼎を中原に定めてより以来（清朝が北京に政権を定めて以来）、堂子を長安左門外に建設し、祭神殿を中央に建てた。すなわちもろもろの神祇を総祀するものにほかならない。南側の前方は拝天の円殿であり、円殿の真南に大内で祭礼を行うための竿を立てる石座を設けるのである。そのやや南の両翼に縦横それぞれ六列の石座を設ける。第一列は諸皇子が祭礼を行うための竿を立てる石座である。諸王、貝勒、公などはおのおのの爵位に応じて並ぶ。いずれも北面して並ぶ。

と続けている。文面からするならば、礼親王がこの堂子祭に参加していたのは確実であろう。

堂子祭が中国の古礼である明堂にあたる、というのが礼親王の確信であるが、だが、満洲の古礼である「跳神儀」も述べている。それが堂子祭の原型であることは、堂子祭の関連資料、ことに堂子祭に関する清朝の『欽定満洲祭神祭天典儀』でも明らかである。『嘯亭雑録』巻九の「満洲跳神儀」の一条は次のように述べている。

巫人（原註、女使を用う）は吉服を着て刀の舞いを舞い、「敬いて糕餌《こうじ》を献げ、もって康年を祈る」という祝詞を唱える。主人は跪き神版をたたき、護衛たちは神版をたたきつつ絃、箏、月琴を奏でて唱和する。その音色は心地よい。巫者は歌い終えると祝詞を唱えるが、主人は謹んで耳を傾ける。（一連の儀式を）終えると主人は拝礼を行い立ち上がるのである。

ここでは「巫」という言葉を用い、薩満（シャーマンの漢字表記）という言葉を慎重に避けてはいるものの、それは、正真正銘のシャーマニズムにほかならない。この堂子祭が満洲の秘儀であるシャーマニズムを根幹に持っていたため、堂子祭を「典至って重きなり」（『清文献通考・郊社考』）としてきた清朝の開国は歴史において秘密のヴェールに覆われ、さまざまな附会、誤解そして虚偽を生むこととなった。それは清朝という中国最後の王朝の根幹に関わるものと思われる。

中国の歴代の王朝にはいずれも虚偽で飾られた開国神話が見いだされる。史実の捏造もまた稀ではない。だが、清朝ほど自らの履歴書を捏造した例はやはり空前絶後といわねばなるまい。清朝の建設者は自からの国号を「発見」ないしは「発明」して満洲なる名称を創出している。満洲という言葉の語源については、これまで諸説があったが、「それ故、建州（女真族の一部族であり、満洲のもともとの部族名）は（李）満住すなわち文殊を酋長に戴く部族のことである。つまり満洲部族とは文殊部族の謂いである」（孟森『満洲開国史』第一講「満洲名称考」）と考証されているごとく、文殊菩薩に由来している。このことは清朝の史家も認めている。『満洲源流考』巻一には次のように記載されている。

思うに満洲というのはもともと部族の名称であった。国書によるならば「満洲」はもともと「満珠」と表記されていた。……わが朝が東土において燦然と輝くようになると、毎年チベットから丹書が献上されるようになったが、いずれも「曼珠師利大皇帝」としたためられていた。『翻訳名義』によるならば「曼珠」とは華言（中国語）の妙なる吉祥という意味である。

ところが、『清太祖実録』は「始祖の布庫里雍順、長白山の東、俄漠恵の野、俄朶里城に居り、国号を満洲という。これ満洲開基の始めなり」とする。これは歴史の改竄にほかならない。この改竄は満洲が始祖の時代から一貫して中国の支配下に入ったことがなく、したがって明から清への王朝交代が武力による簒奪ではなかったことを証明するためになされたと推察される。こうして明朝による東北支配の事実が徹底して歴史から削除されることとなった。ことに満洲の出身母体となった建州ということば、さらに古くからの民族名である女真ないしは女直（『元史・地理志開元路』に「古えの粛慎の地、すなわち金の鼻祖の部落なり。初めは女真と号するも、後に興宗の諱を避け、改めて女直という」とあるように、遼の興宗の諱である宗真を避けたものである）ということばについて、削除したり、附会したりしてきた。これらの事実は清朝の本質を知るうえで重要ではあるが拙論の範囲を超えているので贅言しない。

清朝の建国をめぐる虚飾のベールを一枚一枚剝がしていったのは、孟森（西暦一八六九年～一九三七年）である。孟森、字は蒓孫、号は心史、江蘇武進の人、著に『明清史論著集刊』『明清史講義』『満洲開国史』等がある。清朝の末期を生き、辛亥革命を眼のあたりにした経歴があったためであろう、清朝開国をめぐる歴史のタブーがとれたのち、原史料を発掘し、その前半生なじんできた清朝の歴史の虚偽をつぎつぎと暴いていった。このような孟森が堂子祭に疑惑の目を向けたのは当然である。孟森は清朝の虚飾作成の方程式に類した一文を遺している。

阿台は建州の酋目にあって始めて、阿太章京として清の実録に現れる。章京とは満洲語では（漢語の）将軍の音を写したことばである。満洲語には明らかに漢語を語源とし、それを満洲文字に置き換えたことばがある。そして、それをふたたび漢語に翻訳しなおすとき、故意にもとの漢語を用いずに他の漢語に再翻訳してきた。こうして、一見しただけでは判然としないようにさせたのであるが、それはその「秘幻」を示すためであった。乾隆帝が訳文を改定したのはおおむねこのような意図に基づくものである。ところで太祖、太宗の時には、訳した人があるいはあることばが漢語起源であることを知らないこともあり、音だけを記して奇妙な漢字表記をしたことがあったが、そのことばが漢語起源であることが判明すると漢語の元の表記をそのまま記した。それ故、入関前（西暦一六四四年、清朝が山海関に入る前）に記述された文書は漢語に基づくものが多いのである。しかし、乾隆の時代になってこのような漢字表記を（満洲音に基づいて）別の漢字表記に変更したのである。現在の清朝初期にかんする文献はいずれも乾隆の時に重定されたものである。つまり、関外（西暦一六四四年以前）の原本と較べると、後世（乾隆時代）の虚飾であることが判明するのである。（『満洲開国史』第十講「王杲補伝・附阿台及王兀堂」）

このような虚飾作成の方程式、孟森のことばで言えば「秘幻」化方程式は、おそらくことばにかんしてだけでのことではない。さまざまな歴史概念のみならず支配の構造、そして満洲の根底をなす宗教にまであったに違いないと、孟森は確信していたようである。それは孟森の主著である『明清史論著集刊』に見られる諸論考から伺い知れる。孟森がこの方程式を堂子祭に適用したとしても、それは当然のことであった。孟森が清朝の堂子祭に疑念をもったのは上掲の『嘯亭雑録』「堂子祭」の条にあるつぎの一段についてである。

東南には南向きに上神殿が建てられているが、明の将軍、鄧子龍の位牌が祀られていると言い伝えられてきた。思うに子龍には太祖と旧誼があったため附祀されているのであろう。（上神殿とは図四の尚錫神亭のこと）

親王の称号をもつ皇族、しかも清朝の典章制度に精通した礼親王によって明言されたためであろう、堂子祭は鄧子龍を祀る「鄧将軍廟」として語られるようになっていった。だが、それがまったく根拠をもたないことは孟森が「清代堂子所祀鄧将軍考」（『明清史論著集刊』所収）が明らかにしている通りである。孟森は『全遼志・宦業門・鄧佐伝』にもとづきつつ、上神殿に祀られているのが鄧子龍ではなく、鄧佐であることを論証している。その結論が正鵠を射ているか否かは論議が分かれるであろう。しかし、孟森が鄧佐であると結論づけたのは、前述の方程式が働いていたためであると考えられる。

考えるに鄧佐の死事は甚だ壮烈であった。現在の時点で考証するならば、清朝一代を通じ神秘のベールに包まれつつ敬祀されてきた鄧将軍とは、堂子にほかならないのである。この「堂子」の二字は、鄧佐の転音であると推測される。（孟森『満洲開国史』第三講「建州」）

堂子が鄧佐の転音である、という推定が成り立たないことは後述するが、清朝による虚飾、附会は孟森に勇み足させるほど軌を逸したものであった。礼親王もまたその虚飾と附会に責を負っている。だが、それは孟森のいうような政治的意図にもとづく附会ではないように思われる。むしろ歴史に育まれた無意識の構造が附会をもたらしたように思われるのである。すなわち堂子祭をめぐるさまざまな概念、名称が文字に書かれた歴史に根拠をもつはずだ、という無意識の確信が作用したのではあるまいか。堂子祭すなわち明堂である、という礼親王の確信は孟森には荒唐無稽の談であったかもしれない。しかし、礼親王はこのように確信することによって一定の安堵感を得ていたように思われる。このような無意識の構造は礼親王に慣れ親しんできたとおもわれる満洲の神の由来まで附会させるにいたっている。『嘯亭続録』巻四に「完立媽媽」なる一条がある。それに

よると、

国（満洲）の風俗では、神を祀る日に祭壇の下に小卓を設け媽媽を供える。それは完立媽媽と名付けられている。はじめいかなる神であるのか判らなかった。最近、宗人の澧泩《れいせん》が奕溥《えきふ》から伝承を聞きそれをまとめたとのことであるが、それによるとその神とは明の孝荘皇后のことである、という。思うに二祖が災難に遭ったとき、李后が哀れみ李成梁の誤りを飭諭をもって正したことがあった。そこで高皇（ヌルハチ）は李皇后の徳に感じて明堂に附祀したとのことである。つまり完立媽媽とは万暦母后の転音である。澧泩は該博な知識をもっており、しかも直系に近い皇室の出身である。そのことばに根拠があるのは間違ないであろう。

完立媽媽あるいは万暦媽媽は『欽定満洲祭神祭天典礼』巻四に見られる「佛里佛朶鄂漠錫《がくばくしゃく》媽媽」のことであるが、清代の北京では万暦媽媽として語り親しまれてきた。佛朶とは柳の枝の意味、佛里佛朶とは幸福をもたらす柳の枝のことである。鄂漠錫は多くの子孫、つまり、「佛里佛朶鄂漠錫媽媽」とは子孫繁栄をもたらす幸福の柳の枝である。満洲には古くから生殖信仰があり、柳は女性性器の象徴であった。では完立媽媽あるいは万暦媽媽と呼ばれるのは何故なのか。佛里佛朶鄂漠錫媽媽は当然のことながら神偶として祭られている。そして完立あるいは万暦とは木製の神偶を表す満洲語の漢字表記であって、明の万暦とは何らの関係もない言葉である。

堂子とは淫祠ではないのか、という噂が神秘のベールを伺いしれぬ漢人のあいだにささやかれていたのは事実である。「昔、范生なるものが満洲の遼陽城を旅したことがあった。古刹が目に入ったので見学しようとしたのであるが、門番がどうしても入れてくれない。門番が言うには、参拝したければ門の外で焼香してほしいとのことである。その後、門番と掛け合ったところなんとか入れてくれた。刹内に入ると二体の塑像が目に入った。身の丈は数丈、一体は男子像、一体は女子像であった。南面して一糸纏わぬまま互いに項《うなじ》を抱きあっている。猥褻そのものである。土地の人に聞いたところ公佛、母佛と呼ばれているとのことである」（董含『三岡識略』）。この古刹は満洲が遼陽に都を置いていたときの堂子である。そして公佛、母佛の佛とはおそらくホトケの佛ではなくて佛朶の佛であると思われる。満洲貴族として育てられた礼親王が佛里佛朶鄂漠錫媽媽の由来をまったく知らなかったとは考えにくいことである。だが、堂子祭すなわち明堂と考える、ないしは考えたいと思っている礼親王にはその由来が女性性器の象徴たる柳の枝であったことははなはだ具合の悪いことである。そこに万暦媽媽すなわち万暦母后なる説があらわれたのである。そして、礼親王はその説を自著に書き入れることによって安堵感を得たのであろう。

堂子祭を中核とする満洲の祭礼の体系はこのように微妙なものであった。それ故、神秘のベールに包まれないわけにはいかなかった。堂子祭は『清朝文献通考・郊社考』に「典至って重きなり」とあるように、清朝の根幹をなす祭礼であった。そのため、堂子祭の参加者は満洲貴族の高位を有するもののみに制限されていた。参加者が制限されればされるだけ、堂子祭はますます神秘のベールに包まれることとなり、附会と憶測がはびこっていった。そして、清朝が滅びたのち、堂子祭は明堂に当たるのか否か、堂子祭とシャーマニズムとの関係はいかなるものなのであるか、堂子祭そのものが附会ではないのか、という数々の疑問を遺しながら、歴史の濃霧の中に消え去ったのである。

II

乾隆十二年（西暦一七四七年）、『欽定満洲祭神祭天典礼』が完成した。それは清朝の皇帝たる愛新覚羅姓の典礼を根幹に据えつつ満洲の典礼を集大成したものであった。それでは何故、乾隆十二年という時期に編集されたのであろうか。孟森の立場にたてば、それは「秘幻」化の一環ということになるであろう。その一面があったことは否定すべくもない。乾隆帝によるならば、この欽定の典礼が編集されたのは次のようないきさつがあったためである。満洲の典礼を構成している祭神、祭天、背鐙《はいとう》の諸祭は各姓氏ごとに異なることもあるが、大同小異であった。たとえば、愛新覚羅姓の祭神は宮中から王公の家にいたるまでいずれも祝辞（祝詞）を根本としてきた。かつては、すなわち満洲の故地にいたときには、司祝の人は満洲の地に生まれ幼いときから国語（満洲語）に慣れ親しんできた。……ところがその後、つまり北京に都を定めてより後は、司祝のものは国語を学習しないかぎり互いに伝授することができなくなった。こうして賛祝の原字、原音がしだいに齟齬するようになったのである。大内（皇帝）から分家した各王家に代々伝えられている祝辞がそれぞれ異なっているばかりか、大内の祭神、祭天の諸祭の賛辞、祝辞も原字、原音と異なったものが出てきている。今ここに適宜改正して文書に記さなければ、おそらく時が経つにつれて訛漏が甚だしくなっていくことであろう、云々（乾隆一二年七月初九日の上諭)。このようにして制定された『欽定満洲祭神祭天典礼』は、シャーマニズムの原型、満洲の各姓氏のシャーマニズム、愛新覚羅姓のシャーマニズム、愛新覚羅化された満洲の典礼、それにもとづく満洲の国家としての典礼、中国の統一王朝たる清朝の皇室としての典礼が時間的経過とともに重層化しており、しかも満洲の空間的拡大とともに外来の宗教と聚合することによって変質したものである。そこでは時間空間の糸が複雑に絡み合いつつも、典礼の中では並列しているという構造をとっている。たとえば、堂子の諸神には満洲の主神、満洲の民間の諸神とともに佛、菩薩、関帝(関羽)まで含まれている。いわば諸神が時間的経過と空間的拡大にともない聚合化し、堂子祭において並列的に祭られているのである。

『欽定満洲祭神祭天典礼』は堂子祭を中心とする満洲の典礼の由来を次のように説明している。

我が満洲国は昔より天と佛と神を敬えり。故に基を盛京(瀋陽)に創りしとき、即ち恭みて堂子を建ててもって天を祀る。また寝宮の正殿において恭みて神位を建ててもって佛、菩薩、神および諸祀の位を祀る。嗣いで壇、廟を建立して天、佛、および神を分祀すると雖も旧俗いまだ敢えて或は改めずして祭祀の礼と並行す。我が列聖、鼎を中原に定め、京師に遷都するに至るも、祭祀は仍お昔日の制に遵《したが》う。由来すること久しいかな。(巻一「彙記満洲祭祀故事」)

この簡明な記述から前述したような満洲の典礼の錯綜した歴史的経緯を読み取ることはそれほど困難なことではないであろう。この錯綜した歴史の糸を解きほぐすには、(一)堂子および寝殿の祭祀と満洲のシャーマニズムとの関係、(二)シャーマニズムの原型と変形、外来の宗教との聚合の経緯、(三)満洲の国家形成にともなう典礼の「廟堂化」(富育光、孟慧英『満族薩満教研究』の言葉)の過程、すなわち礼親王に明堂にほかならないと言わしめた中国化の過程、(四)堂子が中国の統一王朝たる清朝の典礼として確定していく過程が明らかにされなければならない。ここではその一部を主として『欽定満洲祭神祭天典礼』『大清会典』『清史稿』などに拠りつつ、堂子の終着点から、すなわち「廟堂化」された堂子から見ていくこととする。

「莫問堂子祭何神」——堂子がいかなる神を祭っているのか、それは問うてはならない、清朝の支配下にあって喘かれていたのは、このような言葉であった。それが清朝の最高機密、それも清朝の機微に触れるものであったからである。しかし、『欽定満洲祭神祭天典礼』においては、その影すらみせずきわめて整合性をもつものとなっている。

満洲の祭神祭天の典礼は二つの柱からなっている。すなわち堂子と坤寧宮《こんねいきゅう》の祭祀がそれである。この二種類の祭祀は諸神を共有している点で密接に関係している。堂子には、鄭天挺の表現を借りるならば、公的祭祀と私的祭祀の二種類の祭祀があったという(『探微集』「満洲入関前後幾種礼俗之変遷」)。前者は皇帝自らが主宰する元旦の拝天、出征凱旋の祭祀であり、いわば国家の大典であった。後者は月祭、杆祭、浴佛祭、馬祭などの皇室ないしは皇帝個人の祭祀であった。

堂子の中心をなしている元旦の拝天の祭祀を『清史稿』に拠りつつ見てみよう。一二月二十六日、内府官が坤寧宮に赴き朝祭、夕祭の神位にお出ましをお願いし、神輿に奉って内監が擔いで堂子に安置する。そして元旦の祭典に備え準備万端を整える。元旦の味爽、皇帝は輿に乗って王公を従えて宮中を出発する。堂子の内門

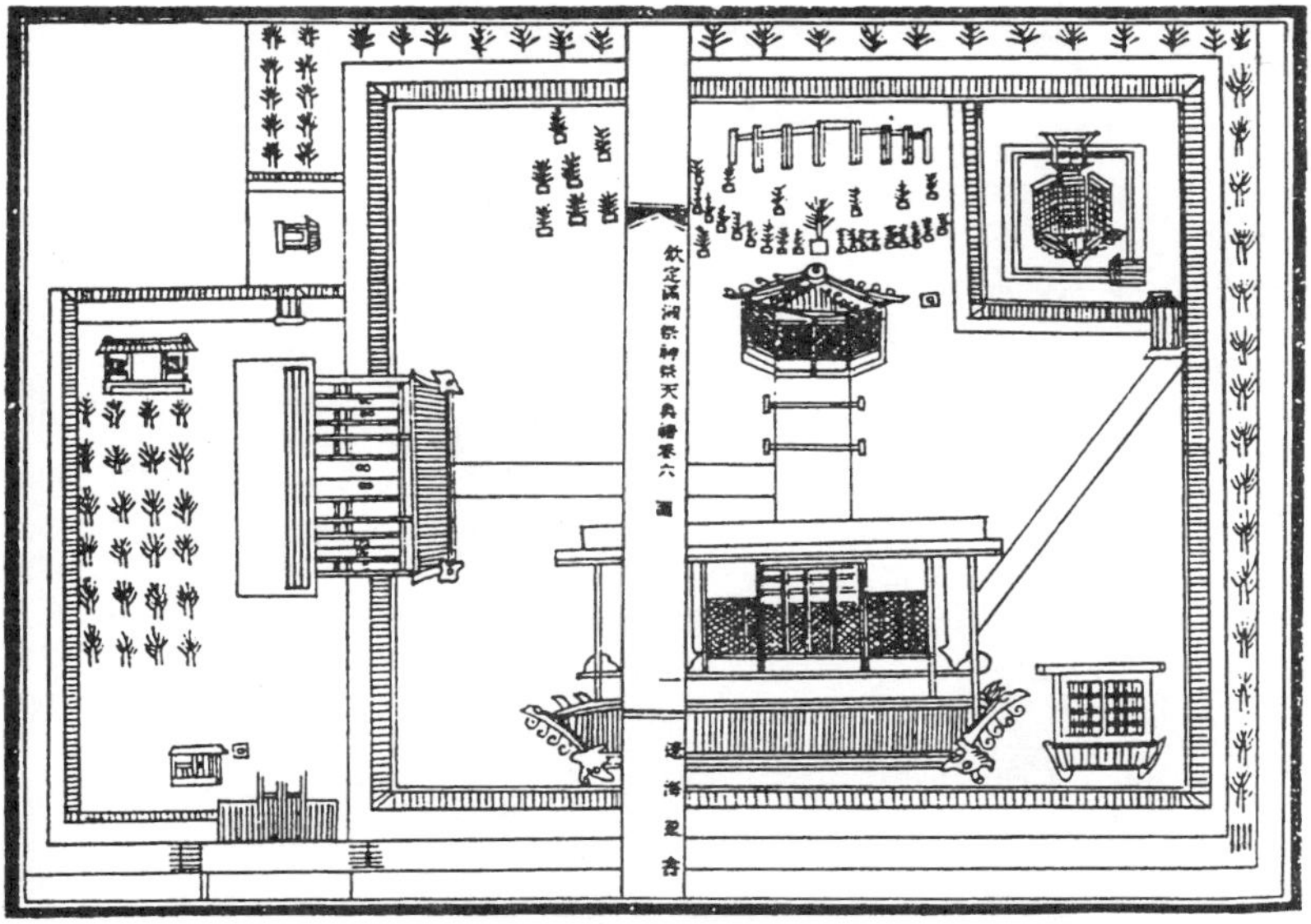

図一　堂子図
（中央下〈北〉　饗殿／中央中　亭式殿／中央上　神杆／右上〈東南〉　尚錫神亭）

で輿を降り中門より堂子に入り、圜殿《えん》に詣して拝位に就き、南向きに群臣を率いて三跪九拝の礼を行う。祭典が終わると皇帝は宮中に戻る。翌日、神位を再び坤寧宮に奉る。その他の祭祀も性質の違いにより、また祭られる神の種類により、祭礼に繁簡の差はあるものの大同小異である。堂子は図（一）のような構造をもっている。中央の北側に群神を祭るための饗殿（礼親王のいうところの祭神殿）があり、南向きである。その南側に拝天の圜殿があり、北向きである。元旦の堂子拝天の祭典においては坤寧宮に祭られている諸神を饗殿に配置するものの祭礼の対象とはならない。祭礼の対象となるのは圜殿に祭られている紐歓台吉、武篤本貝子である。『欽定満洲祭神祭天典礼』巻一の「堂子亭式殿祭祀祝辞」にはつぎのような祝詞が記載されている。亭式殿とは、礼親王のいう円殿、すなわち圜殿にあたる（図二参照）。

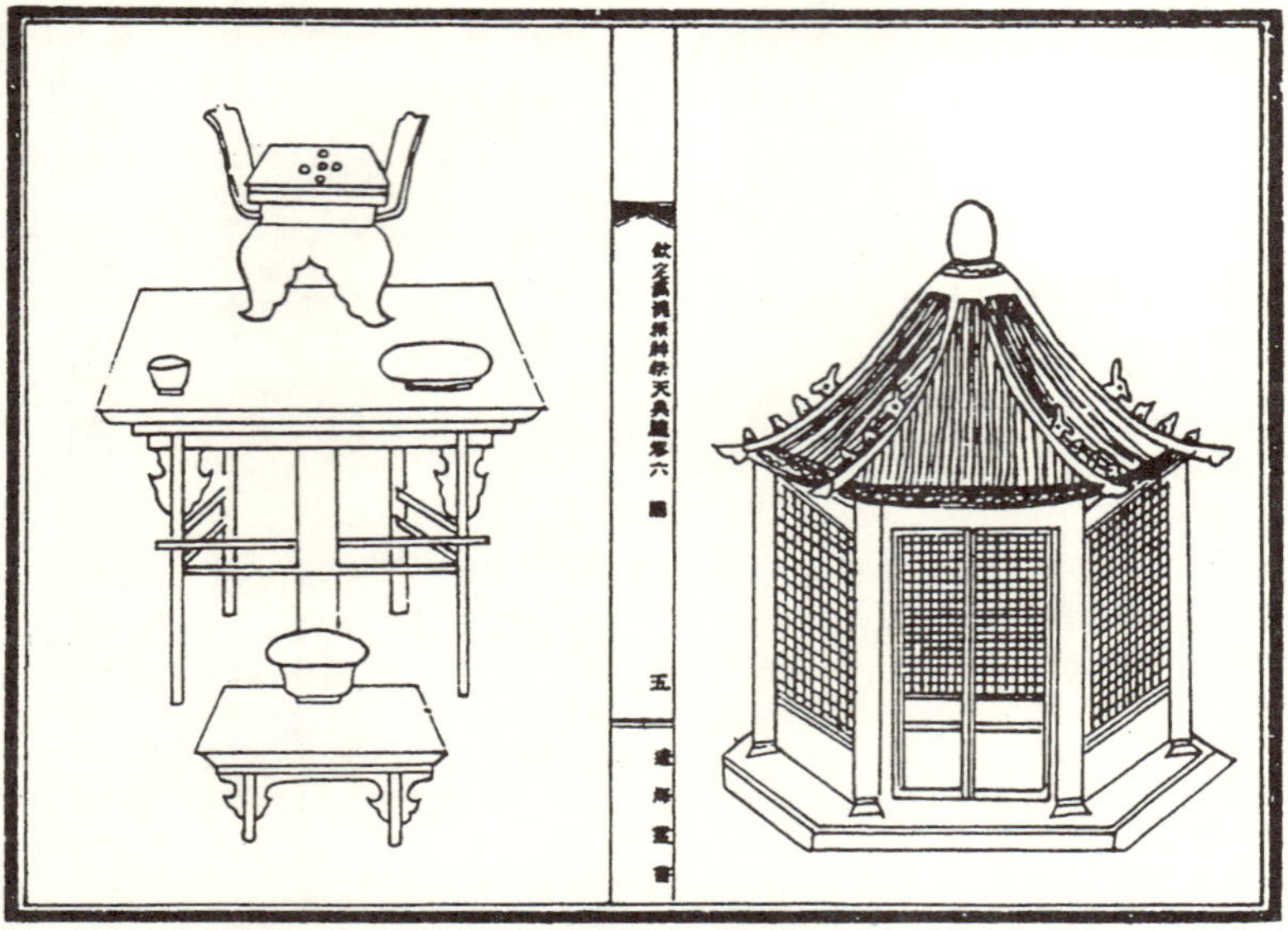

図二　圜殿（亭式殿）

上天之子、紐歓台吉、武篤本貝子。某年生小子、某年生小子（原注、為某人祭則呼某人本生年）、今敬祝者、豊於首而仔於肩、衛於後而護於前。畀以嘉祥兮、歯其児而髪其黄兮、偕老而成双兮、年其増而歳其長兮、根其固而身其康兮。神兮貺我、神兮佑我、永我年而寿我兮。

これは祝辞の中心をなすものである。紐歓台吉、武篤本貝子はいわば諸神中の主神である。ところが「称するところの紐歓台吉、武篤本貝子なるものは、みなその縁起を得ず」（同上）――由来が不明なのである。こうして「堂子のそれぞれの具体的祭礼と祭られている諸神、そして祝辞に見える主神の名をあとづけるならば、堂子が決して祭天の礼でないことは明らかなのである」（孟森、前掲書「清代堂子所祀鄧将軍考」）という疑義が生まれたのである。つまり、満洲固有の堂子祭が中国古来の祭天の礼に同じいという附会が行われた、という疑問が呈されることとなったのである。この点は後述する。

一方、饗殿（図三参照）に安置されたのは坤寧宮の諸神であった。諸神はしかるべき祭礼において坤寧宮から移され祭られるのであるが、堂子祭天の中心を構成するものではなかった。日常的には坤寧宮において祭られていた。『欽定満洲祭神祭天典礼』によるならば、その祭礼には常祭（日祭）、月祭、大祭、報祭などがあるが、それらはいずれも朝祭と夕祭に分かれており、そのうち「夕祭を主とする」（莫東寅『満族史論叢』「清初満族的薩満教」）ものであった。朝祭の神は釈迦牟尼、観世音菩薩、関帝聖君であり、夕祭の神は穆哩罕諸神である。穆哩罕諸神にたいする祝辞は以下の通りである。

自天而降、阿琿年錫之神。与日分精、年錫之神。年錫惟霊。安春阿雅喇、穆哩穆哩哈、納丹岱琿、納爾琿軒初、恩都里僧固、拜満章京、納丹威瑚哩、恩都蒙鄂楽、喀屯諾延。某年生小子、某年生小子（原注、為某人祭則呼某人本生年）、今敬祝者、豐於首而仔於肩、衛於後而護於前。畀以嘉祥兮、歯其児而髪其黄兮、偕老而成双兮、年其増而歳其長兮、根其固而身其康兮。神兮貺我、神兮佑我、永我年而寿我兮。（『欽定満洲祭神祭天典礼』巻一「坤寧宮朝祭誦神歌禱祝辞・夕祭坐于杌上誦神歌祈請辞」）

この祝辞は先に引用した紐歓台吉、武篤本貝子にたいする祝辞と祈りを献げる諸神の名を除けば、まったく同じである。ところが、『清会典事例』によるならば

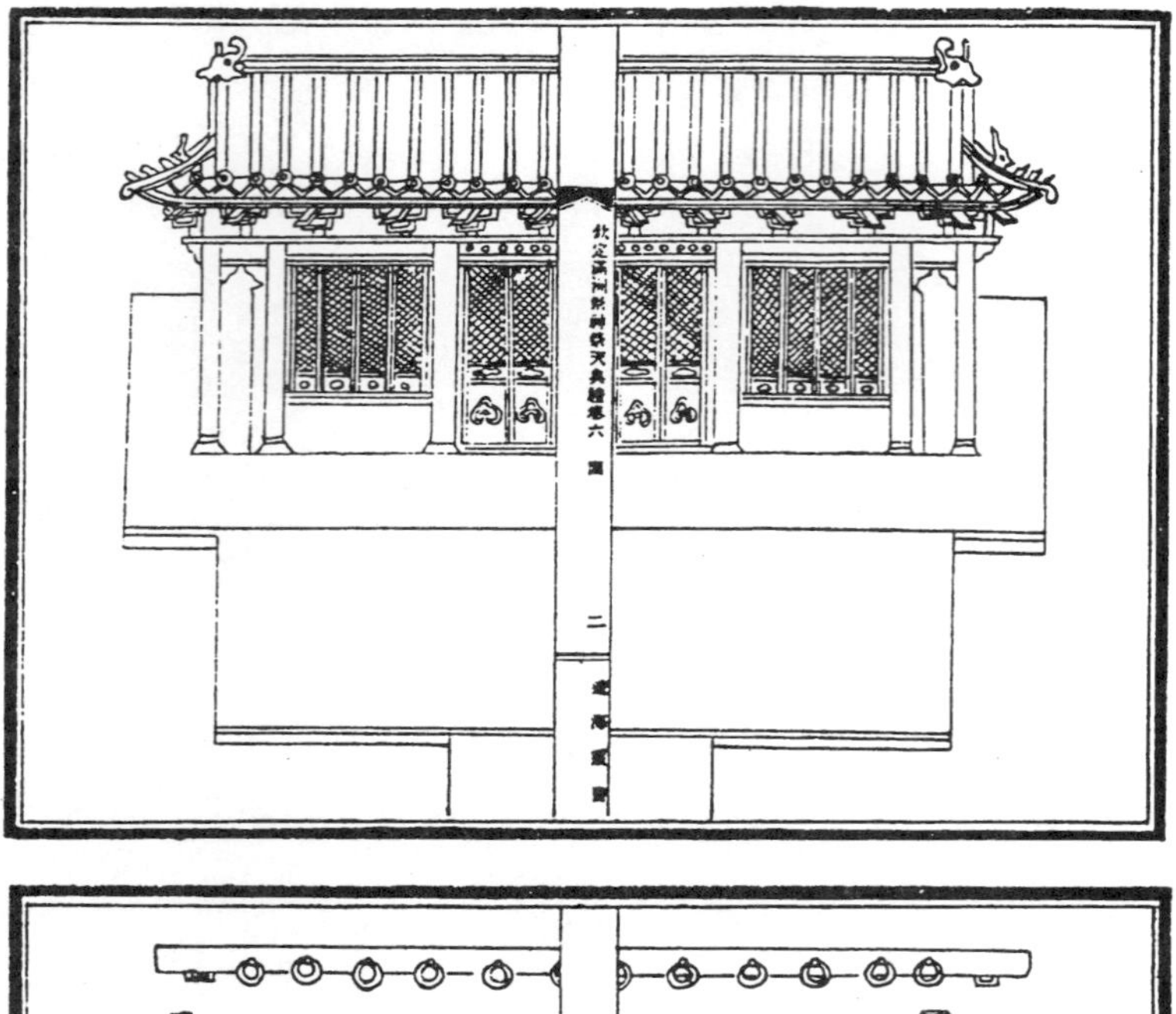

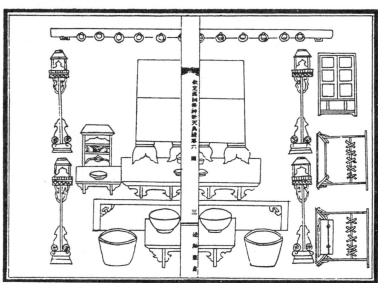

図三　饗殿(上)とその内部(下)

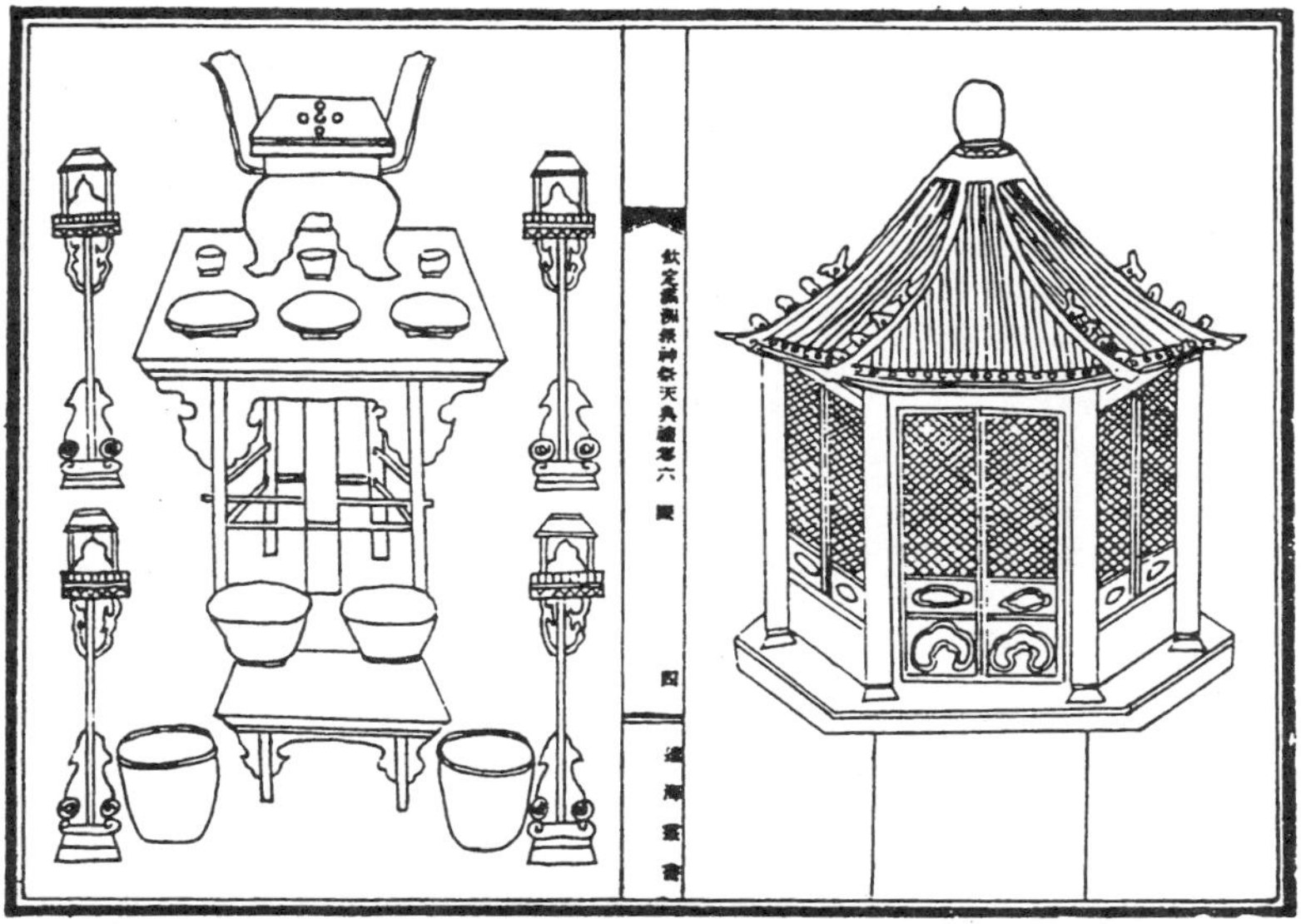

図四　尚錫神亭

夕祭の祝辞に見られる諸神の名には阿琿年錫、安春阿雅喇、穆哩穆哩哈、納丹岱琿、納爾琿軒初、恩都里僧固、拝満章京、納丹威瑚哩、恩都蒙鄂楽、喀屯諾延などの称号があるが、納丹岱琿が七星を祀るもの、喀屯諾延が先世に功績のあった蒙古の神を祀るものであることが判っているだけでその他はいずれも考証しようもないのである。

という。

朝祭における神が外来の、しかも時代的には後世の神であることは一見して見て取れる。一方、夕祭の諸神は満洲固有の神であったに違いない。それは夕祭の儀式の内容から伺い知れるのであるが、ここでは紙幅の関係もあって贅言しない。だが、それが清朝の宮中に保存されてきたシャーマニズムの秘儀――跳神であったことは言うまでもない。

礼親王が堂子は明堂にほかならないと言明したとき、礼親王の切なる思いをよそに、そこに誰もが胡散臭さを感じたであろう。この神秘に満ちた堂子にいかなる神が祭られているのか、と人びとが問いを発するとしても「莫問堂子祭何神」というタブーがあった。鄧将軍を祀るものである（すなわち礼親王のいう上神殿、図四の尚錫神亭のこと）、いな、淫祠である、等等、神秘のベールはいよいよ厚くなるばかりであった。このベールを一枚一枚剝ぎ取っていったとき、堂子の本質ないしは原型が坤寧宮の夕祭にあったのではないのか、という推定がなされたのは極めて当然のことである。そして、坤寧宮の夕祭に跳神すなわちシャーマニズムが保存されており、満洲の成立の過程で佛教と道教が混入し、中国の王朝として、すなわち清朝として成立する過程で堂子に拝天の意義が附会されていった、と推定されていくことになったのである。このような推定を成り立たせる契機を作ったのが満洲の顕貴の皇族、それも清朝の典故に関する第一人者、礼親王であったということは歴史の皮肉と言えようか。

では、堂子は満洲の固有の信仰体系であるシャーマニズムにおいていかなる意味をもっていたのであろうか。

III

自ら満洲を自称した女真族は古い時代から拝天の礼を行ってきた。「本国拝天の礼甚だ重し。今、汝ら古制に依りて壇を築くと言うもまた宜し」（『金史・礼志』）。これは女真族の王朝、金の世宗の言葉であるが、本国とは金、古制とは中国古来の制度を指す。中国の華北を版図に収めた金はまたシャーマニズムをも中国にもたらした。「珊蛮なるものは女真語の巫嫗なり」（『三朝北盟会編』巻三）。これはシャーマニズムを文字に記録した初めての史料となったものである。このように満洲は女真と呼ばれていた時代から拝天とシャーマニズムを信奉してきた。この信仰は他の民族の間にも見いだされるものであり、必ずしも満洲固有のものではないが、満洲の古俗であったことは言を俟たない。堂子がこの満洲の古俗と深い関係を有することは上述の通りである。しかし、堂子は複雑にしてかつ錯綜した形で史料に現れる。

堂子という言葉について、鄭天挺は「天聡年間、太祖実録を編修したとき、堂子という言葉には適確な漢語訳はなかった」（鄭天挺、前掲書）と言い、孟森は堂子の祭天は「いずれも高宗（乾隆帝）の創意に係るものである」（孟森、前掲書）と言っている。また、近年、傅同欽も順治九年（一六五二年）勅修の『天聡実録稿本』と乾隆四年（一七三九年）校訂の『清太宗文皇帝実録』と比較しつつ、堂子という言葉は晩出である、と断定している（傅同欽「清代的祭堂子」『明清史国際学術討論会論文集』所収）。孟森は上述のように漢語（文字）から満洲語（音）、そして満洲語から別表記の漢語（文字）という公式をたて、堂子については鄧佐、その音に対する満洲音、堂子という仮説を立てた。この孟森の方程式に誤謬はない。しかし、この方程式に入れた数値が誤ることもあるであろうし、また、この方程式が適用されない場合もあると思われる。

堂子という言葉が清朝において定着したのが乾隆の時代であった、というのはその通りである。それ以前は主として「廟」という言葉を使用していた。努爾哈赤（ヌルハチ）が赫図阿喇《ホトアラ》において、皇太極（ホンタイジ）が盛京において、後の堂子祭に当たる祭礼を行ったのはそれぞれ玉帝廟と城隍廟においてであった。ことに盛京の城隍廟にかんしては改竄が行われる可能性のない史料に記載されている。『沈館録』には「鶏鳴、清帝、諸臣を率いて東門外の城隍祠に事うるあり」とあるが、その日時は戊寅（崇徳三年、一六三八年）正月一日である。これが堂子の拝天であることは確実である。それ故、『沈館録』に序文を書いた金毓黻《きんいくふつ》は「沈陽都城の城隍廟は城内にあるが、それは元代に建立されたものである。清代の初期、新たに城隍廟が建立されたことはない。ということはいわゆる城隍廟なるものは堂子にほかならない」（『沈館録』叙、『遼海叢書』所収）と断言する。ちなみに『沈館録』は朝鮮の王子が盛京（瀋陽）に滞在していた時の記録であり、崇徳二年（一六三七年）から順治元年（一六四四年）の七年余の事跡を記している。

では、堂子という言葉は乾隆帝の「発明」に係るものなのであろうか。「玉帝廟に謁す」と漢文の史料に見える一段の玉帝廟は満洲文ではいずれも tangse となっている（鄭天挺、前掲書）。すなわち漢文史料に見える廟は満洲文では堂子（tangse）なのである。漢語から満洲語、そして満洲語から異表記の漢語という孟森の立てた公式はこの場合あてはまるのであろうか。満洲語の tangse から漢語の堂子へという置き換えは歴然としている。しかし、鄧佐から tangse という孟森の説はあまりにも突飛であろう。この謎は近年になって明らかにされつつある。

「堂子」という言葉は満洲族の各姓氏に大切に保管されている譜冊と神諭によって証明されるように、それは満洲語であり、女真の時代から広く使われてきた「Dangse」（檔澁）から変化したものである。檔澁とは漢語の檔子ないしは檔案にあたる。往古の時代、満洲の各姓氏の長、すなわち穆昆は、一族の譜牒と氏族の神祇・神位、神諭、神器、祖像を安置するため、その居所に「恩都力包」（神堂）ないしは「檔澁包」（檔子堂）を設けていた。いわゆる「神堂」といってもそれは初期にあっては必ずしも神殿を意味しなかった。このことは北方諸民族の先住民が長期にわたる狩猟の移動生活を送っていたことと関係する。この移動生活では神は人とともに移動することとなる。宿営したときにはそこに神位を安置する。携帯の便のため、祖先の像、神の像さらに神冊、神器などは白樺の樹皮で作られた匣《はこ》、木匣、柳の枝で編まれた匣、骨製の匣、石製ないしは土器の甕のなかに容れられていたが、時が経つにつれ長方形の引き出しの付いた木匣に容れられるようになった。この木匣は「神匣」と呼ばれている。（富育光『薩満教与神話』）

狩猟の移動生活を送っていた時代、この神匣は東方に安置されていた。東方が太陽の昇る方角にあたるからである。ところが、定住の生活を送るようになると神匣《しんこう》は家屋の西側のオンドルの上の壁に安置されるようになる。それは西側の部屋が温暖なため老人の部屋となっており、そして老人が神諭を携える決まりとなっていたためである。こうして神諭は家屋の固定された場所に安置されることとなったのであるが、この場所こそ堂子にほかならない。やがて部族の堂子が分化し定着していく。明代の中期、女真の諸部族が定住地に定めた霍通城内には祖先神、守護神を祭る聖地が置かれた。そして、そこは「堂澁」ないしは「唐舎」「擋色」と呼ばれた。堂子にほかならない。この堂子は部族の城塞の東南の方向に建てられ、神杆が据えられていた（富育光、孟慧英著『満族薩満教研究』）。

満洲が国家として形成されると、後に皇帝として追封されることになる努爾哈赤《ヌルハチ》により、「堂子」に拝謁する儀礼が定められる。

およそ毎歳の元旦および月朔、国に大事あるときは、すなわち祈りて報を為す。みな恭いてこれを堂子に請い礼を行う。大出入には必ず告げ、出征凱旋すなわち纛《とう（はた）》を列して告ぐ。典至って重きなり。（『清文献通考・郊社考』）

堂子は国家の至典となっていった。こうして、満洲が中国の東北部にあったころ、この国家の至典としての堂子は都の置かれるところに従って、赫図阿喇《ホトアラ》、遼陽、瀋陽においてつぎつぎに建設されることとなる。北京に堂子が建設されたのはこの延長線にあったのであり、漢人には神秘のベールに包まれていたもののきわめて当然のことであった。

tangse ないしは Dangse が堂子として史料に現れる以前、それは依然として孟森の立てた公式である漢語から満洲語へ、そして満洲語から異表記の漢語へ、すなわち檔子から tangse へ、そして tangse ないし Dangse から堂子へという可能性は排除することはできないにせよ、さまざまなことをわたくしたちに語りかけているのではあるまいか。満洲の原義についてはすでに触れておいた。それはもともと女真であった。そして、女真とは粛慎（または息慎）とおなじ言葉の音を表す異表記の漢語なのである。『左伝』に「粛慎、燕、亳は吾が北土なり」とあるように、それは中国の古い民族であった。徐仲舒によるならば、粛慎は豖韋に起源するという（徐仲舒『先秦史論稿』）。だとすれば、tangse が中国の文化の古層を遙か数千年の後世に伝えているのではないか、という可能性が検討されてもよいと思われるのである。グラネが歌垣によって『詩経』の解明を試みたように、tangse によって中国古代の宗教、それも後世に淫祠と断罪されたものをも含めて検討されてもよいのではないか。たとえば、白川静は「曰」という漢字を解釈しつつ、つぎのように述べている。

祝詞など神霊に告げる書を収める器であるㅂの蓋をすこしあけて、なかの祝禱の書をみようとする形。曰とはもと神託・神意を告げる意である。……曰に従う字の全体から考えると、それは古く載書とよばれる祝禱や盟誓の文書を入れる器であることが知られる。（白川静『字統』）

ここに言及されているㅂとはまさに神匣すなわちtangseそのものではないだろうか。中国の古代にあっては、満洲のシャーマニズムと同じく多神教であったが、天ないしは帝、および祖先神を二本柱としていた。そして、中国の古代と同じく満洲のシャーマニズムにおいても天神と祖先神を二本柱としていた。『欽定満洲祭神祭天典礼』において「その縁起を得ず」とされた諸神中の主神である「紐歓台吉」「武篤本貝子」はまさに天神と祖先神にあたる。

満洲のシャーマニズムにおける祖先祭の一形式である清朝宮廷の堂子祭には女真族の祖先がかつて民族共通の神として祀ってきた宇宙の神祇が含まれていた。堂子祭で祀られている神祇には愛新覚羅の本姓の遠祖の神祇以外にも紐歓台吉、武篤本貝子の神祇があった。この神祇の名は満洲族の諸姓氏の神諭に共通して見られるものである。この事実はそれらが女真族の諸部の古い宇宙の大神と遠祖神であることを物語っている。満洲語として分析するならば、「紐歓」（Niohou）とは緑色ないしは青色の意味である。満洲のシャーマニズムの神論において「紐歓阿布卡」と称されているのは青天ないしは蒼天の意味である。「紐歓台吉」は黒竜江省東京城厲《れい》姓のシャーマンの神論に見られる「牛歓台吉」にあたり、シャーマンは「蒼天神」と解釈している。筆者は「紐歓台吉」とは天穹、天神の意味であると考える。また、「武篤本貝子」は数多くの満洲の神論においては「烏朱貝子」「五督貝色」などと表記されており、中国語に翻訳するならば、それは最初の、最も根本的な遠い祖先ということになる。（富育光『薩満教与神話』）

では、夕祭の祝辞に見られる穆哩罕諸神はいかなる神であったのであろうか。それは狩猟の神（穆哩穆哩哈、馬王神の意）であったり、星座に託した諸神（恩都里僧固、白鳥座に属し家の守り神など）であったりするものであった。満洲のシャーマニズムにおいては祭祀は家祭と野祭に分けられているが、これらの諸神は家祭で祭られるものであり、各家、各姓氏で祭られてきた。それは満洲の「民間で祀られている諸神の名とほぼ一致していた」（富育光・孟慧英、前掲著）。後に清朝の皇帝になる愛新覚羅の姓氏においても当然のことながらこれらの諸神が祭られていた。だが、満洲が国家を建設するにともないこれらの諸神は宮中に祭られることとなる。瀋陽にあっては清寧宮、北京にあっては坤寧宮に祭られていたが、それはそこが皇帝皇后の「正寝」であったためにほかならない。清朝における堂子祭とは満洲のシャーマニズムを基礎としつつ、国家建設にともない「廟堂化」し、清朝が王朝として中国に君臨するにおよび、王朝の「至典」となったものであった。この過程をあとづけるため、『奉天通志』など中国東北の地方志に拠りつつ満洲のシャーマニズムを一瞥しておきたい（主として『中国地方志民俗資料彙編・東北巻』を参照した）。

満洲のシャーマニズムの祭祀は家祭ないしは家神祭と野祭ないしは野神祭に分かれている。このうち野祭はシャーマニズムの古層を成しているが、家祭と併存しているのが一般的である。その儀式、祝辞などは、やはり中国文化の古層と関連している可能性があり、はなはだ興味深いものがあるが、堂子祭との関連は希薄であり、贅言しない。堂子祭に深く関連するのはシャーマニズムの家祭である。この家祭は（一）常祭（二）その他の祭に分かれている。常祭は春祭と秋祭が代表的なものであるが、そのうち春祭は春狩を基本とするものであり、狩猟を主な生業としていた女真の時代には盛んに行われていたが、農耕を主な生業とする満洲の時代になると廃れていった。

満洲の時代の常祭は巴音波羅里、すなわち秋祭を中心としていた。それは収穫の祭であり三日にわたって行われる。この秋祭に代表される常祭はさらに打糕《こう》祭、背燈祭、祭天、換索などの段取りにしたがって行われる。まず、さまざまな祭器と位牌を収めた祖宗の匣が祭主の家に迎えられ、祭壇に安置される。そして、早朝に打糕祭がとり行われる。祖宗の匣が穆昆（姓氏の長）とシャーマンによって開けられ、糕が供えられて祝辞など一連の儀式が執り行われる。また、その日の日中には犠牲（豚）が諸神に献げられる。その夜の子の刻に執り行われるのが背燈祭である。それは背燈すなわち暗闇のなかで祭の豚を饗餐する儀式である。そしてひき続き院祭が行われる。院祭はまた祭天祭とも呼ばれる神杆を祀る儀式であり、家祭のハイライトを構成している。まず聖なる山から木を切り出し円形に整え、錫斗すなわち錫製の受皿を差して中庭に立てる。この杆は索羅杆（solon）と呼ばれている（図五）。そして錫斗に犠牲の肉片、とくに内臓と生殖器を入れ、天に捧げるのである。『柳辺紀略』（『遼海叢書』所収）によれば「祭の時、肉を斗の中に入れる。すると必ず烏がやって来てこれを啄

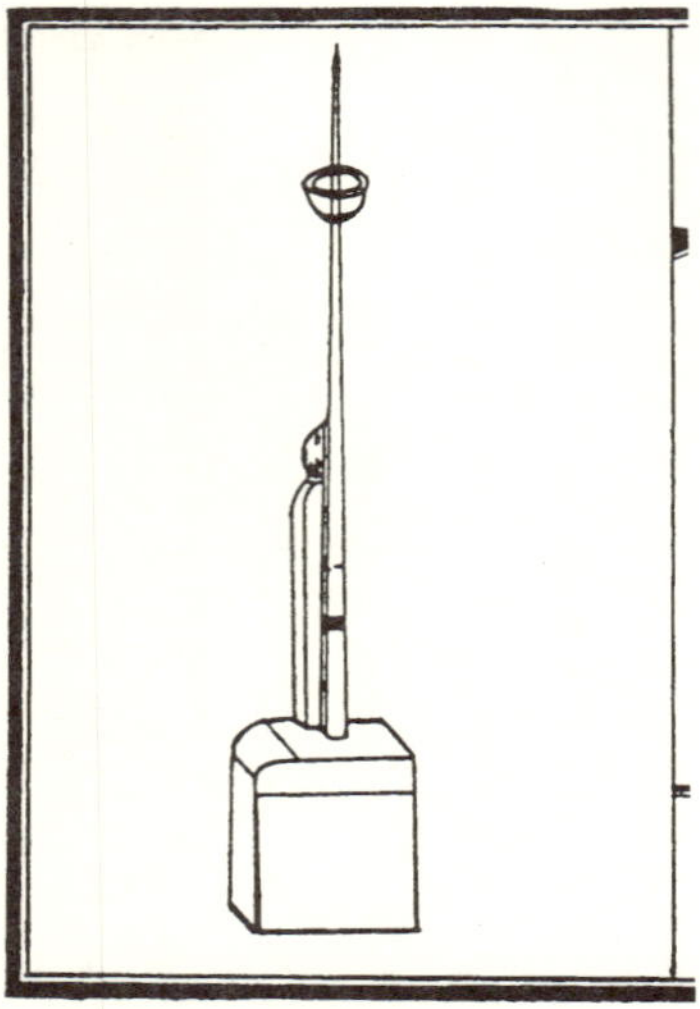

図五　神杆

むのである。これを神享という」のであるという。満洲のシャーマニズムにとっては烏ないしは鵲《じゃく（かささぎ）》は天の使いであった。このように天を祭ることによって五穀の豊饒と六畜の繁衍を祈るのである。院祭には祭天のほか換索がある。前述のように満洲では家屋の西側に神龕が据えられており、そこに神匣が安置されていた。その神龕には鎖線と呼ばれる彩縄が掛けてあるが、その縄を一本取り出し、柳の木つまり佛里佛朶鄂漠錫媽媽に掛ける。そして、鎖線に縫い込んである布を男子と女子の首に掛け、男子の武勇と女子の健康を祈願するのである。この一連の儀式においてシャーマンによる祝辞が唱えられるのは言うまでもない。

以上のような秋祭を中心とするシャーマニズムの家祭が諸神をも含めて堂子祭の基本をなしていったのである。満洲建国当時の家祭が上述のとおりであったかいなかについては定かでない。おそらく『欽定満洲祭神祭天典礼』の制定後、各姓氏がそれに従い、細部が構成されていった一面もあるであろう。だが、『欽定満洲祭神祭天典礼』が愛新覚羅姓の家祭を基本として制定されたことは疑問の余地はない。

常祭以外にもさまざまな儀式があった。姓氏に一大事が発生したときには焼官祭が行われ、不幸や不吉な予兆があったときには許願祭が行われた。また、宗譜の編修、祖先の祭祀にも荘重な儀式が行われた。そして、これらの儀式もまた堂子祭に包摂されていくこととなる。

IV

清朝の堂子祭が各姓氏のシャーマニズムの家祭のうち愛新覚羅姓の家祭に基づいていたこと、それは堂子祭の運命を左右する決定的な要因となっていった。満洲のシャーマニズムの祭祀にあってはシャーマンと穆昆《ぼくこん》(姓氏の長)が中心的存在となっており、その姓氏全体が参加するものであった。それは閉鎖的血縁集団をかたくなに守るものであり、他者の参加を拒む排他的儀礼であった。この閉鎖的排他的体系は女真が満洲として統一していく過程で大きな障害となった。明朝の支配下にあった女真は建州、海西、野人の三部に分かれていたが、その三部も各姓氏に分かれ排他的なシャーマニズムの体系を保っていた。満洲の統一を目指す努爾哈赤にとって統一の最大の障害となったのは皮肉なことに各姓氏のシャーマンであったのである。穆昆《ぼくこん》、その上に位置する部酋は満洲の軍事、社会、行政の単位たる八旗に組み込むことによって障害を取り除くことができたが、シャーマンについては排除するほかはなかった。事実、努爾哈赤《ヌルハチ》は満洲統一の過程で各姓氏のシャーマンを容赦なく殺害した。そして、満洲の国家のシャーマニズムとして愛新覚羅の家祭を中心とした堂子祭を制定していったのである。国家のシャーマニズムを保持しなければ、満洲は国家として存続することはできなかった。そして、そのためにはシャーマニズムの本質たる各姓氏のシャーマニズムの多様性を抹殺しないわけにはいかなかった。こうして各姓氏の堂子祭を禁止するとともに、国家の堂子祭を「秘幻」化させる以外に道はなくなったのである。『欽定満洲祭神祭天典礼』はいわばこの過程の終着点であった。

満洲統一の過程で愛新覚羅姓のシャーマニズムは確かに大きな役割を果した。だが、清朝として全中国に君臨したとき、すなわち堂子を北京に建設したとき、堂子祭はその閉鎖性と排他性のみを際立たせることとなり、堂子祭全体を秘密のベールで覆うこととなったのである。秘密のベールに包まれたこの堂子祭を漢人が淫祠ではないのかという鑿った見方をしたのもきわめて当然のことであった。礼親王は堂子祭を明堂ではないのか、と言明した。皮肉なことに礼親王のこの言明はある意味では正鵠を射ている。それが中国の儀礼の古層を表している可能性が大であるからである。しかし、礼親王がこのように言明したことは清朝というものを考える面でさまざまなことを示唆しているように思われる。

堂子は清朝において譬えてみれば神経中枢であった、と言ってもそれほどの過誤はないであろう。その堂子が、シャーマニズムから清朝の根幹をなす祭典に発展していく過程で閉鎖的体系を形成し、神経として機能しなくなっていったことは上述の通りである。中国が近代のシステムと遭遇したのはこのような王朝の下においてであった。歴史の不幸と言わざるを得ない。

斉周華とその時代
――『大義覚迷録』探徴之一

I

斉周華（康熙三七年―乾隆三二年、西暦一六九八年―一七六七年）はその晩年、『独孤跛仙伝賛』なる一文を著した。それはあまりにも悽ましい魂の自画像であった。この『伝賛』は、

独孤跛仙なるものは、名は損、字は又損、号は跛仙、また忍辱居士を号とす。

とはじめ、魯仙人のことばを引きつつ、

今、災害ならびに至らんとするに、身は孤にして勢は孤なり、これを損じまた損ぜん（又損）。実に道に悖り倫を滅し、邪に党し正を害するものの、反って飽食暖衣を得て、坐して妻孥の楽を享くるに若かず。そもそも亦天の爾《なんじ》を生むや独たらしめんとするや。嗚呼、跛仙、それ命はいかん。

と終えている。しばらくこの『伝賛』とこの『伝賛』を冒頭に掲げた斉周華の文集『名山蔵副本』に拠りつつ、独孤跛仙つまり斉周華の歩んだ道を辿ってみよう。跛仙は読書、山水を好み、忠義と神仙浮屠を好む、世にいう畸人であった、という。そして、畸人であったが故に「孤ならずして自ら孤なり」ということになった。畸人の畸とは残田の意、区画整理によりうち廃てられた田のことである。つまりは半端もの、余計ものの意である。跛仙には、含玄子、逃禅子、華陽子という知己がいた。いずれも文章道義の士であり、莫逆の友であったが、いまはもはやこの世にいない。そのほかには懜懂《もうとう》道士という浮世離れした友がいるだけである、という。ここにいう含玄子、逃禅子、華陽子そして懜懂道士はいずれも斉周華自身の号、つまり自分自身のみを友としてきたのである。また跛仙の運命を嘆いた魯仙人もまた斉周華その人である。家族はどうであったであろうか。

跛仙は一妻一子、家口両人なれど、却って始終両口の累する所となる。跛仙曰く、「吾もって家なかるべし」。遂にこれを棄てて去る。

この『伝賛』には野史氏による跋めいたものが附されている。野史氏とは魯至道、字は善変、号は仙友、斉の即墨の人というが、つまりは斉周華その人である。それによると、

始め両口の為に、身は縲絏《るいせつ》に居る。両口なる者は字なり。終に両口の為に、禍蕭牆《しょうしょう》に起こる。両口なる者は人なり。

縲絏とは罪人を縛る縄のこと、つまりは獄中に繋がれたことをいう。そして、それが「字」のために起こったというのである。かれは三四歳のとき、『救呂晩村先生悖逆《はいぎゃく》兇悍疏』を著し、筆禍事件をおこして獄中に繋がれたことがあった。この点は後述するが、両口のひとつは「字」、かれの文章をいうのである。また蕭牆とは

身辺のこと、禍が身辺に起こったとは、斉周華がかれの一族により迫害を受けたことをいう。つまり「人」とはかれの家族のことであった。だが、実際にはかれの偏屈な性格のため晩年一族の大騒動をおこしたというのが事実であったと思われる。この「両口」による禍について、斉周華はしばしば語っている。たとえば、

それ予曩《さき》に狂愚をもって、薪を抱きて火を救い、もって自焚を致す。今五嶽を遍游して帰る。旋《つ》いで家変に遭い、疾を抱きて山に居り、奄奄として斃を待つ。爰《ここ》に「忍辱居士」と号す。（『臨海百歩梁氏譜序』）

ここでいう「自焚」が筆禍事件による繋獄を指すことはいうまでもない。そして晩年、「家変」に遭うこととなるのであるが、それまでは「五嶽を遍游」していた。この遍游は、斉周華の「畸人」としての人となりを作りあげていったと思われるので、その足跡を辿ってみよう。

斉周華自身の語るところによるならば、かれは丙辰の年、三九歳のときに出獄した。そして、

予丙辰（乾隆元年、西暦一七三六年）より後、南のかた普陀に遯《とん》し、黔《けん》に在りては波雲、飛雲に遯し、呉に在りては金山、茅山に遯し、楚に在りては衡嶽、武当に遯し、豫に在りては嵩に遯す。去年は秦を過りて太白、終南に遯す。今游を華嶽に息むと雖ども、未だ明年又何れの処に遯するかを知らず。（『遯渓山房記』）

という。この間、斉周華はなにをしていたのであろうか。『伝賛』にいう。

十餘年間、九州五岳、名山巨川を遨游《ごうゆう》し、もって先賢の遺跡に及び、歴覧憑吊せざるはなし。更に禹穴を探り、九巍を訪ね、梁父に吟し、竜威を招き、金簡を抜き、玉芝を啣《くら》い、直ちに洞天の内に入り、舒《おもむ》ろに耀景の墟に嘯《うそぶ》く。

と。それはほとんど道士であったといえよう。斉周華は数多くの「游記」を遺している。そこからもさながら道士となったかれの姿が伺い知れるが、ここでは贅言しない。

斉周華はこの「遨游」の最後の十年ほど、湖北の武当山にいた。そこに長子の式昕が母の手紙を携えてやって来た。「両先尊人の柩の尚未だ葬せざる」ためであった。そこで「遂に覚えず磁の鉄を引くが如く日ならずして将にいかんとす」（趙元容『謫仙華陽子先生の天台に還るを送るの序』）——そのようにして故郷の台州に帰っていった。世の常識に従った選択である。斉周華五九歳のときであった。だが、木星を自認し、「独り木は必ず斧斤に遭いて、然る後もって梁、棟、檻、柱、舟、車、几、席の材となるべし」（『遂初墓誌銘』）と語っているのであるから、なにか期するところがあったのであろうか。そして、帰郷後「家変」が起こったのである。

この帰郷の前、おそらく武当山にいたとき、禄存真人が「怫然として怒り」かれに言ったことがあった。

念うに爾《なんじ》疇昔曾て両口の為に、身極刑を受けんとす。難に臨みて苟《こう》せず、人皆爾を義とす。名は山斗より高し。ただ名高くして福を損じ、福消えて禍来る。爾に骨肉あり。実にこれ禍胎たるは、また両口のみ。爾それ危いかな。（『伝賛』）

と。ここでは、帰郷後起こるであろう禍にまで言及されているのであるから、そしてその予想は斉周華自身以外には知るべくもないのであるから、この禄存真人もまた斉周華その人なのであろう。このように骨肉による禍まで禄存真人に予想されて、あるいは自分自身で予想して、斉周華は「悄然として恐れ、憮然として哀しみ」つつ故郷の天台に帰ってきた。そして足を折り、「跛仙」と号したのである。

故郷に帰ってきた斉周華には確かに期するところがあったようである。すなわち、みずから辿ってきた軌跡とその心血を文字として後世に遺そうとしたのである。『伝賛』に言う。

跛仙曰く、「吾聞く、道を為して日々損し、これを損してまた損し、もって無に至る、と。予今空空たり、道に与して徒《ともがら》と為る。惟この詩文は心血の集まるところにして飄零《ひょうれい》せしむるに忍びず。将に名山に蔵し、金石に錮ざさんとす。恐らくは三年の後化して碧と為らんか。副本を先ず彫し、世にこれを質さん。誰か目ありて能くこれが為に欷歔して太息せざることあらざらんや」。

詩文を文字として遺せば、それが血となり肉となって人びとをすすり泣かせ、嘆息させることとなるであろう、とするのである。こうして詩文の出版に奔走することとなった。

斉家は天台の望族、名門であった。斉周華が武当山から天台に帰ってきたとき、家には妻の朱氏、妾の丁氏、子の式昕、式文がいて、「境は頗る優裕」であったという。しかし、「解網ののち（出獄後）、巨山（斉周華の号）家産を問わず、すなわち山水の間を逍遥す」（呂安世『天台の斉巨山先生に贈るの序』）――しかも帰郷後も奇行の絶えなかった斉周華が、詩文の出版のためとはいえ「産を変じて集を刻せんと欲し」たとすれば、つまり詩文集の出版のため家産を処分したいなどと言いだせば、一族の反対に遭うのは当然のことであった。とくに老妻の朱氏の反対は強かった。一族が反対したのは、おそらくただ単に家産を惜しんでのことだけではなかったであろう。斉周華は文字の獄に繋がれたことがあるのである。そのかれが詩文集を出したとするならば、一族にいかなる災厄がふり罹ってくるやも知れないのである。事実、この時代、文字の獄による滅族すら稀ではなかった。だが、斉周華は志を曲げなかった。「斯文の未だ喪びず、所生を忝《はずか》しむることなきを庶幾《こひねが》う」（斉其匡『従祖巨山公行略』）。かれにとって詩文集の出版は生命をもっても代えることのできない志であった。しかしそれにしても斉周華のとった行動は「畸人」の範囲をさえ越えて異常であった。この間の事情は資料も少なく、また現存する資料もそれぞれの自己弁護の域を出ないので信憑性ははなはだ低いのであるが、その異常さを見るには充分である。清朝の官方の文献、つまり檔案によるならば、斉周華の奇行を見るに見かねたのであろう、族長の斉長庚はかれの帰郷後、「忽にして妻を逐い、忽にして子を呈し、忽にして戚を告す。種々の横行、訓飭《ちょく》するも遵《じゅん》せず。曽《かっ》て擯《ひん》せられて族より出ず」（故宮博物院文献館編『清代文字獄案檔案』第二輯「斉周華著書悖逆及審擬折」）という内容の文書を県衙に「呈」している。県知事の善導を訴えたのである。「族より出で」たとは台州県城から二十里あまり離れた寄生草堂に住まったことをいう。時間的にこの時か、あるいはより後のことであるかは定かではないが、斉周華は門前に、

悪劫難逃、早知不得其死
斯文未喪、庶幾無忝所生

という対聯を掲げていたという（斉其匡『従祖巨山公行略』）。この一族の仕打ちに対し斉周華は反撃に出た。七旬（七〇歳）の老妻はセックス魔（奇淫）であり、夫とならなかった男はいない、二人の息子は父に手をあげた（清律はこのような行為にたいして国家の承認なしに、つまり私刑で死刑に処することを認めている）、そして、一族こぞってこの「淫妻逆子」を庇護していると触れ回ったのである。

一族のスキャンダルに関して、中国には「家醜不伝外」という不文律がある。だが、斉周華の「家変」の場合は違っていた。友人の丁治化によるならば「今忽にして奇変に遇い、遂に口を理《おさ》めざるを致す」（『臨海百歩梁氏譜序』への跋）こととなった。このような場合、友人は口を出さず、関わりをもたないようにするのが礼儀

である。そこで、丁治化も「予もまたその禍の蕭牆に起こるにより、礙《さまた》げられて喙を置き難し、従りて救解する無し」であったという。では、斉周華の宿願である詩文の出版はいかにして可能となったのであろうか。その資金はいかにして工面されたのであろうか。資料はなにも物語っていない。ただ丁治化によるならば「しかして梁氏の諸君はその（斉周華の）素行を信じ、犬吠梟鳴を恤せず、特に来りて序を請う。真に古道を有つ者と謂うべし」という奇特な人もいたことはいたのである。おそらくこのような友人の援助もあって資金を工面し、斉周華は文集の出版にこぎつけたのであった。こうしてわたくしたちはその文集『名山蔵副本』を見ることができるのである。その自序には「乾隆二十六年歳次辛丑仲春清明日、天台忍辱居士斉周華巨山甫自叙於寄生草堂、時年六十有四」とある。そして、一族に石もて追われ、寄生草堂にいたときに書かれた『独孤跛仙伝賛』を巻頭に掲げたのであった。この『伝賛』は文集を、そして斉周華の一生を凝縮したものであった。だが、それのみにとどまらない。その文末には「今、災害ならびに至らんとするに……そもそも亦天の爾を生むや独たらしめんとするや。嗚呼、跛仙、それ命はいかん」とあるように、天に与えられた宿命――「独」を生きぬこうとする決意が語られているのである。そして斉周華はその運命を生きぬいた。それもきわめて異様なかたちで。

天台の斉家で一般的に思い起こされるのは、だれをおいてもまず斉召南であろう。清朝屈指の学者である。ことに輿地の学（地理学）でその名を知られている。官は内閣学士、礼部侍郎にまで上りつめ、晩年は黄宗羲と深い関係のあった蕺山《しゅうざん》書院を主宰している。この斉召南は斉周華の堂弟、本家の従弟であった。斉周華は若いころ斉召南ともども「海内に即ち天台の二斉あり」と言わしめたことがあったが、そのようにこの二人は斉一族の嘱望するホープであった。だが、斉周華は筆禍事件で獄中の人となり、出獄後も「畸人」となって各地を遍歴するほかはなかった。一方、斉召南は斉周華が出獄した翌年、博学鴻詞科に挙げられ、官界と学界の頂点を登りつめていった。斉召南が官界で地歩をかためはじめたころは、かれは斉周華の所在さえ知らなかったのであるが、晩年この二人は故郷の天台で顔を合わせることとなる。不幸な再会であったというべきである。

斉其臣の『従祖巨山公行略』によるならば、次の通りである。

> 乾隆三一年、宗伯（斉召南）教を敷文に掌り、假満ちて里に帰る。公（斉周華）適たま母の命に応じて台（州）に還る。讒者の中《あた》る所と為り、書を移して宗伯を譲《せ》むるに「身は名教を肩い、手は綱常を荷うに、真西山の抗節の棱棱たること能わず、徒に揚子雲の附声の喏喏《じゃじゃ》たるのみ」をもってす。語多く切直にして諱まず。浙（江）（巡）撫熊学鵬、時に方に恨を宗伯に孕《いだ》く、遽《にわか》にその書を繹《ぬ》きてこれを上《たてまつ》る。しかして前案復た発す。

はなはだ曖昧な文章である。まず「適たま……台に還る」は「早に……台に還りて居る」であろうし、「讒者の中る所と為る」はこの二人の確執が誤解に基づくのであるとする、子孫の配慮による修飾であろう。だが、この二人は和解しえぬほど異なった世界に住んでいたと思われるのである。また、熊学鵬がどのようないきさつで斉周華の手紙を眼にしたのか判然としない。いずれにせよ、熊学鵬は斉召南を陥れようとしてこの手紙を皇帝のもとに送った。だが、熊学鵬の思惑とは裏腹に「前案復た発す」ということとなった。皇帝の矛先は斉召南ではなく斉周華の方に向けられることとなったのである。ちなみにこの手紙は失われいまは全文をみることはできない。

明けて乾隆三二年、斉周華は古希を迎えた。その年の一〇月二四日、熊学鵬は天台県を訪れ、倉庫の資料を探しまわった。斉周華が「前案復た発す」消息を聞いていなかった、などとは考えることはできない。最低十ケ月は経っているのであるし、また、中国ではこの種の情報はきわめて速く伝わるからである。だが、斉周華はこともあろうに熊学鵬にたいしその詩文集に序を書いてくれるよう道端で懇請したのであった。それだけではない。「前案」の『救呂晩村先生悖逆兇悍疏』の原稿『為呂留良事独抒意見奏稿』、妻の奸淫、斉軒南の教唆による子の殴打を告発する『呈状』、そして斉軒南の迫害、斉召南の詐偽を告発する『摘発隠奸封事』を上呈したのである。倉庫まで調べて資料を捜した官憲はその手間がすべてはぶかれた。みずから一族道連れにして死を邀《もと》めたも同然であった。熊学鵬はただちにこれらを読み、「悖逆謬妄」の語の多くあることを発見した。斉周華はかつて呂晩村を「悖逆《はいぎゃく》」から救おうとして獄に繋がれた。そしていまやその「悖逆」の廉で罪に問われようとしているのである。経過からして死罪は免れえないであろう。

熊学鵬はただちに捜査を開始した。捜査の手は県城の斉一族から斉周華の寄生草堂にまで及んだ。こうして斉周華は一族の関係者ともども杭州に拘禁された。斉召南も訊問されている。かれの供述は次のとおりである。

わたくしはかれ（斉周華）の『天台游記』の一篇と時文（八股文）数篇に目を通したことがあります。かれはこれらの文章を刊行したがっていましたが、わたくしは文理として通じていないので、やめるようにいいました。するとかれはわたくしのことを逆恨みするようになりました。かれは日常生活においても尋常ではありませんでした。道徳さえ糞喰えといったありさまでした。手当り次第嘘をつきまわり、有ることも無いことと言いくるめてきました。このような訳で行き来していなかったのです。そのかれがわたくしを告発するとのこと、それは全くデッチアゲもいいところです。(『清代文学獄檔案』第二輯「斉周華著書悖逆及審擬折」)

この種の檔案に記された供述の信憑性はあまり高くない。だが、社会の上層まで昇りつめた人間による「畸人」——ドロップアウトした人間にたいする冷やかな視線を確認するには充分であろう。

熊学鵬は浙閩総督の蘇昌と連名で皇帝に報告を書いた。『斉周華著書悖逆及審擬折』がそれである。そして、斉周華の罪が大逆に当たる旨が上奏された。大逆とはいかなる罪に当たるのであろうか。

およそ大逆を犯すもの、但謀を同にするものなれば、首従を問わず、皆凌遅《りょうち》死《し》に処す。正犯の祖父、父、子、孫、兄弟、及び伯叔兄弟の子男は、籍の同異を限らず、年の十六以上のものは皆斬、その十五以下のものは及び正犯の母、女、妻妾、姉妹、子の妻妾は、功臣の家に給して奴と為す。正犯の財産は官に入る。

であった。一二月四日、皇帝は斉召南の召喚を決定、一二月七日、一部の減刑を含むものの大逆罪の判決が下った。こうして斉周華は凌遅死に処せられたのである。

斉召南は乾隆の盛世を生き、盛世の論理に従って社会を上昇してきた。そのかれにとって、この事件はさながら青天の霹靂の奇禍であったに違いない。一命はとりとめたものの家産は没収、そのためか、帰郷後鬱死している。

斉周華は若いころ筆禍事件によって「独」に追いこまれた。かれはそれを「命」——宿命として受けいれた。そして晩年、この「独」を「命」——使命として実践していった。その行き着く先は死、それも一族を道連れにした死のほかはなかった。それはあまりにも悽ましい「命」であった。

II

斉周華にこの「独」という悽ましい道を歩ませた原因について、友人たちは「特《ひと》り狂直をもって罪を取る」（陳溥『諸公贈言集序』）というようにかれの奇矯な性格にもとめた。斉周華自身、「我、性は剛、才は拙にして、物（世情）と忤《たが》う。また劇（演技すること）に耐煩せず。高視闊歩の概、徒に咎を取るに足る」（『獄中にて胞弟價人芾裳に寄せるの書』）と語っているようにそのことは自覚していた。事実、斉周華を「独」に追いつめていくきっかけをつくった筆禍事件は、かれのそのような奇矯な性格を抜きにして考えられない。というのは、斉周華自身がみずから罪せられることを求めていたとしか考えられない行動をとっているからである。

この筆禍事件は後述する曽静・呂留良案に発端をもつ。曽静は「呂留良主義」によって時の皇帝、雍正帝を弾劾し、地方の大官を通じ反乱を企てた。曽静は皇帝の為政者としての責任、その道徳性、正統性を追及した。杜撰な告発であった。曽静はこの反乱事件の発想を既に亡き呂留良の著作に得たと、証言した。雍正帝は鋒先を曽静ではなく、その鋭敏な感覚によって呂留良に向けた。一方、皇帝は曽静を釈放した。臣下は皇帝の意が何処にあるのか、ただちに推定しえた。そして、呂留良を罰せよといきり立った。いな、このように提案することによって皇帝に媚を売った。呂留良の墓を暴き打ち首にせよ、その後裔を死罪、流罪にせよというのである。これに対し、皇帝はその玉座の上の書かれてある銘の通り「公明正大」の措置をとった。そして全国の士人のこの件に関し「独り己の見を抒べる」ものがあれば、それを上奏せよと命じた。こうして斉周華がこの事件に係ることとなる。雍正九年のことであった。斉周華は皇帝の趣旨にそって『呂晩村先生を悖逆兇悍より救うの疏』を著した。

この『疏』はたいへん正統的な立場にたって書かれている。斉周華は雍正帝の「独り己の見を抒べよ」という「抒べよ」という要請に従いはしたが、かならずしも「己の見」を展開した訳ではなかった。むしろ雍正帝が皇帝として正統的論理に従うならば、この問題はこのように処理されるべきである、として論を展開したのである。まず、

惟うに、聖王は一己の好悪をもって好悪と為さず、公論は必ず天下の是非をもって是非と為す。

という、誰にも否定できないテーゼをうち出す。呂留良は「わが聖祖（康熙帝）の教宥するところの者」であり、浙江省（呂留良の故郷）に任ぜられた大官も「儒を崇め道を重んずるの風を敦くする」ためかれを表彰してきた。だとすれば、公論がいずれにあるのか、明らかではないか、とするのである。ところが、曽静は「誤りて呂（留良の）書を読むの致すところ」などと言っている。この呂書とは主として呂留良の日記を指す。そこには「華夷の辨」が説かれていた。これが罪を構成するならば、それは確かに罰せられるべきであろう。だが、犯罪は曽静によって引き起こされたのである。その曽静が「誤りて呂書を読むの致すところ」などと説くのは、「人を刺してこれを殺し、我に非ざるなり、兵（武器）なり」と説くのと何処が異なるであろう。しかも、曽静は無罪放免されているのである。殺人者を放免しておいてその武器を罰するいわれなどどこにあろう。だとすれば、呂留良を罪する根拠などどこにもない。呂留良の子孫は確かに「板を毀ち書を焚き、もってその迹を滅す」べきではあった。だが、これをもって死刑にせよなどというのは論外である。「過を改め自ら新た

にする結状」——自己批判書を書かせればすむことである。しかも、皇帝は上諭で「呂留良は曽て皇考（康熙帝のこと）の赦宥の旨を蒙る。朕自ら旨を遵して曲《つまびらか》にその辜《つみ》を宥さん」と言っている。呂留良とその子孫を罰する根拠はなにもない。以上が『疏』の主な内容である。

この『疏』において斉周華が展開したのは、誰もが否定すべくもない「国家」の論理であった。だが、「社会」の論理がかれの前に立ちはだかった。かれの『疏』をとり継ぐものがいなかったのである。斉周華は手続きを踏んでまず天台の訓導であった王元洲のところに持っていったが阻まれた。つぎに越訴の危険をおかして杭州に持っていった。だが、「浙中の諸当道」——浙江省の責任者たちは「禍を買うを慮り、これをもって上聞せず」（陳溥『諸公贈言集』）であった。どのような禍を買うことを恐れたのであろうか。別の資料によるならば、

事に当たるもの、呂（留良）は浙（江省の）人に係り、今保奏せるもの又浙人なるをもって、聖怒を干し、有司に波及するを恐れて、遂に群《こも》ごも抑えて奏を致さず。（逸名『風波集序』）

ということになったという。これにたいして、斉周華も負けてはいなかった。

罪が軽いか重いかは、その責めは言論者ひとりに関わることである。ましていわんや『原旨』には「阻撓隠匿を許さず」とある。朝廷が意見を渇望していることの証明ではないのか。なんのいわれがあって上聞を阻害するのか。（同上）

「国家の論理」として真に筋の通ったものといえよう。だが、結果は同じであった。

斉周華はいうならば、皇帝の「良き学生」、模範生であった。当時の官僚がそのことを察知できないほど無

知であったとは信じ難いことである。だが、いな、それ故にこそ斉周華の要求をことごとに拒否した。ここで拙文の主題たる「徴」と関わることとなる。

「徴」とは通常ふたつの意味に使われる。第一は資料の欠落、それも多くの場合は統治者の故意による資料の抹殺によって生じた歴史の事実の不在を「徴」であると考える立場である。この場合「探徴」とは、歴史の事実の空白を埋める作業を指す。第二は思想家が直截に文字に表現できないとき、その思想家の本来の思想を「徴」と呼ぶ場合である。この場合、「探徴」とは「真の思想」ないしは隠れた意図の復元、再構成を意味する。ここでいう「徴」はこのいずれの場合とも異なる。それは、資料に現れた人の言動の背後に、その言動の主体でさえ自覚しえない行動の様式、思考のパターンを「徴」と考えるのである。ここでいう「探徴」とは、それ故、個々の事実の背後にあって個々の事実を現にあるような形で歴史の事実として遺す力、いわば紙の表面に撒かれた砂鉄を現にあるような紋様に描かせる磁力、ないしは磁場を探ろうとするものである。ここでいう「徴」とはいうならば、中国の伝統社会における政治の「クセ」を指す。それ故、この「探徴」は他の「探徴」と同じく常に不確定要素にさらされており、仮説を設定せざるをえないものであるといってもかまわない。

官僚たちはいったいいかなる理由で、いわば「模範的」回答を書いた斉周華のこの『疏』を必死になって阻害しようとしたのであろうか。それは皇帝の意図を推察しえていたからである。中国の伝統社会において、士人は支配の原理、ないしは国家の論理に習熟していた。だが、それがそのままかれらの行動の原理になったわけではない。その時どきにだされる統治者の通達、命令にどのような意図がかくされているか、それを推察することによって行動がとられるのである。眼光は紙背に徹せられなければならなかった。それは社会の論理にたいする習熟であり、社会の智恵、いわば世故であった。このような行動原理をもつ官僚にとって斉周華の『疏』ははなはだ厄介であった。

中国では皇帝の政策を変えさせようとするとき、一般的に恩情を請うという方法が採られてきた。つまり自分を「小人」、皇帝を「大人」に位置におき、「大人」の寛大さを求めるのである。この場合、いかなることがあっても皇帝と同じ視線の高さでものを見てはならない。一方、皇帝に異議を唱える場合には、二つの方法があった。第一は皇帝の「私」を暴く方法である。第二は大上段から皇帝の正統性を否定する方法である。この二つの方法が歴史の表面に現れることはきわめて稀であるが、曽静の場合はこの両者を兼ね備えていた。この両者とも視線が同じ高さになることはないのであるが、皇帝の採る方策は単純なものとなる。すなわち、両者とも「大逆不道」であるとして死罪に処すか、第二の場合だけ死罪、第一の場合は「小人」の無知に基づくものであるとして恩情をかけ「改過自新」――自己批判させるか、である。

斉周華の『疏』が皇帝と同じ背丈の論理を語っているのを見て、官僚たちははなはだしい不安を感ずるとともに最悪のケースまで読み切ったに違いない。皇帝は自分と同じ高さの視線を許すはずはない。そして、皇帝は斉周華がなに故このような『疏』を書いたのか、その動機を追及し、それが呂留良と同じく「華夷の辨」にあることを発見するであろう。このような「乱臣賊子」を放置した自分たちの頭上に鉄槌が下されるであろう……と。官僚たちは皇帝の意図を推察する能力にかけては優秀であった。それが自分たちの生命に直接かかわるからである。事実、斉周華には「華夷の辨」を掲げても不思議ではないような思想的背景があった。黄宗羲につらなる師弟関係、浙東ことに方孝孺を生んだ台州の思想的風土（『郭彦博等の方孝孺の死事を論ずるを駁す』

参照）などがそれである。斉周華自身慎重な言いまわしながら、それとわかることを書いている。世故に長けた官僚たちがこのことを嗅ぎとらないわけはないのである。以上が官僚たちがこの『疏』をとり継がなかった理由である。だが、この『疏』を公文書に記録されるような形で拒否することもできなかった。拒否すれば明々白々に皇帝の命令に背くこととなるからである。そこで、かれらはとり継ぎもせず、拒否もせず、という態度に終始した。それはかれらの行動のパターンのしからしむるところであった。そこには「そんな莫迦なことはするものではないよ」という「大人」の「小人」にたいする「恩情」に基づく忠告があったと思われる。

だが、斉周華は「愚」を通した。その「愚」は友人さえ「一愚ここに至る。予も亦これが為に悲しみかつ泣かざること能わず」（前掲『風波集序』）と嘆かせたそのような「愚」であった。

雍正辛亥（九年）春、予剣を杖つきて都に入らんとす。（『金陵義剣楼記』）

勇ましいようであるが、剣を携えていったのは、路銀に窮したとき金に換えるためであった。北京でも事態は同じであった。かれは当然のことながら管轄官庁の刑部に『疏』を提出した。刑部もまた当然のことながら筋違いのこととしてとり継ぎを拒否し、本籍の学政に差し戻した。堂々巡りであった。この間の事情をよく伝えている『風波集序』によるならば、

学政また掣肘さるところあり。已むを得ずして始めは言をもって誘い、継いで威をもって脅し、終に命ずるに瘋をもって自ら承せしめんとす。

つまり、狂気なのだ、それを自分で認めよ、として処理しようとした。かれらには狂人に狂人であることを認めさせようとする論理矛盾など思考の回路になかった。斉周華は獄中、『癡話《ち》』なるエッセイを書いている。

わたくしは三凝の凝友であるが、それは名実ともにそうなのである。……（裁判官たちは）わたくしが凝であることを認めるならば無罪釈放してくれるという。しかし、わたくしは凝であることを認めなかった。すると三凝は怫然としていった。「なんじは夙に凝を自負していたのではないか。ところが、いまとなって凝であることを認めようとしない。それは何故か」と。わたくしは言った。「凝であることを認めるならば、わたくしは凝でないことになります。しかし、凝であることを認めないならば、それはわたくしが真凝である証拠です」と。すると三凝は大笑いして言った。「そう言われてみればその通り。誠の凝友たるに恥じない」と。

ところが斉周華はそれでも「始終堅執回せず、必ず死してしかる後已まん」という態度であった。そこで当事者は「羅織もて獄をなし、杖架もて禁錮せり」――いかなる罪名によってか判然としないが、投獄したのであった。雍正一二年夏、天台の旧案を再調査したものがいた。そして、斉周華の事件を発見し、皇帝に報告した。皇帝は厳正に再調査することを命じた。ところが、

内外の臣工ここに至りて自全の計を為さざるをえず、しかして巨山また抑せらる。（同上『風波集序』）

斉周華も対抗して訴えた。だが、結果は部議による「永禁杭城」、杭州の監獄での終身刑であった。監獄は宋時代の風波亭であった。かれはそこで獄中で詠んだ詩文を『風波集』と名付けた。その後、皇帝が代わり恩赦を受けるまで獄中の生活を送ることとなった。

斉周華のこの筆禍事件は、わたくしたちにおぼろげながらも中国の伝統社会に働く「微」――磁場を見せてくれるのではあるまいか。

国家は皇帝を頂点としてピラミッドを形成している。その設計図はある理念に基づく。その理念が「主義」である場合や宗教である場合（たとえば太平天国の場合）もありうるが、中国の伝統社会の場合は儒教、雍正帝の時代では朱子学であった。雍正帝は繰り返し「理」を掲げている。それは国家の理念が何処にありやを宣明にするためであった。そして社会にも個人にも、さらには一人ひとりの精神にもそのヒエラルヒーの高低に応じ同じ設計図に基づく縮小版ピラミッドを形成することを要求する。その場合、ピラミッドは完全に相似であることが求められた。なぜならたとえ縮小版ピラミッドであったとしてもいささかでも歪みがあったなら、国家のピラミッドからはみ出る可能性があるからである。また、はみださなくても歪みがあれば無数の相似のピラミッドのネットワークのいずれかからはみ出し、ひいては国家のピラミッドに不協和音を発することとなるであろう。そして国家のピラミッドからはみ出た場合には、「大逆不道」とされるのである。また、完全に合同であっても国家と同じ高さのピラミッドを作ることは決してできない。なぜなら、それを作ることができるのは皇帝のみであり、それを作った人間がいたとしたら、そのピラミッドは必ず国家のピラミッドとからずれるのであり、「大逆不道」となる。斉周華の『救呂晩村先生悖逆兇悍疏』が皇帝と同じ背丈で論理を展開していることはすでに見た。まさにこのようなピラミッドを作ったのであった。それ故、官僚たちは当惑しこれを必死で揉み消そうとしたのである。

国家のピラミッドからはみ出した場合、皇帝が「大逆不道」の名において、つまり国家の理念に背馳したとして裁くことはいうまでもない。雍正帝得意の「理」による断罪はその典型的な例である。この場合、その断罪は国家のピラミッドからはみ出した部分を切り捨てて終結することはありえない。その歪みあるピラミッドがなに故歪んだのか、その根拠が問われる。つまり、歪んだピラミッドの構想とそれを支える理念が俎上にのせられる。その場合、その理念がいかにして形成されたかという動機が徹底的に追及されることとなる。人は「法」によって行為が裁かれるのではなく、「理」によって動機が裁かれるのである。このような体制にあっては「己の見」を「抒《の》べ」ないことがもっとも賢明であった。つねに自分を頂点とするピラミッドに歪みがないか、いな自分の精神のピラミッドに歪みがないか、これを「検査」しつづけていくことが重要であった。斉周華はこのような原理を知らなかったのであろうか。そのようなことはありえない。事実、「独り己の見を抒べよ」という要請があったとき、かれは始め付和雷同してその要請に応えているのである。つまり、かれはこの原理を承知しつつ「愚」を貫き通したのであった。一方、雍正帝はなに故人びとに「独り己の見を抒べる」よう要請したのであろうか。それは人びとに「己の見」が国家のピラミッドの縮小相似ピラミッドにほかならないことを「抒」べるよう要請したのである。そして、人びとは斉周華など少数の例外を除いてこの要請に応えたのであった。だが、人びとのこのような少数の「己の見」も社会の回路のなかで迷路に迷い込み皇帝の目にふれることはなかった。雍正一〇年一〇月、皇帝は上諭を発した。

今各省の学臣の奏に據るに称す。「属する所の読書の生、監、各おの結状を具す。咸《みな》、呂留良父子の罪は罄竹《けいちく》書し難し。律するに大逆不道をもってす、と謂う」。実に至道たり。並びに一人の異詞ある者なし。

普天率土の公論此くの如ければ、則ち国法豈に寛貸す容《べ》けんや。

これを見て人は雍正帝の狡猾をあげつらうであろう。だが、筆者はこれを狡猾とではなく「聡明」とよびたい。「独抒己見」の命令が社会においてどのような反応を示すか、読み切っていたからである。そして、この体制においては「聡明」は狡猾よりはるかに暴威をふるうのである。

国家のピラミッドの範囲をはみ出してはいないものの、歪みをもち、それが犯罪を構成する場合、国家はこれを法で裁く。だが、この場合にも微妙な問題がある。それは国家にとっては確かに法の対象にすぎないものであるが、国家のピラミッドと相似の縮小ピラミッドにとってははみ出すものとなる。それはこの縮小ピラミッドの頂点に立つものにとっては「理」によって裁かれる対象である。ここに国家と社会に微妙なバランスが生ずる。だが、国家それ自体が「理」を「法」に優先させている以上、このバランスが「理」に傾斜していくのは止めようもなかった。斉周華が晩年みまわれた「家変」はこのようなケースであった。このときも斉周華は国家と対決したときと同様、社会のピラミッドと同じ高さの視線を保って対決した。「大人」と対決するときには「大人」と同じ背丈で対決したように、「小人」と対決するときには「小人」と同じ背丈で対決しようとしたのである。「七旬の老妻は奇淫にして……」、この噴飯ものの論理に斉周華の凄ましいまでの矜持を見てとるべきなのであろう。そして当然のことのように「悖逆謬妄」の廉で、つまり「理」の名ほおいて裁かれたのであった。かれはつねに国家のピラミッドおよび社会における縮小相似ピラミッドのネットワークからはみ出る部分をもっていた。それは土地が区画整理されるように「理」によって区画整理されざるをえなかった。こうして「畸人」として生き、「畸人」として死なざるをえないこととなったのである。

III

斉周華を「独」に追い込み、死に追いやったのは曽静・呂留良案であった。事件は雍正六年九月二六日、西安に駐在する川陝総督の岳鐘琪のもとに張倬なる人物が一通の手紙をもたらしたことから始まった。手紙を寄せたのは曽静であった。この手紙を読んだ岳鐘琪の驚愕は大きかった。その内容がかれに反乱を起こすよう促すものであったからである。なに故、反乱を策動する対象として岳鐘琪が選ばれたのであろうか。それはかれが岳飛の後裔であったためである。だが、岳鐘琪は清朝にそして雍正帝に忠誠を誓っていた。確かにかれは政治的に微妙な立場にいた。岳飛の子孫である点をとらえてかれの清朝にたいする忠誠心に疑義を挟むものもいたのである。それ故、なおのこと異民族王朝たる清朝にそして雍正帝に忠誠を誓う必要があった。岳鐘琪はただちにいわゆる『逆書』を添えて事件を皇帝に報告した。

岳鐘琪を通じ清朝への反乱を策動した曽静の論点はほぼ三点にしぼられている。すなわち

(一) 「華夷の分は君臣の倫より大なり」とする「華夷の辨」

(二) 雍正帝の十大罪状。

(三) 雍正帝の失政によって引き起こされた自然災害による人民の困窮。

これらの理由によって曽静は岳鐘琪に反乱を促したのであった。雍正帝の驚愕もまた大きかった。

朕逆書を覧て驚訝《きょうが》涙を堕とす。これを覧るに夢中にもまたいまだ天下に人のかくのごとく朕を論ずるものあるを料らざるなり。またいまだその逆情のかくのごとく大なるを料らざるなり。(『文献叢編』第一集「張倬投書岳鐘琪案」)

理由の(三)にあげた人民の困窮については、雍正帝にはそれなりの自信があった。曽静の批判はステレオタ

イプ化されたものであり、論駁するのはいとも簡単であった。また、岳鐘琪については信をおいており不安はなかった。理由（一）の「華夷の辨」もくりかえし行われた文字の獄によって地下へ潜伏していて政治の表面にはほとんど現れることはなくなっていたものの、清朝の成立以来の問題であり、皇帝に「涙を堕とさ」せるものではなかったであろう。「驚訝涙を堕とす」とはいささか演技じみているが、しかしそれでも曽静の『逆書』に雍正帝を「驚訝」させるにたる内容がふくまれていたことも事実である。それは理由の（二）にあげられた「十大罪状」についてである。「十大罪状」とは謀父、逼母、弑兄、屠弟、貪財、好殺、酗酒、淫色、懐疑誅忠、好諛任佞である（『大義覚迷録』）。これにたいして雍正帝が「涙を堕とし」たのは、いかにも演技であったのであろう。中国の伝統的統治者であるならば、このような演技ののち、それが事実に反するとして「大逆罪」を下し、「凌遅死に処し」、それで一件落着させたであろう。雍正帝は、しかし、そのようにはしなかった。別に雍正帝を「驚訝」させるにたる事実がそこに含まれていたからである。

岳鐘琪の「密奏」をうけて雍正帝がただちに調査を開始したのはいうまでもない。まず、岳鐘琪に手紙をもたらした張倬とは何者なのであろうか。その手紙は『南海無主游民夏靚《がせい》遺徒張倬上書』と書かれているが、夏靚とは何者なのであろうか。雍正帝は岳鐘琪の微妙な政治的立場を利用しつつ調べあげさせた。岳鐘琪は甘言を弄し、張倬をペテンにかけ、かれの本名が張熙であること、そして、この『逆書』を書いた張倬の師の夏靚が曽静であることを探り出したのであった。曽静、湖南郴《ちん》州永興の人、康熙一八年（一六七九年）の生まれである。経歴は何回科挙の試験を受けても受からない落第書生であった。その曽静はかつて呂留良の『時文評選』を読んだことがあった。その呂留良には「華夷の辨」を説く思想的土壌があり、それを日記に記していた。

曽静の弟子の張熙はかつて呂留良の遺書を捜すべく呂留良の弟子の厳鴻逵《げんこううん》に会い歓待を受けたことがあった。曽静もこのようなツテで呂留良の思想を知っていたのである。だが、呂留良とその後裔や弟子たちを中心とした「華夷の辨」に基づく「陰謀」などあるはずはなかった。

曽静が「華夷の辨」を説く呂留良とつながりがあったことは、この事件を思わぬ方向に歪めていくこととなるのではあるが、雍正帝を「驚訝」させたのはこの曽静と呂留良のつながりではなく、曽静が挙げた「十大罪状」の内容に権力中枢にかかわる機密が含まれていた点にあった。雍正帝は猜疑心が強かった。一介の貧乏書生、しかも湖南の辺鄙な片田舎に住む書生がいったいなに故、宮中の秘事、権力中枢の機密を知っているのであろうか。雍正帝の疑念は拡がっていった。そして、この点に関し重点的に捜査のメスを入れることとなる。そして、つぎのように断じたのであった。

蓋しその（曽静の）華夷、中外を分別するの見は、すなわち呂留良の不臣の邪説に蔽錮陥溺せるなり。しかしてその誇の朕に及べるものは、すなわち阿其那《アキナ》、塞思黒《サスヘ》、允䄉《インガ》、允禵《インダイ》、等の逆党奸徒の蜚語を造作し散じて伝播することとありて、しかも伊《かれ》の誤信してもって実と為せるの致す所ならん。（『大義覚迷録』巻五）

この曽静案が雍正帝にとって重大事件となったのは、曽静の問題にあったわけではなく、権力中枢に根を張っていた「逆党奸徒」の問題にあったのである。この問題は雍正帝にとって致命傷になりかねないほど重大な意味を孕んでいた。孟森は言う。

この曽静案の結局は、実は種族に在らずして、世宗（雍正帝）嗣位の隠を発するに在り。（『明清史論著集刊』所収『清世宗入承大統考実』）

卓見というべきである。雍正帝の嗣位――帝位の継承に不明朗な点があったことはその当時からささやかれており、現在にいたるまで解明されていない。ここには確かに「徴」が存在している。だが、その「徴」は資料の欠落、それも意図的になされた隠滅による資料の欠落がもたらした「徴」である。それ故、この「徴」は永遠に出てこないと思われる新資料が発見されないかぎり解決されないと思われる。雍正帝はこの「嗣位の隠」ないしは「徴」に関して即位以来着々と証拠隠滅と口封じを行ってきた。曽静が権力の中枢から漏れ伝わってきた流言に基づいて「逆書」を書いたとしても対応策はあった。

雍正帝は岳鐘琪の報告を待って曽静を北京に召喚し、訊問した。雍正帝はおそらく曽静がどのような態度でこの訊問に臨むか読み切っていた。雍正帝は自分を「謀父」――父親殺しとまで断じた曽静に出来るかぎり厚遇した。おそらく雍正帝が読み切った通り、曽静は卑屈な態度に出た。『大義覚迷録』はこのときの訊問に基づいて作成されたものであるが、そこに登場する曽静は惨ましいほど卑屈である。「曽静供す、彌天《びてん》罪犯は云々」――供述はすべてこの形式で行われているが、これは清朝の裁判制度に基づく表現であり、曽静の意志ではないであろう。だが、

彌天罪犯は……あまりにも早く父を失い、しかも数十年にわたり独り山僻窮陋の地に住んでおり、参考にすべき史冊とて借りることができませんでした。(『大義覚迷録』巻一)

曽静の供述はこの点についてはほとんど一貫している。田舎者で知識がなく、そこで「誤り呂(留良)書を読むの致すところ」となった、というのが曽静の「論理」であった。雍正帝にとって曽静は事件の核心ではなかった。核心は「十大罪状」であり「嗣位の隠」にあった。この点に関して雍正帝と同じ視線の高さで証言でき

るものはいなかった。さまざまな形で口封じされていただけではない。たとえ証言しうるものであっても証言としたならば、それは皇帝と同じ高さのピラミッドを作ることとなり、そのこと自体が「大逆不道」となるのである。それ故、曽静の訊問を通じこの点に関する証言者となったのが皇帝その人となる、という奇妙な事態にならざるをえない。曽静案はこうして雍正帝が演出し監督し主演する、いうならば中国語でいう「表演」、つまり演技となっていった。雍正帝は『大義覚迷録』の巻頭で次のような上諭を掲げている。

豈に意《おも》わんや、逆賊の曽静なるものありて、その徒の張熙を遣わし書を総督の岳鐘琪に投じてその謀反を勧めしめ、朕躬をとりて肆に誣謗の詞を為し、我朝において極めて悖逆の語を尽くせんとは。廷臣の見る者、皆疾首痛心、共に天を載かざるの恨あり。かくのごときは影響全くなきのことにして（全く身に覚えのないことであって）、朕夢寐中にもまたこの幻境なし。実に犬吠狼嗥《けんはいろうこう》のごとくして何ぞために辯ずるに足らん。既にしてこれを思うに、逆賊の言う所、朕にもし幾微も中（心）に愧慊《きけん》あらば、すなわち当に回護隠忍し、暗中にその事を寝息すべし。今全く影響なきの談をもってこれを朕に加う。朕の心、もって上天に対すべく、皇考に対すべく、もって共に天下の億万の臣民に白すべし。（『大義覚迷録』巻一）

ここでは、雍正帝が即位後「嗣位の隠」を知っている年羹堯《ねんがんぎょう》、隆科多《りゅうかた》などを死に追い詰めていったことこそ「影響ある（身に覚えがある）」証拠ではないか、などとは問うまい。問題は「幾微も中に愧慊あらば」とする点である。つまり身に覚えがないだけでなく、動機においていささかも疚しいところはないのだ、そして「朕の心」は天にも父にも万民にも恥じるところはないのだ、と力説している点である。動機の潔癖を主張することは、時として滑稽となる。たとえば、「十大罪状」にあげられている「好殺」について雍正帝はつぎのように弁明している。

朕は性もと最も慈たり。但に一人を妄罰するを肯ぜざるのみならず、たとえ歩履の間の草木螻蟻たりとも践踏傷損するを肯ぜず。

また、「淫色」についての弁明はつぎの通りである。

朕は藩廷に在りしときよりすなわち清心寡欲なり。幼より性情色欲を好まず。即位以後も宮人甚だ少なし。朕常に自ら謂えり。天下の人の色を好まざること未だ朕の如きもの有らず、と。(『大義覚迷録』巻一)

この弁明の論理は『大義覚迷録』に一貫して貫かれている。このように雍正帝はみずからの動機の潔癖性を証明し、「大義」によって曽静の迷妄を覚醒させた。そして雍正帝自身が「出奇料理」と呼んだ措置をとった。それは事件の焦点を曽静から呂留良に移すことを意味した。曽静にたいする処置はいささか喜劇じみている。すなわち悔悟したとして、つまり動機が純正化したとして釈放、この経験を全国に宣伝して回ることと引き換えに故郷に産(土地)を置くことを認めるというものであった。それだけではない。その後乾隆帝に覆されてはいるものの「たとえ朕の子孫なりとも将来その(曽静の)朕躬を詆毀《ていき》するをもって、これを追究誅戮するを得ず」(『大義覚迷録』巻三)とさえされた。

この「出奇料理」によって事件の焦点が「嗣位の隠」から「華夷の辨」に移ったことはいうまでもない。雍正帝はこの事件の精粋を『大義覚迷録』として遺しているのであるが、その冒頭に掲げられたのがほかならぬ「華夷の辨」を論駁した上諭であった。雍正帝は力説する。

それ人の人たりて禽獣と異なる所以はこの倫常の理有るをもってなり。故に五倫はこれを人倫と謂う。これ一を闕けばすなわちこれを人と謂うべからず。君臣は五倫の首たり。天下無君の人にして尚これを人と謂べきことあらんや。人にして無君の心を懐きて尚これを禽獣と謂わざらんか。人倫を尽くすをすなわち人と謂う。天理を滅するをすなわち禽獣と謂う。華夷に因りて人禽を区別すべきにあらざるなり。（『大義覚迷録』巻二）

朱子学の「理」を純粋化すればこのようにならざるをえないであろう。朱子を皇帝にすべきであると考えていた曽静はこの点にかんしてつぎのように供述している。

天の人物を生ずるや、理一分殊なり。実に理の偏全をもってするにして、居る所の内外に在らざるなり、（ということが解りました）。彌天罪犯は読書しても深い意味を読みとることができませんでした。そこで「義理」の本質に理解が行かず、あろうことか、地理の遠近によって華夷を分けてしまいました。もとから善悪によって華夷を分かつべきであったことを知らなかったのです。（『大義覚迷録』巻一）

焦点が「華夷の辨」に移ったこと、それは雍正帝にとって、そして曽静にとってすら「天理」、「義理」、「人倫」、「五倫」が最大の問題となったことを意味していた。動機の純正化が必然的にもたらした結果というべきである。

雍正帝による「出奇料理」はいったいいかなる背景のもとに打ち出されたのであろうか。まず、雍正帝にとって「嗣位の隠」が政治の焦点となることは出来るだけ避けなければならなかった。権力の中枢に亀裂を生みかねないからである。この点について雍正帝は公明正大であったこと、動機が純正であったことを宣明することによって正当化しようとはした。だが、この種の宣明は繰り返せばそれだけ人びとに疑惑を抱かせるものである。事実、現在にいたるまでこの「徴」を解明しようという試みが何回となくされてきたのである。一方、

「華夷の辨」は清朝建国以来の文字の獄の主旋律であった。ここに焦点を移すことは統治者としてはなんら「奇」ではないであろうし、人びとにとっては何回となく聞かされたメロディーがふたたび繰り返されたという感覚しかないものであろう。雍正帝がこの措置を「奇」と表現したのは具体的措置があまりにひとの意表を衝くものであったからだけである。この「出奇料理」すなわち焦点の移動に関しても「微」があるであろう。孟森はそれを「嗣位の隠」と表現したが、そこにはこの措置によって事件の焦点をぼかそうという雍正帝の意図が見え隠れするのである。

この「出奇料理」の背後に「その言動の主体でさえ自覚しえない行動の様式、思考のパターン」としての「微」はあったであろうか。あった、といわざるをえない。それは「華夷の辨」、つまり呂留良に焦点を移すことによって曽静が「逆書」を書いた動機形成の過程を俎上に上せようとする点である。それとともに「理」を「華夷の辨」の上に置くことによって「理」による政治を完全なものとさせようとした点である。雍正帝がこの点について意図的に、つまり自覚して行ったとは思えない。

「理」によってその構造が作られている国家のピラミッドは、社会におけるその縮小相似ピラミッドによって支えられていた。このピラミッドにたいし曽静は大言壮語によって大上段から挑戦した。だが、曽静自身は、雍正帝にとってその大言壮語に反比例してとるに足らぬ小人物であった。自己批判させ、悔悟させれば、つまり「理」によってその人物にふさわしい大きさのピラミッドを作ってくれれば危険な存在ではなかった。曽静は小人物である。ということは社会に無数の曽静が存在する可能性があった。そこで曽静の動機を歪めていった構造が大問題となって浮上するのである。曽静を放免し悔悟の過程を全国に遊説させせたのはこのためである。

真の危険は、小人物の動機すら歪めていく思想の存在であった。こうして死せる呂留良に鉄槌が下ることとなったのである。このような措置がとられたのは、おそらく雍正帝にとっては無意識であって、その思考の回路はきわめて当然の過程であったのであろう。だが、結果として人に「奇」異と感じさせる措置をとらざるをえなかったのである。

ここで曽静・呂留良案は斉周華が独に追い込まれていった構造と交差することとなる。すなわち、雍正帝のこの措置がおそらく無意識のものであったが故に、斉周華の『呂晩村先生を悖逆兇悍より救うの疏』の曽静こそが犯罪者であり、呂留良は犯罪者によって使われた武器にすぎない、とする論旨が官僚たちが恐れたごとく「聖怒を干《おか》し、有司に波及」せざるをえないこととなり、官僚によって必死になって阻止されることとなるのである。雍正帝にとって真の犯罪者は曽静の動機形成に決定的に影響を及ぼした呂留良であって、曽静はその武器に過ぎないものであった。斉周華は雍正帝が無意識のうちに作りだした磁場にその磁場のとおりに紋様を描く砂鉄ではなかったが故に社会から葬り去らねばならないこととなった。しかも、公明正大なる皇帝によってではなく官僚によって暗暗裡に処理されなければならなかった。

雍正帝がみずから「奇」と表現した措置は、雍正帝を支えている磁場からするならばなんら「奇」ではなかった。それは、異民族王朝の皇帝であったがゆえに「華夷の辨」より優位に据えざるをえなかった理を前面に掲げるならば、理の当然として行きつく結果であった。このような結果に行きついたことは中国の伝統文化と伝統社会が織りなしてきた不幸をいっそう深めることとなった。雍正帝は「華夷の辨」に優位する理の論理を構築していったのであるが、『大義覚迷録』を見るかぎりそれはおそろしく単純化されたものとなっていった。

理は純粋化されればされるだけ単純化していき貧困化していった。

人倫を尽くさばすなわち人と謂う。天理を滅すればすなわち禽獣と謂う。（『大義覚迷録』巻一）

天理に基づく人倫はべつの言葉でいえば五倫、その第一は君臣であった。つまり、天理は君にあった。その君が天理の名において人を裁く。このような体制では君の意思が裁断が下される根拠とならざるをえない。君臣、父子と続く五倫と理の関係はさながら閉ざされたトートロジーの世界となっていかざるをえなかった。そして、理の純粋化にともない政治が恣意化していったのである。雍正帝を継いだ乾隆帝の時代の文字の獄は斉周華を死に追いやった例をみるまでもなく判決は皇帝の恣意によって下されたのである。

斉周華が刑場の露と消えて間もなく、ひとりの学者が「理」について論を展開した。戴震である。

尊者は理をもって卑を責め、長者は理をもって幼を責め、貴者は理をもって賤を責む。失なりと雖もこれを順と謂う。卑者、幼者、賤者は理をもってこれと争い、得ると雖もこれを逆と謂う。ここにおいて下の人は天下の同情、天下の同《とも》に欲する所をもってこれを上に達する能わず。上は理をもってその下を責む。而して下に在るものの罪は人人指もて数うに勝えず。人法に死せば、猶おこれを憐むものあらん。理に死せば、誰かこれを憐れまん。（『孟子字義疏証』上）

斉周華の悽ましい生と死、そして雍正帝の「出奇料理」をみて、筆者もまた戴震とともに「嗚呼」と慨嘆せざるをえないのである。

『学習院大学文学部研究年報』第38輯（一九九二年三月二〇日）

「平均」解

I

『資治通鑑』の唐の僖宗乾符元年の条に次のような記載がある。

この歳濮《ぼく》州の人王仙芝、始めて衆数千を聚め長垣《えん》に起つ。(『資治通鑑』巻二五二)

中国歴代王朝の例にもれず、唐王朝もまたこのようにして、王仙芝およびその後に抬頭した黄巣の指導する農民戦争によってその終末を迎えることとなったのである。この王仙芝の蜂起を乾符元年の条に記載するため、編集者である司馬光は考異を付けている。

実録は「(乾符)二年五月、仙芝、長垣に反す」とす。按ずるに『続宝運録』は「濮州の賊王仙芝、自ら天補平均大将軍を称し、海内諸侯都統を兼ね、檄を諸道に伝う」とす。檄末に「乾符二年正月三日」と称す。すなわち仙芝の起つは、かならず（乾符）二年の前にあり、今（乾符）元年の歳末におく。『資治通鑑』の編者が唐の滅亡をもたらした王仙芝、黄巣の農民戦争の起源が何年であったかを論証するために、このような考異が付けられたのであるが、その後の中国の長い歴史を考えるとき、実に貴重な一段を挿入しておいてくれた、というべきであろう。それは農民によって提起された「平均」という概念が初めて歴史にその姿を現したからである。

中国の伝統的な農民の行動様式や心理的気質を受け継いでいる中国のマルクス主義者たちが、この「平均」という概念に注目したとしても、それは当然のことであった。この王仙芝が自称した「天補平均大将軍」という称号をとらえて、解放後、中国の代表的歴史家の一人である侯外廬は「それ以前の時期とは異なり、農民は人身の生存権、生活権を要求しただけでなく、封建支配階級にたいして平等の権利を要求し、さらにまた均等に（原文は平均に）土地を分配することを求めたのであった」（史紹賓編『中国封建社会農民戦争問題討論集』所収、侯外廬「中国封建社会前後的農民戦争及其綱領口号的発展」）と述べている。侯外廬によるならば、この称号に付けられた「平均」という概念は、明らかに「足らざるを補い、平ならざるを均しくす」という意味である。「補不足」と「均不平」はのちに見るように必ずしもおなじ内容ではないが、侯外廬は「平均」を土地所有均等化のシンボルとかんがえているのである。

だが、『資治通鑑』に現れた「平均」という一語でもって、これほど大胆な結論を下せるのであろうか。中国の農民にとって土地所有の均等化が最大の目的であったことは事実である。そして、中国のマルクス主義者もこれを最大の課題として、その実現に全力をあげてきた。このような背景をもつ人々が、史料に現れた「平均」の一語に心理的に共鳴を発したとしてもなんら不思議ではない。毛沢東は絶対的平均主義にたいし何回か批判を加えているが、中国革命そのものに平均主義が色濃く影を落としているという事実は否定すべくもないであろう。王仙芝が自称した「平均」という概念について、侯外廬以降、より事実に即した研究も現れるが、この「平均」に共鳴音を発する心理的土壌のうえに、さらに奇想天外の解釈が生まれていくこととなった。それは、「平均」が人々の心理を強くとらえていた文化大革命の時期に現れ、一般大衆の間にまで流布したものである。

清の光緒年間に発見された『新編五代史平話』に王仙芝におくれて蜂起した黄巣が王仙芝のもとに馳せ参じ「衝天太保均平大将軍」に署せられた、という話が出てくる。「平均」と「均平」とはおそらく意味の差はない。文化大革命の時期に流布した奇想天外の説とは、王仙芝の「天補」と黄巣の「衝天」のあいだに作りだされた。それによるならば「天補平均」とは、侯外廬も言及した「足らざるを補う（補不足）」という意味であって、これは歴代の支配者が行ってきた「余りあるものを損じて、足らざるを補う」の意味にほかならない。とすれば、そこに農民による土地所有権の要求などありえないであろう。一方、「衝天」の意味は地主階級の「天」をうち破るという意味での「衝」であるという。それゆえ王仙芝ではなく黄巣にこそ地主階級の土地所有を打破し「平均」を実現しようとする革命家の姿を認むべきである、というのである。「補」と「衝」の一字の差に投降と革命、ないしは二つの路線闘争を読みとろうとする説がいかに史料にもとづいていないかについては、宋家鈺《かぎょく》の研究があるので贅言しない（『中国農民戦争史論叢・第一輯』所収、宋家鈺「関於唐末農民起義領袖〝天補均平〟称号研究中的幾個問題」）。だが、平均主義が人々の心を強くとらえていた文化大革命の時期に、史料的には荒唐無稽なこのような説が現れたことは、ある意味では象徴的なことであった。

王仙芝、黄巣の農民戦争が「両税不均」という賦役負担の不平等を背景としていることは、だれしも認めるところである。この事態は農民を武装蜂起に追いつめるだけでなく、国家の存立そのものを危機に陥れるものであったため、統治者のあいだからも「賦役均平」を唱えるものが現れてくる。その代表的な例として元稹の『奏同州均田状』がある。元稹は、王仙芝、黄巣の農民戦争が発生するような当時の事態を「富豪兼併し、広く阡陌を占め、十分の田地に二、三を税するのみ」と述べている。「富豪」にたいする賦役が軽減された分だけ賦役は一般農民にのしかかってくることとなる。元稹は、そこで賦役負担を公平化したが、その結果「これより貧富強弱、一切均平たり」という状態になったという。その当時の史料により忠実にもとづくならず「天補平均大将軍」の「平均」をこの元稹の「均平」の文脈で考える方がより整合的である。なぜなら、「平均」という言葉に土地所有の平均化という意味を付与することができる根拠は「平均」という言葉それ自体以外にはないからであり、また、その当時においては「平均」ないし「均平」という言葉は賦役のいちじるしい不平等を是正する、という意味にほかならなかったからである。

王仙芝、黄巣の農民戦争以降、「平均」に類した言葉はしばしば歴史に現れる。著名な例としては、北宋の王小波、李順の農民蜂起の際、王小波が語ったといわれる「吾、貧富の均しからざるを疾む。今汝のためにこれを均しくせん」(『澠《しょう》水燕談録』巻八)というもの、また南宋の鍾相《しょうしょう》、楊么《ようま》の農民蜂起のときの「当に貴賤を等しくし貧富を均しくすべし」(余夢華『三朝北盟会篇』巻一三七巻)などがある。だが、このような「均貧富」も王仙芝、黄巣のときの「平均」ないしは「均平」とおなじく土地所有の平均化にふれるものであるのかいなかは明らかではない。

「均田、免糧」――このようなスローガンを掲げて李自成は農民の大軍を率いて明王朝を崩壊させた。一六四四年のことである。明の首都北京に入城した李自成は、内部の腐敗および明の将軍呉三桂・清の連合軍の圧力のもとでたちまちして崩壊していった。それから三百年後、この事実から教訓を引きだそうとしたのであろう。郭沫若は『甲申三百年祭』を著した。その五年後、すなわち一九四九年、毛沢東の率いる解放軍は奇しくもおなじ北京に入城するすることとなるのである。解放軍は、理論的にはたしかにプロレタリアートに指導された軍隊ではあったが、現実には圧倒的に農民の軍隊であった。この『甲申三百年祭』において郭沫若は李自成の唱えたといわれる「均田、免糧」について共感をこめて論議している。「均田」がかりに土地所有の平均化を意味するのであるとすれば、それは解放前夜の農民の願望をあらわすものであり、共産党や解放軍にとって非常におおきな力となるであろう。だが、李自成が唱えた「均田、免糧」のスローガンにもいささか複雑な情況が存在している。

清代の趙翼はその著『廿二史箚記《とうき》』で次のようなことを述べている。

流賊には期せずして似ることがあるのであろう。黄巣はまず王仙芝に従って盗となった。王仙芝が殺されると黄巣は初めて盗魁となった。李自成もまたまず高迎祥に従って盗となった。高迎祥が擒えられて李自成は初めて盗魁となった。似ていることの第一である。黄巣は草賊から事を起こし、京師を陥れて宮闕を占拠し、皇帝を僭称して改元した。李自成もまた草賊から事を起こし、京師を陥れて宮闕を占拠し皇帝を僭称し改元した。第二の似ているところである。黄巣は京師に入城する前、向かうところ敵なしであったが、京師に入って皇帝を僭称した後、逆運が尽きたのであろう、ほどなくして一敗地にまみれた。李自成は襄陽、陝西から北京に向かい、その威力は抗するものとてなかったが、北京に入城して皇帝を僭称した後には、逆運がやはり尽きたのであろう。ほどなくしてやはり一敗地にまみれた。第三の似ているところである。（巻二十「黄巣・李自成」）

趙翼の論理にしたがっていうならば、おそらく似ている点を第四、第五と続けていくことができるであろう。黄巣と李自成の二人はさらに「流」――後述する流寇主義の点でおどろくほど似ているし、また、王仙芝、黄巣の「平均」ないし「均平」と李自成の「均田」とは瓜二つであった。さらにつけくわえるならば、「平均」も「均田」も孤証である点でも同じであるし、また現在これらの言葉が賦役の平均化を意味するのか、それとも土地所有の平均化を意味するのか、喧喧諤諤の論争を生んでいる点でも同じである。

「均田、免糧」の言葉は査継佐の著した『罪惟録』にのみ見えるもので、その他の史料にこの言葉が現れないことはつとに郭沫若が『甲申三百年祭』において言及している。『罪惟録』には「均田」という言葉は三回現れる。最も重要なものは、その『李自成伝』に見えるものである。すなわち、

李巌、（李）自成をして虚誉をもって群望を来めしむ。偽りて均田、免糧の説を為《つく》りて相煽す。

というのがそれである。この『罪惟録』の一段には二つの問題が存在する。その第一は、李自成に「均田」というスローガンを掲げるように勧めた李巌についてである。李巌については、その当時のさまざまな史料にでてくるが、『豫変紀略』に「流寇志の諸書、皆これを載し、その烏有先生たるを知らざるなり」とあるように、確かな史料でその存在を確認することができないのである。ちなみに『豫変紀略』の著者鄭廉は李巌がその地

の人とされた河南省の人であり、李自成の軍隊に捕えられ、その内部事情に通じていた。

第二に、この烏有先生である李巌が提起したといわれている「均田、免糧」と『罪惟録』以外の史料に見える李自成軍の打ちだした他のスローガンとの比較である。その中でもっとも有名なものは

喫他娘、穿他娘、喫穿不尽有闖王、不当差、不納糧。

というものである。強いて訳せば「畜生どもから食物を奪いとり、着物を召上げよう。食べるにも、着るにも不自由しないのは、闖王がいるおかげ。闖王がいれば力役に駆りだされることもないし、税金を納める必要もない」ということになるであろう。ここでいわれている「不当差、不納糧」という言葉は数多くの史料に見えるものである。だとすれば『罪惟録』に見える「均田」も唐末の「平均」と同じように「当差、納糧」の平均化として考えるべきではないのであろうか。事実、明末の当時、「均田」は多くの場合、賦役の平均化を意味していた。有名なものとしては朱国禎の『涌幢小品』に記載されている「均田」の例である。そこに書かれている内容は賦役の平均化以外の何ものでもない。

それでは「平均」とか「均田」などの言葉は、賦役など農民にのしかかってくる負担の平均化を意味するだけであって、土地所有の平均化をまったく意味しないのであろうか。史料から見るならばこの言葉を土地所有の平均化と解釈することはいささか困難であろう。しかし、黄巣の場合であれ李自成の場合であれ、賦役負担ばかりではなく土地所有においても著しい懸隔があった、という情況のもとで農民戦争が発生しているという事実は、「平均」という言葉を考えるうえで十分に考慮にいれておかなければならないであろう。ここでは明末の情況に即しつつ土地所有の問題にふれてみたい。そこには「富者は田阡陌を連ね、貧者は立錐の地もな

し」という典型的な事態が発生していた。

明王朝はその成立が農民戦争と深いかかわりがあったため、土地所有の懸隔をもたらすような政策には慎重な態度をとってきた。だが、中期になるとこのような政策は綻びはじめる。天順八年、西暦一四六五年、はじめて皇荘が置かれてるようになる。そのおり「天子は四海をもって家となす。何ぞ必ずしも民と利を争わん」という諫言を述べたものもあったが、聞き入れられることはなかった。これ以降、非常時に農民に負担をかけないようにするため設置されていた「閒田《かん》」はさまざまな名目で皇族、大官僚、そして宦官によって占拠されていった。戦争などの非常時に、農民に賦役負担の増加を強いる条件がこのようにしてできあがっていったのである。その後土地をめぐる情況はゆるやかな下り坂を下るように悪化し、万暦帝の時代（西暦一五七三―一六二〇）に劇的に変化することとなった。万暦帝は皇帝としてけっして闇愚《あんぐ》ではなかったが、建儲問題、すなわち立太子問題がこじれにこじれた結果、皇帝の職務をほとんど放棄するようになっていった。ある臣下は万暦帝の欠点を「酒色財気」であるとして批判した。「気」とは怒気の意味である。この四つの欠点のなかでも、破壊的事態をもたらしたものは「財」であった。当時、万暦帝については「貨を好む」という噂がながされていた。だが、それはただ単に「貨を好む」にとどまらなかった。他人の財貨を略奪するのである。鉱山を開くという名目で宦官を派遣すると、その宦官はもっとも肥沃な土地を指さしてここに鉱脈があると宣言する。するとその土地は自動的に皇帝に召し上げられるのであった。こうして各地で土地をめぐるトラブルが続発することになる。それればかりではない。万暦帝が皇太子にしたいとおもっていた皇子が皇太子になることができず、福王として洛陽に赴いたとき、ほとんど信じがたい額の財産を与えているが、財貨のほかにも、その後臣下によって値切られているものの、四万頃もの荘田を与えようとした。いわば万暦帝は、皇帝にはあってはあるまじき自らの「私」によって、土地にたいする国家の規範を崩壊させたのである。官僚、宦官をはじめ各地の地主、商人が皇帝に右へ倣えをしたことは当然であった。こうして「田を有するもの什に一、人のために佃作するもの十に九」（顧炎武『日知録』巻十）という情況、ないしはそれに近い情況がうまれていったのである。

万暦帝が崩壊させたのは土地にたいする規範だけではなかった。国家運営の根幹である官僚の任命すらサボタージュした。その結果、官僚たちは「封印自去」、「拝疏自去」――つまり皇帝に任命されることなく勝手に欠員を補め任地に赴くようになった。国家の機能が肝心要にあたるところで停止してしまったのである。

明朝崩壊の原因を醸成したのは万暦帝であった。だが、明朝崩壊の引き金を引いたのは、のちに清の太祖として歴史に誌るされることとなる満洲のヌルハチであったであろう。万暦四六年、西暦一六一八年ヌルハチは公然と明にたいする攻撃をはじめ、翌年には四十七万を呼号する明の大軍を薩爾滸《サルホ》で撃破した。重大な脅威が東から迫ってきたのである。軍事費が急増したのはいうまでもない。官僚たちは万暦帝がためた資産――内帑から補うように求めたが、認められなかった。その他さまざまな提案がなされたなかで認められたのは「天下の田賦、貴州よりほか、畝毎に銀三釐五毛を増せば、餉《しょう》二百万有奇を得るべし」という李余華の提案であった。こうして田賦が増加されることとなったのである。史上悪名高い遼餉《りょうしょう》の始まりである。その後、遼餉は増加しつづけ、農民がその負担に耐えることができなくなって武装蜂起に立ちあがると、こんどはその武装蜂起を弾圧するするための剿餉が課せられた。農民にたいする賦役の負担は、当然、より広範な農民の武装蜂起に帰結する。「剿《そう》」――農民にたいする武装鎮圧を重視すれば、東方の満洲にたいする防備が手薄となる。満洲との戦いで敗れると軍隊を東方に移動させざるをえない。そのようにすれば、農民蜂起の火に油を注ぐこととなる。こうして軍隊強化のための練餉が必要となるのである。この遼餉、剿餉、練餉の三餉はひとつが他を呼ぶかたちで加算されていき、明を崩壊へと追い込んでいった。李自成が唱えたといわれる「均田」のスローガンが現れたのはほかならぬこのような情況の下であった。

このように土地兼併と賦役負担の加重は、一枚の紙と表と裏のように切っても切れない関係にあった。一般的にいえば土地兼併が先行する場合が多かったとおもわれる。以上のような歴史的背景を考慮にいれつつ、「平均」にかんして一つの仮説を立てておきたい。それは「平均」は表層において賦役負担の平均化を意味するが、深層においては土地所有の平均化を指向している、という仮説である。

II

明末清初の激動の時代を生きた王船山は明末に発生した土地兼併、賦役負担の不平等、そして農民戦争という歴史事象を考慮にいれつつ、中国の伝統社会の本質にかかわる、すぐれて構造的な論述をおこなっている。すなわち、

三代以降の弊政に言及するものは、おおむねそれは権勢ある地主の土地兼併による、と語ってきた。すなわち民に土地を貸し与え、民を使役して土地を耕させ、（その収穫から）国家が十分の一を取り、地主が十分の五を取るのである。こうして農民に害をなしてきたのである。（このような説を唱えるものは）賦

役負担がとどまることを知らず、貪官汚吏による収奪が已むことを知らず、家ごとにかかる負担が（労働力ではなく）田畝にかかってくるという事態に目を向けようとしないものである。（賦役の負担が田畝にかかってくるため）愚昧で気骨のない村野の農民たちは田を所有することを災いであると考え、権勢ある地主に土地を兼併されてでも（国家による賦役負担を）一時逃れし、起死回生の謀をなそうとするのである。思うに権勢ある地主だけが貪官汚吏と馴れあいつつ、この際限のない負担に応ずることができるのである。だとすれば、たとえ権勢ある地主の田を取りあげて貧しい農民に分ち与えたところで、農民は死んでも受けとろうとしないであろう。だが、かりに賦役に一定不変の法があり、その軽量を勝手に変えず、親のいないものでも、子のいないものでも規定に従って官に納めることができるようにするならば、余りあるものの田を奪って足らざるものに分かち与える必要などなくなるであろう。こうすれば人々は田を所有することを利益と考え、権勢ある地主といえども田を奪おうにも奪えなくなるのではなかろうか。だが、賦役の名目が数限りなくあり、国家負担による駅逓制度が復活せず、労働力にではなく、一切が田畝に負担がかかるとすれば、田はことごとく権勢ある地主のものとならざるをえない。そして、天下の乱はとどまることとすら知らなくなるのだ。（『噩夢』）

この王船山の説を土地をもてる地主の謬説などと考えてはなるまい。ここには、中国の伝統社会において、なに故「乱」――農民戦争が起こるのではあるかという、すぐれて構造的な問題をあつかっているのである。王船山によるならば、賦役負担の問題こそ構造的なものであり、土地兼併はその結果にすぎないとさえ断定されるのである。この王船山の論は、さきほど立てた賦役＝表層、土地所有＝深層という仮説と真向から対立する。

王船山のこの論が明末の歴史情況にもとづいていることは、文中に「国家負担による駅逓制度」（原文は「公費駅逓」）に言及していることからも伺い知れる。ちなみに「国家負担による駅逓制度」の廃止は、満洲対策のため国費の削減をはかったため採られた措置であった。それは姑息な措置であった。その結果、大量の失業者を生み、農民戦争勃発の契機となったことはよく知られている。だが、王船山は賦役負担と土地兼併の問題を明末固有の問題として提起しているのではない。三代以降の弊政として、すなわち、秦の始皇帝以降の中国社会の問題として提起しているのである。それ故、この問題については、賦役すなわち国家にたいする負担、否、これを論ずれば国家そのものを論ずることになるが、それと土地兼併ないしは土地所有との関連にかんして、すぐれて構造的な問題としてあつかわなければならないであろう。

王亜南はその著『中国官僚政治研究』において、この構造的な問題に関し、次のように述べている。

> 地主経済を基礎とする専制官僚政治は、……必ずや官、商、高利貸および地主の「四位一体」の局面を作りだすであろうし、また必ずや集権的ないしは官営的な経済形態を作りだすであろう。さらにまた、必ずや国法を無視した汚職行為の気風を作りだすであろう。この三者はおそらく密接に関連するものであり、そしてこれらが連鎖反応を起こすとき、その連鎖反応によって、社会経済はたちまちのうちに孟軻の予言したごとく「上下こもごも利を徴すれば国あやうからん」という大破局をむかえるのである。

ここで商と高利貸に言及されているのは、それが土地兼併の槓杆《こうかん》となっているためである。王亜南はこの文章からも判るように、土地兼併とは賦役の不公正とそれによって発生する貪官汚吏が原因となっている現象ではなく、中国伝統社会の必然的な現象であると考えている。賦役の平均化をはかれば、地主、官僚という存在そのものに手をつけずとも回避できるといった問題ではないのである。

ここでは王亜南の見解を参考にしつつ、中国伝統社会の運動のメカニズムを一瞥しておきたい、『漢書食貨志』に「秦に到りてはすなわち然らず。商鞅の法を用い、帝王の政を改む。井田を除き、民売買するを得。富者は阡陌を連ね、貧者は立錐の地もなし」という、董仲舒の有名な一段があるが、それ以降、中国では土地が私有となり、地主制の支配する世界となった。ここで「地主制が支配する世界」という意味は、決してつねに地主が土地の大部分を支配していたという意味ではない。中国の伝統社会では、国家は程度の差こそあれ地主による無制限の土地兼併に歯止めをかけようとしていたし、また大量の自作農も存在していた。だが、現代において、国家がいかに資本にたいして制限を加えようとも、また社会資本の多くの部分が資本家によって支配されていなくても、資本主義社会と呼ばざるをえないのと同様、土地にたいする支配が社会経済の決定的モメントになっている社会は地主制社会と呼ばざるをえないのである。この土地の私有化とともに、中国において官僚制が整備され、さらにやや後になって儒教が国家のイデオロギーとして採用されることとなった。この地主制、官僚制、儒教はことに宋代以降確固たる結合を成しとげることとなる。

社会の構造をどのような角度から把握するかについては、さまざまな考え方がありえようが、ここではかりに政治、経済、社会、文化の四つのファクターから以上のような中国の伝統社会の構造を考えてみたい。時期的には地主制、官僚制、儒教が見事な結合を示す宋代以降を念頭におくことにする。

中国の伝統社会における支配者は、さまざまな形で名づけられてきた。士、縉紳などというのはその代表例である。かれらは政治的にみれば官僚ないし官僚予備軍であったし、経済的にみれば地主であった。社会的にみれば家長ないし家長の権威に寄りかかった存在であり、文化的にみるならば儒教の教養をもつ読書人であった。王亜南は官、商、高利貸および地主という「四位一体」という側面から中国の伝統社会に考察をくわえているが、ここでは政治――官僚、経済――地主、社会――家長、文化――読書人の「四位一体」の構造から考えていくことにしよう。中国の伝統的な国家は、主として二つの主要な側面から成りたっていた。それは、第一に儒教の真理に基づくべきである、という原理と、第二に「民」にたいして家長としての徳をもってのぞむという原理である。このため、ほかならぬ孔子の教えが国家のイデオロギーとして確立することとなる。国家はこの二つの基準にしたがって「選挙」――人材登用を行う。この「選挙」が最終的に科挙制度として固定化していったのは周知の事実であり、しかもその基準が朱子学に合致するか否か、が最大の基準となったことも周知の事実であろう。朱子学においては「理」をこの宇宙の最大の原理としていた。科挙は原理的にいえばこの「理」への接近度によって人材登用の採否の基準としていた。このようにして「理」によって「官」になったものは「権」を得る。「権」は一つの権限であるが、それは同時に権力でもあり、家長としての権威も伴っていた。たとえば清代において地方の大官であった巡撫、布政使、按察使、同員、知府は「老公祖」「大公祖」と呼ばれていたし、州や県の官僚も「老父母」「老父台」と呼ばれていたのである。この「権」は俗に「三年清知府、十万雪花銀」と語り継がれてきたように、「利」に転化する。こうして得られた「利」は商業、高利貸を媒介として加速度的に悪性膨張していくが、この「利」が投下される対象としては二つあったと考えられる。すなわち第一に土地であり、第二に「理」――主として子弟の教育である。この「理」から「権」、「権」から「利」、「利」から「理」への循環運動の過程において土地兼併が加速度的に進行するのは必然的であった。この過程は現実の歴史情況においては、新王朝の成立――商業の発展――土地兼併――農民暴動――新王朝の成立という嵇文甫の描いたサイクルとなって現れるのである（『左派王学』）。ここで商業の発展として語られているものが「権」によって収奪された「利」の蓄積によるものであることはいうまでもない。王船山が嘆いた貪官汚吏の存在や賦役の不公正はけっして個別的・偶然的な現象ではなく、このようなすぐれて構造的なサイクルにおいて発生する現象であったと考えられる。それは、このような構造をもつ国家が政策的に修正しようにも修正しえぬ現象であった。「平均」はたしかに賦役の不公正や貪官汚吏の存在を契機として唱えられたものではあろう。史料から見るならばそのように解釈するのが、より穏当であることもたしかである。だが、史料的に「平均」がたとえ賦役の平均化を意味していたとしても、このような構造を背景としつつ唱えられているということもまた無視しえぬのである。それは、次に見るであろう太平天国の例を考えるならば、より明らかになると思われる。

先に「平均」について、賦役の平均化＝表層、土地所有の平均化＝深層という仮説をたてたが、その意味はこのような構造的過程が深層にあって、表層の賦役の平均化を契機として歴史に作用する、という意味にほかならない。

III

「平均」を論ずるとき、忘れることのできないの文章として龔《きょう》自珍の『平均篇』がある。『平均篇』は冒頭に「龔氏曰く、天下を有つもの、これを平にするの尚なるより高きはなし」という。ここで「これを平にす」といわれている意味は、文脈からみるならば土地を含む富の平均化を指しているものと思われる。すなわち政治の最高原則とは富の平均化にこそある、というのである。龔自珍によるならば「邃初《すいしょ》」――太古においてはこの富の「平均」は文字通り存在していたが、時代が下るにつれて「平均」は失われていったという。このような「平均」が失われている情況をただす根本は何であろうか。それは、人心であるという。

人心なるものは世俗の本なり。世俗なるものは王運の本なり。人心亡なわるれば則ち世俗壊る。世俗壊るれば則ち王運中より易る。

政治の根本は世俗にあり、世俗の根本は人心にある、というのであるが、ここでいう世俗とは、おそらく顧炎武が語った「風俗」と同様、人々の社会意識を背景にもちつつ、それが社会的形態をとったところに成立する概念であると思われる。王者たるもの、すなわち統治者は自らのためにも、人心と世俗を根本の問題として取り組まなくてはならないのである。ところが、社会は「平均」を失った状態に陥っている。

貧は相軋《あつ》し、富は相耀す。貧者は阽《えん》じ、富者は安ず。貧者は日々愈々傾き、富者は日々愈々壅《よう》す。

このような貧富の懸隔がおこったとき、人心はどうなるのであろうか。また、世俗はどうなるのであろうか。

或者はもって羨暴し、或者はもって憤怨す。或者はもって驕汰し、或者はもって嗇吝す。澆漓《ぎょうり》詭異の俗、百出して止むべからず。

という状態になるのである。「澆漓詭異の俗」とは薄っぺらでけったいな風俗のことである。具体的には、町にさえ「服妖之肆」「食妖之肆」「翫好妖之肆」、つまりエロ、グロ、ナンセンスの店が流行るばかりでなく、

「男子咿唔《いご》して爵禄を求むるの肆《し》」「聖賢を盗みて仁義を市《う》るの肆」「女子容を鬻ぐの肆」、売春宿はもちろんのこと、官職が欲しいといっては管を巻く男や、孔子様の教えを聞きかじっては仁だの義だのとお説教を垂れる輩が出入りする店が立ち並ぶのである。龔自珍はこのような風俗の背後にアヘンの臭いを嗅ぎとっていたと思われる。ちなみに「妖」とはまたアヘンをも意味する。このような風俗がはびこると次のような状態になる。

不祥を極むるの気、天地の間に鬱するに至る。これを鬱すること久しければ、乃ち必ず発して兵燹となり、疫癘《れい》となる。生民噍類《しょうるい》、孑遺《げつい》ある靡《な》し。人畜悲痛し、鬼神変置せんことを思う。

はなはだ詩的な言語によって描写されているが、つまりは内乱が起こり疫病が蔓延し、人々は生きようにも生きられなくなるのである。そして、人々の悲しみに呼応するがごとく、鬼神でさえ王者を代えたいと思うのである。だが、その元をただせば、

その始め、貧富あい斉《ひと》しからざるの之がために爾《しか》るに過ぎず。

つまり、

小《すこ》しくあい斉からず、漸く大いに斉しからざるに至る。大いに斉からずして即ち天下を喪うに至る。

それ故、龔自珍はこの「平均」が喪われた根本原因をさぐり、一つひとつの具体的な情況においてそれを調整していくべきであると訴えるのである。

龔自珍はおそらくその気質によるのであろう。はなはだ詩的な言語で「平均」にかんし論述しているが、その観点は、具体的な賦役および国家の公正さを求めた王船山の論と同一線上にあるといえるであろう。あるい

は龔自珍自身このことを意識していたのではないかと思われる。

　薬方はただ古医の丹を販らん

という一句をのこしているのであるから。

龔自珍がこの『平均篇』を著したのは嘉慶二十一年、西暦一八一六年、のことであった。この文章が、乾隆から嘉慶へと年号が改まったときに発生した白蓮教徒の反乱、そして、ことに嘉慶十八年、西暦一八一三年に発生した天理教の反乱を背景としていることはいうまでもない。ちなみに天理教の反乱は、その指導者林清が宦官の手引きもあって紫禁城にまで突入した事件であり、これによって、盛世が終わり、衰世が始まったと人々に意識させた事件であった。龔自珍は、だが、「天下を喪うに至る」と述べているように、この「平均」の不在に清朝そのものが崩壊するような内乱の危機を読みとっている。これは奇しくも太平天国の予言となった。龔自珍には『尊隠』というたいへん有名な一文があるが、その中でも来るべき大内乱を予言している。

　俄然として寂然、灯燭光なし、余言を聞かず、但鼾《かん》声を聞くのみ。夜の漫漫たる鶡旦《かったん》鳴かず。則ち山中の民大音声の起こるあり。天地これが為に鐘鼓し、神人これが為に波涛す。

龔自珍はおそらく『平均篇』を著したとき、すでに「平均」の不在が大内乱を引き起こすであろうことは見通していた。だが、『尊隠』において語られた内乱の主役である「山中の民」が「平均」のもっとも典型的な事例となるであろうことは予測しえなかったであろう。

「平均」は龔自珍が予言した「山中の民」の蜂起、すなわち太平天国において典型的な形をとった。しかも黄巣や李自成の場合のように史料的には「孤証」であったのとは異なり、太平天国には、みずから制定した『天朝田畝制度』という確たる土地所有にかんする文書が存在するのである。この文書を検討することによって「平均」の内容はかなりの程度まで明らかにすることができるものと思われる。

太平天国癸好三年（西暦一八五三年）に刊行された『天朝田畝制度』は、ただ単なる土地に関する制度ではなかった。それは土地制度を根本に据えつつ、国家制度の根幹を全面的に扱うものであった。

『天朝田畝制度』は冒頭、「軍」とよばれる一万三千百五十六戸からなる単位から説き起こす。「軍」には典分田、典銭穀、典入、典出の諸官がおかれ、師帥、旅帥などの軍務を兼ねている。この「軍」という単位に発生する問題は、その長官たる軍帥から監軍、監軍から欽軍総制、欽軍総制から将軍、そしてさらに侍衛、指揮、検点、丞相、軍師へと上申していき、最終的には軍師から天王に上奏されるのである。命令系統は、このヒエラルヒーを逆に天王から始まって下降していくのである。これは官僚制そのものではあるまいか。たしかに太平天国をふくめ歴代の農民戦争は苛酷な戦闘にさらされており、命令系統なしには生存することすら不可能であったであろう。しかし、それにしても見事なヒエラルヒーではある。

つぎに田畝——土地制度そのものに言及する。まず、田地をその単位面積当たりの生産量によって上上田から下下田まで九等分し「分田」——土地を農民に配分する際の基準とする。具体的な「分田」は次のように行われる。

　およそ分田は人口に照らし、男婦を論ぜず、その家の人口の多寡を算し、人多ければ則ち分つこと多く、人寡なければ則ち分つこと寡なし。雜うるに九等をもってす。

天朝田畝制度では「およそ天下の田は、天下の人と同に耕す」と語られているのであるから、原理としては土地公有制なのであろう。しかし、引用した文章から見るならば、分田が家単位に行われることは疑問の余地がない。家単位に行われるという規定が明文化されていないということは、逆にそのようにすることが疑問の余地なく当然のことであったからにほかなるまい。このような分田を行う目的は次のようなものであった。

務めて天下をして共に天父上主皇上帝の大福を享けしめ、田あらば同に耕し、飯あらば同に食らい、衣あらば同に穿、銭あらば同に使う。処として均匀ならざるはなく、人として飽煖ならざるはなし。

すなわち人々の生活レベルの均一化がその目的であった。その均一化が、家を単位とした「均匀」——「平均」であったことはいうまでもない。この家を単位とした「平均」こそ平均主義の核心に触れるものであった。このような家は一戸当たり五羽の雌鳥と二頭の牝豚を飼い、桑を植えて衣服を自給する。このような家が二十五戸集まったとき両司馬なる官が設けられ、その両司馬が剰余の生産物を収納して管理する。なぜなら

蓋し、天下は皆これ天父上主皇上帝の一大家にして、天下の人々私物を受けず。物、上主に帰すれば、則ち主の運用する所あり。天下大家処々平均にして人々飽煖ならん。

「平均」とは何とつつましやかな自給自足の世界であることか。しかも「私物を受けず」——私的経済を一切認めないのである。「私」を認めないこと、それは「平均」の重要なひとつの内容を構成している。

この二十五戸を単位とする集団には、国庫とともに礼拝堂が設けられ、国庫と同様、両司馬がこれを掌る。いわば経済、宗教一体化の世界である。それればかりではない。結婚、教育さらには裁判も両司馬のもとに行われるのである。裁判が紛糾して解決できないときには、上述のヒエラルヒーを通じて最終的には天王にまで報告され、そこで裁断が下るのである。「平均」はいわば国家の官僚体系によって保証されているのである。そ

れ故、官僚が法を侵したり過ちを犯したりするならば「黜《しりぞ》けて農となす」のである。ここでいみじくも「黜けて」といっているように、「平均」の世界では「農」ないしは「民」の上に君臨する存在、いわば「官」の存在が前提されているのである。

『天朝田畝制度』は、次に諸官の補任および推挙の制度に言及する。この制度においては両司馬に始まり、先に述べたヒエラルヒーを通じて最終的には天王にまで上申され、天王が決定を下して命令を下に伝えるのである。この場合でも「およそ濫りに人を保挙するものは、黜けて農となす」のである。また三年一回諸官の業績を検討して昇進と降格を行う。

つぎは軍事組織についてである。軍事についていえば、「軍」という単位が基本となっている。「軍」は一万三千百五十六戸ごとに軍帥を設け、その下には五人の師帥、師帥の下には五人の卒長、卒長の下には四人の両司馬を設ける。一「軍」には計五百人の両司馬がいることになる。両司馬の下には伍長が置かれ、伍長はそれぞれ四人の伍卒を統率する。つまり一「軍」は軍隊として見るならば一万三千百五十六人の将兵がなる単位であった。妻子が三人から九人いる一家の主人は家族から一人を兵士として出さなければならないと書かれているから、一戸ごとに一人の兵士を出す制度であったと思われる。

周知のように太平天国はキリスト教をイデオロギーの基本に据えていた。『天朝田畝制度』では最後にこの宗教にかんして規定している。礼拝堂は両司馬のもとに設けられるが、安息日ごとに諸官は礼拝堂に赴いて聖書を講じ民を教化しなければならない。と同時に天条（モーゼの十戒にもとづいて作られた基本的戒律）を守っているか否か、勤勉であるか否か、を視察するのである。

『天朝田畝制度』はまた「鰥寡孤独廃疾は役を免れ、みな国庫を頒ちてもって養う」と書かれているように、福祉制度でもあった。

太平天国の天朝田畝制度とは土地制度を根幹に据えるものではあったが、それは同時に社会、教育、司法、官僚の任免、軍事、宗教、福祉にわたる諸制度をも含むものであった。清朝の八旗制度にかんして、多くの人々は清朝の軍事制度であると考えており、事実、『清史稿』も「兵志」であつかっている。だが、ヌルハチが制定した八旗が社会全体にかかわる国家体制そのものであったことは、孟森の著した『八旗制度考実』によって明らかにされている。天朝田畝制度についても、その名称にこだわることなく考察するならば、八旗制度と同様、国家と社会の基本制度であることが判明するであろう。では、なにゆえ天朝田畝制度と名付けられているのであろうか。それは土地所有の平均化と分配の平均化こそ農民の願望を表していたからにほかならないからである。

土地所有の「平均」は、だが、実現することはなかった。天朝田畝制度が制定された翌年、すなわち西暦一八五四年、「照旧交糧納税」——これまで通り税を取り立てる、つまりは地主が田租を取り立てる現実を認めざるをえなかった。なにゆえ土地所有の「平均」が実施されなかったかについては、これまでさまざまな推測がなされてきた。たとえば、清朝とのきびしい軍事的対立という情況におかれていたため土地測量もできなかったであろうし、またそもそも土地測量しようにも測量すべき土地自身にたいする支配が不安定であった、等々というのがそれである。このようなわけで「これまで通り」「交糧納税」せざるをえなかったというのである。しかし、「これまで通り」はむしろ天朝田畝制度そのものの中に見いだされるのではないであろうか。

天朝田畝制度はただ単に土地制度のみではなかった。それは土地制度を根幹としつつイメージされた国家制度であり、社会制度であった。そして、その制度は官と民との峻別を当然のこととして前提しているのである。これは「これまで通り」でなくて何であろう。この「これまで通り」は事実、太平天国において実施されていた。

江寧を竊《せつ》してより、兵を分ちて各府州県を攻陥す。遂にその地に即きて軍を分ち、軍帥以下の偽官を立てて監軍に統し、鎮ずるに総制をもってす。監軍、総制みな命を偽朝に受け、守土の官となる。軍帥より両司馬に至るまで郷官たり。郷官なるものはその郷人をもって之と為すなり。(張徳堅『賊情滙纂《かいさん》』巻三「偽守土郷官」)

太平天国に敵対する清朝も天朝田畝制度に述べられている天王から両司馬にいたる官僚体系にかんする情報をもっていたのである。天朝田畝制度について、それはユートピアにすぎない、とかたる論者は数多いが、土地所有の「平均」はともかく、官、民の関係を前提とした官僚制は現実的かつ実行可能であり、しかも実行されたことは否定しえぬのである。なぜなら、それは「これまで通り」であったからである。

天朝田畝制度を一定の既成観念やイデオロギーからはなれて読むとき、そこには平等と特権が共存しているという不思議な矛盾があった。そして、特権が官僚体系として現実的なものであり、実現可能なものであったのにたいし、平等は土地所有の「平均」として空想的であり、実現不可能なものであった。

この天朝田畝制度によって定められた諸規定はそのすべてを実施することは不可能なのであるが、かりに実施されたと仮定するならば、その社会のデッサンは次のようなものとなるであろう。

まず、民について。民ないし農民は、このうえもなくつつましやかな生活を土地にしばられつつおくることとなる。つつましやかではあれ確実に生活は保証されており、余剰すらうまれるであろう。その剰余は国家が管理し、必要なときに均等に分配される。それはほぼ完全な自給自足と単純再生産の世界である。このような世界において工も商もほとんど必要なくなるであろう。それはほぼ完全な自給自足と単純再生産の世界である。このような世界において工も商もほとんど必要なくなるであろう。それは国家による公的管理に組入れている。事実、太平天国は南京を占領したのち、私的な商業活動を禁止し、手工業についても国家による公的管理に組入れられている。だが、天朝田畝制度を制定した翌年「これまで通り交糧納税」を行ったように、この工、商軽視もたちまちのうちに破綻することになるのである。農民のあまりにも静的な小世界、そして流動性を欠いた世界、それが天朝田畝制度の世界であった。では、社会のネットワークはなにによって担われるのであろうか。それは官によって担われることとなる。

つぎに、官について。太平天国といわれるかぎり、農民の小世界をむすぶネットワークが必要であった。それは天王を頂点とする国家の官僚系統がその役割を果たす。この官僚系統は天王から両司馬にいたる厳密なヒエラルヒーによってなりたっていた。官におけるこのヒエラルヒーはなにを根拠に成り立つのであろうか。それは軍事的能力や行政的能力でありうるが、天朝田畝制度においては主としてキリスト教への信仰によって序列化されることになるであろう。民のはなはだつつましやかな生活と呼応するように、官の世界でも禁欲主義が最大の特徴となるであろう。現実の太平天国がすくなくとも表面的にはたいへん禁欲主義的集団であったことはさまざまな観察者から報告されている。そして禁欲主義は官の権威を保証する根拠となるのである。

いわば天朝田畝制度の世界とは、民における小生産の水平的平等と官における垂直的権威が矛盾なく共存する世界であった。

IV

一九八〇年の『歴史研究』第一期に董楚平の『論平均主義的功績与農民戦争的成敗』が発表された。執筆は一九七九年八月二十日であり、前年の十二月に開かれた中国共産党第十一回三中全会から一年もたっていない時期である。三中全会において近代化路線が確定し、公然と文化大革命が論議の俎上にのぼった時期であった。その頃にはすでに人々は毛沢東についても日常会話で毛主席とは呼ばず、毛沢東と呼ぶようになっていたし、毛沢東の誤りにかんしても話題になるようになっていた。董楚平は次のように語っている。

私たちが歴史に現れた平均主義にたいしひとえに激賞するようになったのは、ほかならぬ一九五八年（大躍進の年）からであり、四人組が跋扈していたときに頂点に達したものである。

「平均」は文化大革命において最良の共鳴箱を見いだしたのである。

平均主義は極左を語る喉をもち、「革命」という晴れ舞台の衣装をまとっており、ダイヤモンドのように輝く「理想の後光」が射している

からである。董楚平は平均主義と関係の深い李自成と洪秀全を明朝初代の皇帝、朱元璋と比較しつつ、次のように述べている。

農民蜂起の指導者は敗北するか、さもなくば勝利して皇帝になるかのいずれかであって、第三の選択などありえない。朱元璋のその他の誤りや欠点、あるいは良き皇帝であったか否かについては分析を加え論議

する余地はある。しかし皇帝になったそのこと自身にかんしては何ら非難するものではない。逆に李自成と洪秀全が皇帝となるべきであったにもかかわらず皇帝になりえなかった点こそ批判に値する。また、つぎのようにも述べている。

平均主義は労働に勤しむ人々の平等を求める願望を表すのみであり、かれらの利益を真の意味で代表することはできない。封建制度は搾取制度の一つであって農民の利益を代表するものではないとはいえ、小生産者の幻想とくらぶれば優越しているといえよう。粗末な窩窩頭《ウオウオトウ》のひとかけらでも、いかに美味しそうにみえる絵に描いた餅よりどれほどましであることか。

平均主義という理想の後光が射していた文化大革命の時代から抜け出たばかりの時代にこれらの言葉が語られたのである。しかも、

平均主義という風によって数多くの人々が流行性感冒にかかった。筆者もこの種の高熱を出したことがある

と、語っているように、実感にもとづいた言葉なのである。この論文をきっかけとして、中国において平均主義にかんする論争が起こった。この論争の過程で明らかになった事実は、「平均」を農民の言葉における平等の翻訳語であると考えてきた多くの人々には驚きそのものであった。なぜなら「平均」のもう一つの顔が特権であるとされたからである。

「平均」の渦中にあるもの、とりわけ農民にとって、「平均」は何よりもまず平等を意味していた。平均主義を日本語にどのように翻訳して好いのか判らないが、英語に翻訳する場合、egalitarianism と訳されてきたし、

またそのように訳すほかはないであろう。中国の伝統社会には近代社会において理解されている平等とは必ずしも同じではないが、ある種の平等への強烈な指向が存在していた。このような指向が孔子の「寡しきを患えずして、均からざるを患う」という言葉と関係があるのか否かについては定かでないが、中国の人々には平等にたいして敏感に反応する鋭敏な感覚がある。そして、この平等への感覚が一定の条件の下で、すなわち平等が厳しく抑圧されたとき、さながら火山となって爆発するのである。

「平均」の第一の特徴は平等への渇望に根ざした熱狂である。この熱狂はしばしば「平均」の深層にある土地への渇望にもとづいていると思われる。天朝田畝制度の土地制度が実施されなかった理由として、郭毅生は次のように述べている。

地主の土地を平均分配するならば、農民たちは十倍の熱狂、百倍の復讐心を燃えたたせて地主たちに反撃をくわえるのは必然であり、それは太平天国支配地区および全国範囲内で太平軍により大きな負担となるであろう。(『太平天国経済制度』)

この熱狂こそ太平天国の力の源泉であったと思われるから、それが天朝田畝制度の実施をさまたげた理由とはなりえないと思われるが、土地の平均分配が農民の熱狂をまきおこすことは確実であろう。さきに見たごとく天朝田畝制度における農民の生活ははなはだ静的なものであり、つつましやかさそのものであり、この「平均」がもたらす熱狂とは著しい対照をなしているといわなければならない。では熱狂は何によって生まれるのであろうか。熱狂は著しい不平等感によって生まれ、不平等を撲滅していく運動によって維持されていくのである。つまり、つつましやかな平等の生活を実現することによってではなく、地主など不平等をもたらす存在への闘争においてのみ「平均」は維持されるのである。「平均」は静的な社会の中に存在するのではなく、動的な運動の中にこそ安住の地を見いだすのである。具体的には、地主のもとに蓄えられた剰余の富を平等に分配するところに成立する。南宋の鐘相、楊么が蜂起したとき「貴賤を等しくし、貧富を均くせん」というスローガンを掲げたことはすでにみた。かれらは、だが、もうひとつのスローガンを掲げている。「財を劫《きょう（かすめる）》して均平と為さん」（余夢華『三朝北盟会篇』巻一三七）というのがそれである。剰余の富を奪取して平等に分配するという意味である。これは「流」を生む。いわゆる流寇主義である。龔自珍が「山中の民」と述べたように、平等を渇望する農民は「郷」に存在するのが常であった。一方、剰余の富は一般的には「城」に蓄積されていた。剰余の富を奪取しようとすれば城壁で囲まれた「城」を攻撃しないわけにはいかない。中国の伝統社会においては、「城」は商業機能や生産機能を備えている場合もあるが、必要条件ではなかった。「城」が「城」である所以はその行政的機能と剰余の富を守る治安機能にあった。それゆえ農民が「城」を攻撃すると政府は軍隊を派遣することになる。ここから農民と政府の軍隊とのイタチゴッコが始まるのである。農民は一般的にヒット・エンド・ランの作戦をとる。即ち「城」に武装力を集中して攻略し、「城」に蓄積された剰余の富を平等に分配する。そして、政府の軍隊が駆けつけるまえにたち去るのである。政府の軍隊が追撃で疲労困憊したとき武装力を集中して、これに打撃をあたえる。こうして世界史上まれにみる持続的かつ広範な農民戦争が発生するのである。この「流」——流寇主義を文字通り実行した李自成は次のように豪語している。

吾等、天下に横行してはじめてこれ快事なり。なんぞ必ずしも土に処りて王を称せん。

この剰余の富の奪取および平均分配は、農民の熱狂を持続させる財政的基盤にもなっていった。李自成のおこなった「追贓助餉《ぞうしょう》」および太平天国の「打先鋒」はいずれも地主の財産を没収して農民軍の財政基盤をかため、それによって平均分配を保証する、という政策であった。

現在の中国語で平均主義は俗に「吃大鍋飯」と表現される。この「吃大鍋飯」は「鉄飯碗」――それは「権」の体系のひとつの表現であるが――とともに、現在の中国社会の病弊そのものであるため、董楚平の前述の論文はさまざまな波紋をなげかけることとなった。一九八一年に開かれた太平天国起義百三十周年紀念学術討論会では、平均主義にかんし厳しい論争がたたかわされた。この討論会に提出された王戎生の論文につぎのような一段がある。

かれら（太平天国の英雄たち）は何千年にわたる貧富懸隔という社会の宿痾にたいし起死回生の大手術を行った。だが、結果は意外にも社会生活および経済生活の混乱をひき起こしたのであった。食糧の供給は途絶え、お金のいらぬ「大鍋飯」は腹の足しにもならず、平均にうす粥を啜るほかはなかったのである。「いたる所、平均」化した結果、誰もが衣食に不自由なく暮らせるということにはならなかった。……そこで「これまで通り交糧納税」するほかなかった。（広東太平天国史研究会・広西太平天国研究会編『太平天国史論文集』所収、王戎生「如何看待太平天国的平均主義」）

王戎生は「これまで通り」について、もともと「これまで通り」があったという。それは「交糧納税」する以前に、君主専制と「封建的」ヒエラルヒーという「これまで通り」があったというのである。王戎生は「うす粥を啜る」問題と「これまで通り」の君主専制、「封建的」ヒエラルヒーをただ単に併記しているにすぎないが、平均に分配されるのがうす粥にならざるをえないことと、君主専制および「封建的」ヒエラルヒー、すなわち特権とは密接に関連するものである。

「平均」すなわち「吃大鍋飯」をおこなえば必然的に最低線での平均と特権に帰結せざるをえない。それは何故か。

「吃大鍋飯」を行う場合、剰余の富はたしかに平均に農民に分配される。だが、それは分配する杓をもった、すなわち分配の「権」を握る存在を前提としたうえでの平均分配であった。「吃大鍋飯」という場合、まず第一にこの「権」の体系を前提としている点を銘記すべきである。そして第二に「平均」は毛沢東が批判した絶対的平均主義に帰結せざるをえない。絶対的平均主義は「平均」の本質であって、指導者が批判することによって予防できるといった性格のものではないと考えられる。なぜなら「大鍋飯」から平均に分配する場合、厳密なしたがって絶対的な平均分配を行わないかぎり分配の秩序は保ちえないからである。分配は社会の全体的な富の平均値においてなされることはないのであって、最低値における分配、すなわち窩窩頭《ウオウオトゥ》やうす粥のレベルでの分配がなされるのである。最低値での分配が行われるということは、分配の「権」を握ったものの手に膨大な富が握られるという事態を意味する。それ故、平均主義の社会では、表面におけるピューリタン顔負けの禁欲主義と背後にかくれた無規範の浪費が共存することになるのである。たしかにこの浪費の部分はさまざまな名目、たとえば国家や軍事上の必要性などといった理由づけがなされるが、「権」を握るものと一般の農民との截然たる不「平均」を前提としたうえでの理由づけである。このような社会では一般的に「利」よりも「権」が重視される。

ひとつの例をあげよう。太平天国において洪秀全が男女平等を唱えたことは有名な事実である。それはただ単に一般原則としての男女平等にとどまらず、天朝田畝制度にみられるように経済的平等をも意味するものであった。だが、洪秀全は『多妻詔』なる文書を公布している。それによるならば、つぎの通りである。

ここに東王、西王におのおの十一人の妻をめとることを許す。南王から豫王まではおのおの六人の妻、高級官員は三人の妻、中級官員は二人の妻、低級官員は一人の妻をめとることを許す。地位の高い方から低い方へ妻の数を減らしていくのである。地位が高ければ妻の数は多く、地位が低ければ妻の数は少ないのだから、けっして妬んではならない。

ちなみに洪秀全自身の妻の数が何人であったのかは、この『多妻詔』からは判然としないが、一説によると八十八人いたといわれている。男女の厳密なる平等と「権」の体系における妻の数のランクづけはegalitarianismという平等主義からみるならば、水と油のごとくなじまないものである。平均主義を批判する論者はしばしば平等という理念を掲げながら特権を行っているではないか、といって批判する。だが、実際に蔓延する特権の現象を腐敗であるなどといって済ますことができるのであろうか。むしろ平均主義の構造的側面と考えるべきではないのであろうか。たしかに先入観をもたずに史料を読むならば、ことに太平天国において顕著なのであるが、ありとあらゆる特権を見いだすことができる。それを地主階級の腐食作用による腐敗であると解釈したくなるのも事実である。だが、「平均」のパラドックスはこの特権と平等が矛盾なく共存しているところに存在しているのである。最低値での平等が特権に物質的基盤を提供することについてはすでに見た。だが、「平均」において平等が特権と共存し、特権に帰結する社会的基盤とは何であろうか。

先に見たように中国の伝統社会にあっては、官僚、地主、家長、読書人の「四位一体」の構造が存在していた。支配の原理は真理と道徳という両輪に支えられた合理的体系をもっていたが、この体系は家長という血縁原理にもとづく権威の体系によって成りたっていた。李大釗はいみじくも指摘している。

君臣関係の「忠」は徹頭徹尾父子関係の「孝」の拡大であった。というのは君主専制制度というのは徹頭徹尾父権を中心とした大家族制度を拡大したものにほかならなかったからである。(『李大釗選集』)

「平均」における平等と特権のパラドックスは、おそらく李大釗が指摘したこの家に内在する権威と深くかかわる。天朝田畝制度において空想された自給自足の社会は、家を単位とするものにほかならなかったし、平等とは一人ひとりの個人についていいわれるものではなく、家についていいわれるものであった。つまり家長という権威を内在させた家と家とのあいだの平等が徹底的に追及されたのである。いわば「特権」を内在させた平等、それが平均であった。

さらに、「平均」においては平等はかち取るべき権利ではなかった。ある権威によって賜与される平等であった。「吃大鍋飯」という場合、たとえうす粥であれ一人ひとりが平等に獲得するのではなく、杓を握った人間によって、すなわち一定の「権」を握った存在によって与えられるのが常であった。天朝田畝制度にあらわれたヒエラルヒーは、この「権」の体系にほかならなかったのである。

中国の農民戦争には、つとに指摘されてきたように常に皇権主義の翳がつきまとってきた。董楚平は李自成、洪秀全が皇帝にならなかったといって批判しているが、この批判は的はずれである。李自成も洪秀全も名実ともに皇帝そのものであった。かれらが皇帝となった所以は、農民に平等を賜与することができた点にあった。「平均」における平等とは、つまり、権威によって賜与されるところに成立するものであった。

農民戦争には、このような権威の体系が蜂起の当初から確立されている場合と、次第に醸成される場合が見られる。太平天国の場合は前者の例であり、李自成の場合は後者の例である。前者の場合は「流」のファクターがより希薄であるのにたいし、後者の場合は「流」のファクターがより濃厚に働くという、流寇主義との相関関係がみられるが、より注目すべきはイデオロギー性の濃淡との相関関係である。李自成の指導した農民戦争は中国の農民戦争としてはまれにみるほど宗教性が希薄であった。その分だけ流寇主義が強く働いたといえよう。一方、太平天国は中国の農民戦争史上もっとも濃密な宗教性、イデオロギー性をもっていた。李自成の場合のように、たとえ宗教性が希薄な場合でも、皇権主義という権威の体系が形成されることはいうまでもない。だが、権威の体系は、宗教、イデオロギーという翼をえてしばしば天空高く飛翔するのである。

中国の農民戦争と宗教との関係については、これまでさまざまなかたちで論ぜられてきた。一般的にいうならば、初期の農民戦争は道教と結びつくことが多かったし、それ以降はしばしば白蓮教、マニ教などと結びついてきた。これらの宗教はおそらくその土俗性のためであろう、儒教の合理的な教義に対抗しえない場合が多かった。成功した農民戦争として朱元璋の例があるが、朱元璋はマニ教の系統をひく明教をいちはやく放棄して儒教の教義に鞍替えしている。これが成功せる農民戦争となった理由である。だが、成功せる農民戦争とは新王朝の成立以外のなにものでもなかった。宗教と農民戦争との関係についていうならば、太平天国の例はそれ以前の農民戦争とは截然と区別される性格をもつものであった。たしかに太平天国のキリスト教のなかにも土俗性がしのびこんでいたことは事実である。しかし、土俗性を圧倒しさり、しかも儒教の教義に対抗しうる理論的整合性をもっていたこともまた事実である。太平天国の悲劇は、この理論的整合性が平等の理論的根拠を提供するとともに、権威の体系の主護神となっていった点である。「平均」は必ずしも宗教、イデオロギーを必要条件としないが、宗教、イデオロギーの翼を得たときその暴威をふるうものと思われる。平等が宗教またはイデオロギーによって確固たる根拠をあたえられたとき、この平等を賜与し保証する権威の体系もまた確固たる根拠を獲得するからである。土俗性を克服し儒教の教義に対抗しうる宗教ないしイデオロギーは皮肉なことに伝統社会ではなく近代的世界との接触によって獲得されることとなった。太平天国におけるキリスト教はまさにこのような例であった。すなわち、伝統社会に生まれた「平均」は伝統社会とは対立する近代的世界との接触を通してその全体像を歴史に示すのである。黄巣の「均平」、李自成の「均田」は史料的にも孤証であり、現在理解されている意味での平均主義と同じものであるかは定かでない。だが、太平天国においてキリスト教という近代の衣裳をまとったとき、平均主義は『天朝田畝制度』という確乎たる文書として歴史にその姿を現したのである。

「平均」が賦役の均等化を意味するのか、あるいは土地所有の均等化を意味するのか、という論争についてはすでに見たが、それについては前者が表層であり、後者が深層であるという仮説をたてておいた。賦役の均等化は国家による、すなわち官という特権の体系を前提としたうえでの政策的調整であった。孔子の語った「寡しきを患えずして均からざるを患う」という伝統が、この政策的調整を可能ならしめるよすがとなっていた。だが、地主制のもとにおける土地所有の運動法則によってこの調整は破綻を来すのが常であった。とはいえ、地主制を支えるイデオロギーであった儒教がその体系のなかに、たとえそれが政策的調整にすぎないものであっても、「平均」を組みこんでいたこともまた事実であろう。

一方、農民戦争にみられる「平均」もまた国家の系統、官の特権の体系を前提としてきた。だとすれば、官僚制と平均主義は、同じ土壌に咲いた双子の花なのではあるまいか。

この双子の花を咲かせる土壌とは、なにを特徴としていたのであろうか。それは父と子という権威の体系を内在させた家単位の小生産であり、その分散された家々をまとめあげるネットワークとしての権威の体系、即ち官僚制であった。「平均」の克服が叫ばれてから久しいが、その多くは「平均」のもつ平等という理念によって「平均」がもたらす特権の実態を批判するものであった。だが、この平等と特権は、egalitarianism という近代の観念においては氷炭相容れざるものであったが、「平均」の世界にあっては一枚の紙に描かれた文様を表から見るか、裏から見るか、という問題であったのである。それゆえ「平均」を克服するという場合に問題となるのは、その平等の側面から特権の側面を批判するということではなく、「平均」を発生させる土壌そのものを改造する、ということになるであろう。特権すなわち官僚制とともに平均主義は今なお中国の人々の心の襞にまで浸みこんでいる。そして、地に咲く花が、みずからを咲かせた土壌がいかなるものであるかを意識しないように、「平均」の土壌が何であるかを意識しないことが多い。「平均」の克服が困難な所以である。

辮髪考

I

歴史にはとるにたらぬ偶然の出来事が、あるいは歴史の趨勢に支えられ、あるいは歴史の惰性に流されて、新たな世界を生みだしたり、古い世界の破滅をまねいたりすることがある。このような偶然の出来事は、しばしば「大事件」として歴史に書き記されることとなる。ここで語ろうと思うのは、だが、そのような偶然の出来事ではない。それは偶然に起きたとるにたらぬ出来事が人々の心理の襞にかくされていた秘密を白日の下にさらし、そしてまた人々の歴史の記憶を呼び覚すことによって、意識されざる日常性の世界とそれを支える文化の質に新たな照明をあてる、そのような出来事である。

このとるにたらぬ偶然の出来事は庚子の歳、西暦一九〇〇年の夏、北京において、誰一人不思議と思わないままに発生した。この年の五月（旧暦・以下同じ）義和団がぞくぞくと北京に入城し、外国人居留地を包囲した。その外国人を救出すべく八ヶ国連合軍が――イギリス・アメリカ・フランス・ロシア・ドイツ・オーストリア・イタリア・日本の連合軍が出動した。北京に到達したのは七月二十日のことである。そして北京を占領下においたのであった。この一連の混乱を眼のあたりにしていた北京市民の中には日記をしたためていたものもいた。その中の一人姓名は不詳であるが仲芳なる字《あざな》をもつ市民の手になる『洋兵進京逐日見聞記略』（仲芳氏「庚子記事」として中国社会科学院近代史研究所編『庚子記事』に所収）の記述にしたがって「洋兵」占領下の北京の情況を見てみよう。

七月二十三日「京城内外の地域と道路は上海、天津の租界にならってそれぞれ各国洋人の管轄下に入った。……最大の苦しみをなめたのは一般住民であった。洋兵がどっとおしかけ、男であろうと女であろうと無一文のままに追い出したのである。服飾財物の携帯はゆるされず一家の財産はすべて洋人の手に渡った。そればかりか女が強姦されたり、男が惨殺されたりすることもあった。……どの通りでもどの巷でもいたるところで泣き叫ぶ声が聞かれた」。このような出来事は確かに歴史に記されるべき出来事ではあるが、長い中国の歴史においては何時いかなる時に起こっても不思議ではない出来事であった。一九〇〇年の北京市民は、だが、どのような反応を示したであろうか。日記の二十三日の条に続けていう。

各国が占領地域を定めると、その地域内の商店および一般住民は貧富にかかわらずそれぞれ門前に白旗を掲げた。某国の占領地に住んでいる者はその旗に横文字で「大某国順民」としたためた。また漢字で「不曉語言、平心恭敬」と書いた紙を門前に貼るものや、その某国の旗の図案にもとづいて小さな旗を作って門前に掲げた者もいた。

この日記の作者仲芳氏は幸運なことに英語を解する隣人がいたので、その人にたのんで「大美国（アメリカ）順民」と書いてもらった。おそらくそれだけでは不安であったのであろう、さらに英語で「この戸は安善の良民たり、騒擾なからんことを乞う」といった意味のことを書いてもらい扉に貼りつけている。白旗を掲げること、そして占領軍の旗を掲げること、そして通じるか通じないかわからない外国語を書くこと、これらは被占領者が生命、財産を守ろうとする意志の表われであり歴史上、何時いかなる場合でも起り得ることである。だが一九〇〇年の北京で起ったこのとるにたらぬ出来事は、人々の心理に微妙な波紋を投げかけることとなった。それは「順民」という二つの文字が書かれたためにほかならない。

一九〇〇年の北京市民はいったいなに故「大某国順民」という文字を漢字でばかりか、わけのわからぬ横文字でさえ書こうとしたのであろうか。それは当時ある噂が街角でささやかれていたためである。八ヶ国連合軍進駐下の北京を逃げまどった一市民は「白い布を用意し、そこに『大日本順民』という文字を書いて門前に掲げれば安全まちがいなし、という噂を耳にした」（『昌平王熙亭治家創業記』、「庚子洋兵入京記」として前掲『庚子記事』に所収）のである。この噂の出所は天津であると推測される。なぜなら「今日本兵天津に到り、民また旗を執りてもって迎う。大日本順民の四字を書す」（『東京国民報彙編』「順民」）ことがあったし、また日本人であれば漢字を理解できると思われていたであろうからである。

このとるにたらぬささやかな事件をここでは「順民旗事件」と名づけておこう。この順民旗事件はその後も再演される。一九〇〇年の義和団事件以前からロシアは中国の東北地方に軍隊を進めていた。これが日露戦争の勃発を招いたことは周知の事実である。またこのロシアによる東北地方占領に反対する運動が「拒俄《ロシア》運動」として辛亥革命の昂揚に大きな投割をはたしたこともよく知られている。順民旗事件が起った頃この東北地方――満洲にも順民は表われた。魯迅も深く関わっていた『浙江潮』の記者はこの満洲に表われた順民を深く嘆いている。

順民よ、順民よ、順民なるものは自ら進んで他人に心から奴隷となろうとするものの別名である。庚子の一役で八ヶ国連合軍がわが首都を打ち破ったとき旬日にもならないうちに順民の旗がいたるところで掲げられた。だとすれば今日満洲の人民が大ロシアの順民とならんがためにわれもわれもと尻尾を振って憐みを乞い、喜びいさんで屈従したところで何の不思議があろうか。

ああ、順民よ、順民よ、それはどうして北方の現に満洲に居住する民の降順だけでとどまりえようか。他日列強が手に手を携えてその勢力範囲にもとづきわが四千余年の祖宗伝来の地を瓜分しようとしたとき順民、順民の声が十八行省にこだまするであろうことを小生は恐れているのである。(『浙江潮』第八期「所聞録・俄国之満洲順民」)

順民、それは自ら進んで他者の奴隷となろうとするものであった。このような存在がただちに亡国につながることは言うまでもなかった。

一九〇〇年のこの事件を溯ること五年、中国は日本と戦って惨憺たる敗北を喫した。いわゆる日清戦争、あるいは中日甲午戦争である。この敗北をきっかけとして中国は帝国主義列強による「瓜分豆剖」――侵食と分割の危機に直面した。こうして救亡と改革が叫ばれた。いわゆる維新運動である。戊戌の年、西暦一八九八年、この改革運動が挫折すると華北一帯の農民がその生存を賭して立ちあがった。義和団運動である。そしてこの義和団運動が頂点をむかえたとき帝国主義列強の干渉を受け「順民」が現われたのである。順民旗が掲げられたこと、それは中国にとって確かに亡国をもたらす不吉な予兆ではあった。だが、それ以上にある歴史の記憶を呼び醒すものであった。そして、この歴史の記憶が清朝体制下の中国そのものにたいする本質的な問として現実に投げ返されることとなる。

　昔清師関（山海関）に入り、声威の到るところ、民旗を執りてもって迎え大清順民の四字を書せざるはなし。今日本兵天津に到り、民また旗を執りてもって迎え大日本順民の四字《ママ》を書す。然らばすなわち中国の民固より順民となるに慣れたる者なり。（『東京国民報彙編』「順民」）

一九〇〇年の順民旗事件は一六四四年の順民旗事件の記憶を呼び醒したのであった。

『浙江潮・第九期』には匪石なるペンネームで「順民歴史」なる文章が掲載されている。義和団事件以降、順民に関するもっとも要を得た論述であると思われるので、その論旨を見てみたい。「いったい中国の民にして『順』という諡をもつことになったのはいつからであろうか」と作者は設問する。それは二〇〇年余り前「李自成が明の京を打ち破ったときから始まる」のである。

　明の崇禎一七年三月、李自成は明の北京に入城したのち、永昌元年と改元し国号を大順とした。その臣下の劉宗敏が城中の百姓に次のような諭旨を伝えた。「汝ら百姓はおそれることはない。汝らが黄紙に順民の二字を書き門額と門前に貼っておけば殺すものではない」と。そこで百姓は香を焚いて門前にかれらを迎えるとともに順民の二字を貼ったのであった。……

つまり順民とは李自成の国号の大順にもとづくというのである。その後順民は「降民」を表わす一般名詞になったという。その例として作者は三則あげている。

㈠ 清の豫王の兵が江南に南下して南都（南京）を攻略したとき忻《きん》城の伯、趙之竜は諸臣をひきいて率先して降伏した。趙は百姓の家に命令を下し、香案を設け黄紙に「大清皇帝万歳」と書かせるとともに「順民」の二字を大書せしめ門の左側に貼らせた。

㈡ 江陰城が陥落しようとしたとき、降将（清朝に降伏した明の将軍の意）劉良佐はなんとしてでも降伏させようと思って城中の官吏士民に次のような約束をした。「順民旗をたて薙《てい》頭（すなわち満洲風の辮髪）した数十人に城壁を巡回させれば兵を引くであろう」と。

作者はここで順民旗と薙頭が並列されている例をあげているが、これはその後重要な意味をもつので記憶にとどめておいていただきたい。

㈢ 庚子（一九〇〇年）北京の変で……八ケ国が会師して来攻し、天津と北京が撃破されたとき、これまで手に手に「扶清滅洋」の旗を掲げていた人々はいずれも改服易幟《えきし》した。そして「大英国順民」「大法国《フランス》順民」「大美国《アメリカ》・大徳国《ドイツ》・大日本国順民」の文字を大書したのであった。

このような順民が現われたのは「中国が二千年来」「暴主専制政体の下」で暮してきたためにほかならない。それゆえ「中国に国民が現われる」ためには、この「順」の一字を取り去らなければならないのである、という。なぜなら「国」と「民」の間に「順」の一字を挿入することは「甘んじて奴妾となるの意を表わす」ものにほかならないからである。

順民旗が現われたこと、それが中国の人々、ことに知識人に様々な心理的波紋を投げかけていったことは上に見た通りである。それは専制体制の下に醸成された奴隷根性にもとづくものであり、したがって亡国の前兆であった。とはいえ、順民旗はたかだか外国軍の占領という非日常的生活空間の中で掲げられるものにすぎないものであって、かならずしも日常的に奴隷意識を表出するものではなかった。だが順民旗が掲げられたことは、生活の一部となっている、したがって日常的には意識されない奴隷の姿をあたかも目の前に鏡をつき出されたごとく写し出すこととなった。

中国がアヘン戦争の敗北によって国家として一大打撃を受けたのは歴史の証すところである。だが、マンダリンにとっても「順民」にとっても中国は依然として「天朝」であり、外務は依然として「夷務」にすぎなかった。第二次アヘン戦争（いわゆるアロー号事件）の敗北によって「夷務」は「洋務」に変わった。いな、変えさせられた。だが二千年にわたって培われてきた「天朝」意識は容易に崩壊することはなかった。この「天朝」意識にたいする決定的一撃の契機となったのは日清戦争であった。「天朝」意識の崩壊は中国の中央ではなく周辺において、また上層ではなく下層において進行していくこととなる。具体的には「猪仔《ちょざい》」とか、「猪花」と呼ばれる苦力《クーリー》や唐ゆきさんそして僑民、一部の留学生の間から始まった。彼らは日常的に中国の国際的地位の急降下を意識せざるをえなくなったのである。たとえば日本において中国は「上国」ではなくなっていた。日常的には清国ですらなく「シナ」となった。そして二等国ですらなく三等国ですらなく最下等国の証明書を一人一人が身につけていた。辮髪である。「猪尾奴」――これが日々自覚させられる中国人の肖像となっていった。当時の雑誌には海外の新聞記事がしばしば引用されている。その内のいくつかを見ておこう。

支那人は民族も言語もバラバラである。また立国の根本を失ったのも愛国心の点で一致していなかったからにほかならない。だが彼らは次の二点で上下を問わず一致している。すなわち外形における豚尾髪と精神における重利心がそれである。

また、

支那人は特別の保守性をそなえている。頭上の豚尾髪が有害あって一利なきことを明確に知りながら、それすら改めようとしないのである。その彼らに変法（改革）を望んだところで夢のまた夢ではなかろうか。（『漢声』――『湖北学生界第七・八期』「奴痛・日人支那風俗論数則」）

この「奴隷の記号（看板）」たる豚尾髪を切り捨てることができない、ないしは切り捨てようともしないかれらにはさらに過酷な境遇がまっていた。中国では奴隷でいることはできても「外洋で奴隷となろうとしてもできなくなった」のである。それはなぜか。外国のある労働者向けの新聞は言う。

中国は奴隷としてあまりにも程度が低すぎる。自国の異民族の主人の下で奴隷となり得るだけであって文明国の主人の下で奴隷となることはできないのだ。わが労働者党（原文は「工党」）は中国人労働者を蔑視するものではないが野蛮人の奴隷は慣例として文明国に上陸することはできないのである。（同上「奴痛・説奴度」）

辮髪を後頭部に下げることによって味わう苦痛は、これまで天朝の順民として意識されることはなかった「国民性」を白日の下にさらすこととなった。一九〇二年に日本へ留学した魯迅は常々友人達に国民性の探求を行なうべきだ、という旨のことを語っているが、それはこの辮髪をもつことによる苦痛を味わわされた人々の共通意識であったからと思われる。その国民性は醜悪なる自画像となった。『湖北学生界第五期』に「支那人の真影」なる一文が載っている。それによるならば、

ああ、支那人は現在でも人類に伍しているといえるのであろうか。東西の人士が演説をしたり筆を執ったりしたとき、かりに「支那人」の三字に触れるならば、それはもっとも下賤なことばとして引かれているのである。……ひとたび（この三字が）引用されると必ずや亡国の民、世界の賤民として罵詈雑言が投げかけられるのである。……日本の徳富猪一郎君はわが（中国の）救苦救難大慈大悲大菩薩となってわが国人のもともとの姿をひとつひとつ余すところなく鏡の中に映しだしてくれた。その姿を見せつけられて、われわれは恥ずかしさのあまり身の置きどころさえないのである。太平洋に逃れていって海水を浴びて身を清めようとおもってもその汚を滌ぐことはできない。また深山幽谷に逃れ高山によって姿を隠そうとおもってもその醜を覆うことはできない。

その姿とは異民族の忠実なる奴隷となり同胞に刃を向ける姿であり、檻の中で堕眠を貪る豚であった。そしてアヘンを吸い、買辨となるのだ。ここから読み取るべきは辮髪を下げた人々の傷の深さであると思われる。そして、それは今日までいえることのない傷痕としてのこっているのである。

この頃中国の国民性を描き出すため、しばしば引合にだされた日本という存在が中国において可視的なイメージを結んだのは明の時代、倭寇を通じてであると思われるが、そのイメージとはフンドシに刀をさした醜陋なる野蛮人のイメージであった。それは礼と礼の意識にもとづく文化から見るならば当然のイメージであった。そのイメージは当然のことながら天朝意識によって増幅されてきたのであった。だが中国の国民性はしばしば

「近代」日本との比較において断罪された。容貌もちがえば言語もちがう異人が突然見も知らぬ文明を中国にもたらし、居丈高にふるまうのとはわけがちがっていた。同じ風貌をし天朝の恩恵によって与えられた漢字を使う夷狄と比較してなされた論断なのである。それだけ傷は深かったと言えよう。辮髪を下げつつ、その当時の中国人は日本において様々な風俗習慣と出あった。草履や下駄、机などの日常品から茶道や蹴鞠その他礼儀に関してかれらはある驚きの眼をもってながめることとなる。ことに古典に精通した人々によって日本でいとなまれるこのような日常生活の一齣一齣が中国の古典にもとづいていることが発見されたからであった。『浙江潮』に掲載された英伯の手になる「図らざりき、今日重ねて漢官儀を見んとは」（第七期・雑文）はこのような文脈で読まれるべきであろう。このエッセーの余白には次のような一句が添えられている。

蠻風遍えに扇し
漢家の儀制何くにか存するや
豭（猪）尾低く垂れ
唐代の冠裳問うことなし

猪尾——辮髪を下げること、それは近代的世界において最下等国民を意味するものだけではなかった。中国の伝統を貶しめるものでさえあったのである。それは中国の人々に二百六十年ほど前の屈辱を思い出させることとなった。

II

張伯松、巧みに奏を為し、
大纛《とう》高牙《(はた)》、前後に擁す
将印を罷め、里中に帰る
東国に兵有り、鼓は逢逢たり
鼓は逢逢たり、旗は猟猟たり
淄川《しせん》城下、囲むこと三匝《めぐり》
囲むこと三匝、城門を開く
汝の一頭を取りて、元元に謝す

これは顧炎武が一六四七年に詠んだ詩「淄川行」である(『顧亭林詩集』巻一)。淄川とは済南府に属す県の名称である。現在は淄博市に属している。この詩は淄川出身の人、孫之獬《そんしかい》にあてつけて作られたものである。

『清史稿』によるならば、

孫之獬は山東淄川の人なり。明の天啓の進士、検討をさずけられ侍読に遷せられる。三朝要典を毀するを争うをもって逆案に入れられ、籍を削らる。

つまり明末を彩どる党争で浮沈をくり返したごくありふれた官僚であった。ところが「順治元年……土寇が淄川を攻めたとき之獬は家財を投げ打って城を守った」。その功績が認められて清朝から礼部侍郎の位を賜った。その後ある戦役に兵部尚書の肩書で従ったが、弾劾されて官職をうばわれた。

〔順治〕四年、土寇また淄川を攻む、之獬城守を佐くるも城破れこれに死す。諸孫死にしたがうもの七人、吏部に下して卹《じゅつ》を議す。（『清史稿』巻二四五「列伝」三二）

『清史稿』によるならば明と清の両朝につかえた平々凡々たる官僚であり、顧炎武がことさら詩に取りあげるような人物ではないように見えるかもしれない。しかし、彼が「侍読に遷せられ」たこと、「逆案に入れられ」たことは別の資料によるならば奄党（東林党と対立した宦官一派）に媚を売って侍読の位を得たからであった。つまり自分の地位のためであるならば宦官にさえ身を売る人物であった。その孫之獬が清朝においても自分の地位のため満洲人に媚を売ったところで何の不思議もないであろう。そしてその媚は深く辮髪と関係する。このようなわけで顧炎武がこの取るに足らぬ人物を詩の題材とすることとなったのである。すこしく顧炎武の詩を解釈してみよう。

「張伯松、巧みに奏を為す」の張伯松とは『漢書・王莽伝』にもとづく。張伯松は実際に戦闘に参加することなく上奏文を書いただけで侯爵に封ぜられた。そこで長安の人々は「戦闘に務むるよりは巧みに奏を為すにしかず」と噂したという。これは明白に孫之獬にあてつけたものである。『研堂見聞雑記』に次のような一段がみえる。

わが朝〔清朝〕が中国に入った当初衣冠はひとえに漢制に従っていた。凡そ中朝の臣下は皆束髪し進賢の冠（儒者の載く黒の冠）を載き、長袖の大服を身にまとっていた。このようにして満人と漢人の二つの班に別れていたのである。ところが山東の進士に孫之獬なるものがいて清朝に迎合するため率先して薙髪し、それによってその歓心を一人じめにしようという密かなるたくらみをめぐらした。〔薙髪した孫之獬は〕そこで満洲人の班に行った。すると満洲人は孫之獬が漢人であるとして受け入れようとはしなかった。そこで漢人の班に行った。ところが漢人は孫之獬が満洲人のいでたちであるので受け入れようとはしなかった。恥しさと腹立しさのあまり、之獬は上疏した。その大意は次の通りである。「陛下中国を平定し万事鼎新す。しかるに衣冠束髪の制は独り漢の古を存す。これすなわち陛下の中国に従うにして中国の陛下に従うに非ざるなり」と。

その結果「大纛《とう》高牙、前後に擁す」こととなるのである。具体的には兵部尚書の肩書で、九江の招撫におもむいたことをいう。ところが弾劾にあって官職を剝奪されることとなった。「将印を罷め、里中に帰」ったのである。「東国に兵有り、鼓は逢逢」――その郷里の山東で澎湃として起る農民一揆に会うこととなる。「鼓は逢逢たり、旗は猟猟たり、淄川城下、囲むこと三匝」――彼の住む淄川城は水も漏らさぬ包囲下に陥った。「囲むこと三匝《そう》、城門を開く」、ついに城門がこじ開けられ「汝の一頭を取りて、元元に謝す」――善良なる民衆に謝罪すべく首がはねられたのである。その死の様子をさきほどの『研堂見聞雑記』によって見てみよう。削髪の令（薙髪令）が下り、中国の民は言い知れぬ苦しみをなめ切歯扼腕しないものはいなかったが、「それはみな孫之獬の一言がこれを激したのである」。

その動機を尋ねてみるならば富貴をむさぼろうとしたからにほかならない。このような無恥の一念がついにとどまるところのない禍害をもたらしたのである。丁亥の年になって山東で謝遷が立ちあがり州県を攻撃して打ち破った。淄川城に入ったかれらは率先して孫之獬の一家を惨殺した。孫男四人孫女、孫婦はみな殺されたが、それは淫惨を極めたものであった。一方孫之獬は十数日縛られたあげくありとあらゆる毒を飲まされ、口を縫い合わされて四肢を切りさかれた。「ああ小人もまたいたずらに小人となるのみ」この孫之獬の姿に順民すなわち自ら進んで強者の奴隷となろうとする精神と、辮髪すなわち異民族の風俗でさえそれが自らの地位を保証するものであればみずから進んで受け入れようとする精神、その両者を見て取ることは困難でないであろう。順民と辮髪、この両者が一六四四年北京において交差したとき「異種（異民族）の忠奴」（『湖北学生界』第五期「日本と支那」）が出現したのであった。

一六四四年北京において順民旗が掲げられたことはすでにみた。当時の資料に則してこの順民旗事件をみてみよう。その年の三月十二日北京北西の宣化府で「突然賊（李自成軍）が南門から入城したことが報じられた。城中では色のついた絹ないしは木綿を門に飾って慶賀の意を表わした。百姓は誰もが胸に順民の字を縫い付けた」（馮夢龍『燕都日記』）。同十九日北京の西方から数百人の難民が押し寄せ、北京市民に次のように語った。「大丈夫、大丈夫、かれら（つまり李自成軍）は人殺しなんかはしやしない。さっそく順民の二字を門の表に貼っておきなさい」（趙士錦『甲申紀事』）と。王朝の交代のはげしかった中国においては人々はおそらくこの順民の二字に奇異な感じをいだかなかったにちがいない。生命財産を守るためにはこのような行動に出るのはきわめて一般的であったのである。だが、この順民旗事件が二百数十年後奇異な事件として思い出されたのは、この順民意識が辮髪を中国人の頭に垂れ下げさせることとなったからである。

辮髪は満洲人によってもたらされた。釈元応の『一切経音義・巻十五・辮髪の条』には次のように説明されている。

『説文』に曰く、交辮なり。『通俗文』に曰く、辮は辮織なり。

つまり髪を三つ編みにしておさげに垂らすことであった。このようなお下げの風習は中国の西南部ではきわめて普通の風俗であった。もし満洲人が強制した辮髪がこのような意味での辮髪にすぎなかったならば、その後の髪をめぐる悲劇はあれほどのものでなかったにちがいない。だが満洲人の強制した辮髪はちがっていた。頭の四周を剃りあげ、残った髪をのばして三つ編みにしそれを垂れ下げたものであった。それはこの民族の古くからの習慣であった。満洲という名称は文殊菩薩の文殊が曼殊になまり、それが満洲になったものである。もともとの民族名は古い時代の粛慎であり、それと同音異表記の女真であった（孟森『明清史論著集刊続編』所収「満洲名義考」）。女真は中国において歴史上二回王朝を形成している。金と清である。この二つの王朝はいずれも民族の象徴たる四周を剃りあげた辮髪を漢民族に強制した。

金の元帥府は人に漢服を禁じ、また令を下して髠髪《こんはつ》せしむ。式のごとくならざるものはこれを殺す。（『建炎以来繋年要録』巻二十八）

髠とは「去髪」の意、古い時代では刑罰の一種であった。満洲人を自称し清朝を創った女真もまたこの習慣をすてようとはしなかった。彼らは「薙髪」令を中国人に強制した。「薙」の音はテイ、剃の意味である。この「薙」の一字においてどれほどの中国人が命を落とすことになったことであろうか。髪を剃ること、それはたんなる恰好が悪いといった趣味の問題ではなかった。中国文化の本質たる「礼」に関わることであったのである。

「身体髪膚はこれを父母に受く」、そのような髪を理由なく傷つけることは不孝であり、そして中国人にとって不孝こそ最大の罪悪であった。「砍頭は事極めて小なり。辮髪は事極めて大なり」（『小腆紀年』巻十四）ということにならざるをえないのであった。中国の人々が忌みきらったのは「辮」の一字ではなく「薙」の一字であったのである。この「薙」一字をめぐって満漢の両者の虚々実々の駆引きが行なわれ、そしてこの一字にどのように対処するかによって人々の真価が問われることとなった。否、文明の真価が問われることとなった。そして醜悪なる奴隷根性が次々と白日の下にさらされていったのである。それは一大悲劇の始まりであると同時に抱腹絶倒の喜劇の始まりでもあった。

満洲人はあくまでも薙髪にこだわった。礼の文化はあくまでもこれを拒否した。満洲人は中国にたいして異民族の強者としてこれに臨んだ。そして、そこに順民意識をもった強者への奴隷が発生することとなる。皮肉なことに、それはまた礼の文化が育てた意識でもあった。薙髪を民族の証明書としていた満洲人は順民の勢力の消長とともに薙髪令の範囲を縮小したり拡大したりしていった。最終的に順治二年（一六四五年）薙髪令によって薙髪は不動のものとなるが、それまでは右に揺れ左に揺れるものであった。

満洲人は自ら創った国家において薙髪を実行することに関し一点の疑念もなかった。満洲に自ら進んで、あるいはやむをえず帰順した明の官僚が薙髪することは当然のことである。薙髪に関し揺れ動いたのは軍事支配下に入った漢人のどの範囲にまで薙髪を強制するかに関してであった。満洲がまだ清ではなく金（後金）を名のっていた天命六年（一六二一年）、満洲の始祖ヌルハチ（後に清の太祖と呼ばれることとなる）は次のような『汗論』を鎮江の人民に発している。その頃ヌルハチは破竹の勢いて中国の東北部を席巻していた。だが、鎮江の人民だけは薙頭することもなく、したがって帰順することもなかった。

河東の遼東全域はいずれもすでに薙頭し帰降している。そのことを明帝の国の人々はどうして聞いていないことがあろうか（遼東の人々が薙頭して金に帰順してかまわないことを明がすでに了解ずみであるということ）。もし汝らが薙頭もしなければ降伏もせず、そのために（ヌルハチが）軍を派遣して汝らを虐殺し、明帝の人々が「了解事項に違反して」明の民を、（ヌルハチが）殺したことを聞いたならば、どうしてわたくしを嘲笑せずにおかないであろうか。

汝らは手に手を携えて薙頭せよ。そうすれば不問に付すであろう。（『満文老檔・太祖』巻二十一、周遠廉の『清朝開国史研究』に引用されている中国語訳による）

崇禎十七年（一六四四年）三月家々の門には順民と書かれた。だがその二十年以上前薙髪が順民の標識と同じ役割をはたしていたのであった。

その後自薦他薦の薙髪志望者が数多く現われた。清の建国に大きな功績を遺した洪承疇は進退極まってやむをえず薙髪した。その後の中国の運命に深く関わった呉三桂の例はさらに劇的である。一六四四年北京を占領した李自成は山海関で清と対峙する呉三桂の討伐におもむいた。呉三桂は包囲され前に進むこともできず、後にひくこともできない状態におちいった。そこで呉三桂は、

囲を突して外城を出、馳せて清壁に入る。九王に見えて臣と称す。ついにその首《あたま》を髠《こん》す。

このようにして呉三桂は九王（清の摂政王多爾袞《ドルゴン》）の前鋒となった。そして、

三桂また関に入り悉くその民を髠し、関を開きて清兵を延《まね》き入らしむ（「海賓野史輯」『建州私志』下巻）

こととなった。山海関を守る呉三桂が清朝のもとに降ったこと、そして清朝と呉三桂の連合軍が李自成の大軍を撃破したこと、この二つの出来事によって北京の市民はこの年二度目の災厄をこうむることとなる。一度目は順民とならざるをえなかった李自成軍による占領であり、二度目は薙髪を強制されることとなる清による占領である。

李自成の農民戦争による明朝の崩壊、呉三桂の帰順は満洲人に思いもかけぬ展望を開かせることとなった。北京が見えてきたのである。そしてその北京の先には天朝――世界の中心たる全中国があった。満洲人にとって目標はそれまでせいぜいのところ山海関以東の地において明と対等の国家を建設することであった。その領域において臣民が薙髪し辮髪を垂らしていればそれで十分であったのである。だが呉三桂が薙髪して帰順したことにより事態は一変した。

その当時、後に順治帝と呼ばれることになる清朝の皇帝は幼小であり、政務は皇帝の叔父、摂政王多爾袞が執っていた。北京が、そして全中国が見えてきたとき現実に対するバランス感覚をもっていた多爾袞は中国にたいしてはかなり抑制された政策を取らざるをえなかったし、またそのようにした。薙髪に関しても同様である。

辮髪は清朝のシンボルであり、これを捨てるならば清朝はその存在基盤を失うこととなるであろう。それゆえ山海関を越えて北京に入城した多爾袞は薙髪令を出さないわけにはいかなかった。

およその投誠の（清朝に帰順した）官吏軍民はみな著して薙髪し、衣冠は悉く本朝の制度を遵せよ。（『清世祖実録』巻五・順治元年五月）

この薙髪令はたちまち北京市民の怨嗟をかうこととなる。現実的な多爾袞はそこで命令を下した。

これまで百姓が帰順したか否かを容易に判別できないため薙髪令を下した。それによって順民と反抗者を区別しようとしたからである。今聞くところによると、薙髪は百姓の気持と全く相反しているとのことである。つまり薙髪は逆に文教による民心の安定という私の本意にそむくものとなっている。今後天下の臣民は各自、自由にこれまで通り束髪してかまわない。(『清世祖実録』巻五・順治元年五月)

多爾袞はあるジレンマにおちいっていたのであろう。北京を占領し、全中国を射程に入れようとすれば薙髪を免じなければならない。薙髪令を出さなければ清朝はその存在基盤を失う。北京を占領した多爾袞は次のようにも言っている。「薙髪令が下るとその不自由さを訴える者が次のように言った。『南人は薙髪となれば帰順することはないでしょう。どこかしこでも風聞を耳にしてパニックにおちいることとなります。それは決して一統の策ではありますまい』と」。すると多爾袞は答えた。

何ぞ一統を言わん、ただ寸を得れば即ち寸、尺を得れば即ち尺のみと。(張怡『謏聞続筆』巻一)

この多爾袞のジレンマは多爾袞自身思いもかけなかった形で解決されることとなった。有象無象の「孫之獬」がいたるところで現れたからである。かれらに導かれるようにして清の軍隊は南京を占領し中国の富の源泉であった江南を射程に入れた。清の軍隊が南京に入城する前、南京には明の政権が作られていた。いわゆる南明政権である。南明政権を支えていた主要官僚の一人に全国にその名を知られた名士銭謙益がいた。誰もが気骨ある人間と考えていた。そのかれが自ら進んで「髡《こん》髪」することとなった。

清朝が北都に入城すると孫之獬が上奏して次のように言った。「わたくしめの妻はまっ先に放脚（纏足を解くこと）いたしました（満洲人は纏足の習慣はない）」。そのこと自体揶揄されてもしかたのないことである。豫王が江南を平定したとき薙髪令が下され、人々はパニックにおちいった。銭牧斎（謙益）はふとつぶやいた。「頭の皮が癢くて癢くてしかたがない」。そしてやおら立ち上った。人々は櫛けずりに行ったのだと思ったが（銭謙益は）しばらくして薙髪して入ってきた。（天壌孤臣・史惇『慟餘雑記』）

無数の孫之獬、銭謙益によって多爾袞のジレンマは解決された。南京を占領したその年順治二年、一六四五年五月二十九日、多爾袞は大学士を前にして次のように語った。

最近わたくしが目にした官員の章奏はしばしば礼楽の制度を根拠として剃頭に反対している。このような議論はミソもクソも一緒くたにしたものである。本朝に礼楽制度がないなどということがあろうか。いま本朝の制度に従わないということは、それは必然的に明朝の制度に従おうということである。それはどういう心づもりであろうか。かりに「身体髪膚はこれを父母に受く、敢えてこれを毀傷せず」というのであればまだ納得しうる。だがいつまでも礼楽制度、礼楽制度というのであれば、それは納得できない。わたくしはこれまで一貫して群臣に愛情を注いできた。そこでかれらの自由にまかせ剃頭したくない者には強制しなかった。しかしいまになってもこのように言うのであれば官民全体が剃頭すべき旨を伝えないわけにはいかない。（『多爾袞摂政日記』）

こうして薙髪令が下ることとなった。順治二年六月丙辰のことであった。それは次のようなものである。

向来薙頭の制の姑らく自便に聴《まか》せるは、天下の大いに定まるを俟《ま》たんと欲すればなり。朕これを籌《はか》ること最も熟たり。もし一に帰せざれば幾んど異国の人とならざらんか。今より布告せるのち京城の内外直隷の各省、旬日に限りて尽く行きて薙し完るべし。もし規避して髪を惜み詞を巧みにして争辯せば、決して軽貸せず。該地方官、若しこの事のために表章を瀆進し、朕のすでに定むる地方を将《と》りて、仍《な》お明制を存せしめ、本朝の制度を遵せざるものあれば、殺して赦すことなからん。（『東華録』巻五）

この薙髪令は江南に、そして全中国に一大パニックを引き起すこととなる。人々は「頭は断つべし、髪は去るべからず」と叫びつつ、武器をとって反清に立ち上った。この激動の年月を青年時代におくった人々の中から中国思想史に大きな足跡を残した思想家が輩出したことは銘記さるべきであろう。顧炎武、黄宗羲、王夫之（王船山）、方以智など中国思想史上、煌星のように輝く人々は何らかのかたちでこの髪を守るための闘争に関わっていたのである。かれらは戦いに敗れたのち、ある者は隠棲し、あるものは郷里で講学し、あるものは僧となり、薙髪をしいる清朝に抗った。

流転す呉会の間、何れの地ぞ我が土となさん
高きに登りて九州を望めば、憑陵されて尽ごとく戎虜たり
……………
稍稍鬢毛を去り、容を改めて商賈と作《な》る
……………（『顧亭林詩集』巻二「翦髪」）

戎虜すなわち満洲人に九州をうばわれ、故郷の江南を離れ中国の北方を流転した顧炎武の場合、薙髪しないことはそのまま死を意味した。「稍稍鬢毛を去る」――決して薙髪ではないのだ、と自分に言い聞かせるような

この一句にどれほど顧炎武の苦渋がにじみ出ていることか。薙髪令はそれほど人々に苦しみをもたらしたのである。

江南が制圧されたとき、清朝は新しい王朝がするように督学士を派遣して試験を行った。そのとき一人の諸生が答案の余白に一首の詩をしたためただけで回答は書かなかった。その詩は言う。

曼周醫伏曼周投
謾麵蔞封謾麵修
饅衍和三饅衍累
漫強鏜異漫強綳（計六奇『明季南略』巻四）

このわけのわからぬ奇妙キテレツな詩もその当時の人々であるならばただちに裏の意味を読み取ったにちがいない。すなわち、

満洲衣服満洲頭
満面威風満面羞
満眼河山満眼涙
満腔忠義満腔仇

しいて訳せば次のようになる。——満人も漢人も満洲の衣服を身につけ、満洲の辮髪を垂らしている。その満洲の衣服と辮髪に満人は威風堂々得意顔、一方漢人は羞しさでいっぱい。失われた山河を眼のあたりにして涙はとどめもなく流れ出す。満腔の忠義の心に復讐の心が燃えたぎる。なおこの詩には別のバリエーションも存

在する（談遷『棗《そう》林雑俎《そ》』）。薙髪にたいする人々の憤激がいかばかりのものであったことか、伺い知れよう。

だが清朝の支配は辮髪を強制したものの急速に中国の日常世界を回復していった。孫之獬は無恥にして無能であったかもしれない。しかし第二、第三の孫之獬は無恥であったかも知れないが有能であった。清朝は彼らを優遇し彼らの意見を取り入れていった。辮髪という異民族の尻尾を垂れ下げながらも、かれらは急速に中国の中国たるゆえんである礼儀を回復していった。科挙は再開され、朱子学が採用された。そして欽定本が続々と出版されていった。それは王朝交代期に見られる秩序回復と何ら変わるものではなかった。奴隷のしるしたる辮髪も回復された日常性の中ではささやかなエピソードとなっていくほかはなかった。科挙の試験に合格し、官僚となって社会的地位を築くことに較ぶればささやかな心の傷にすぎなかった。

「惟《これ》（何）年（何）月（何）日李子将に剃髪せんとするの前夕夢に怒して之を呼ばるものありて曰わく」――薙髪令が下ったとき李舎人雯《ぶん》なるものはこのように『髪に答うるの文』を書き始めた。髪の精が李氏の夢枕に立ってかれに訴えたのである。

わたくしは髪の精です。あなたに寄りそうようにしてこの世に存在して三十八年になります。いまこのわたくしをお捨になるとのこと、あなたに苦言を提しないわけにはいきません。あなたが幼いころからわたくしはあなたの頭の上に鎮座させていただいてきました。それはもう繊細で真直のびたわたくしの姿でした。この黒々として光沢に満ちたわたくしはベッドでもあなたのセクシャルアピールを増すことができましたし、わたくしがいたためにあなたのさしている簪もどれほどかセクシーであったことでしょうか。ところがあなたは学問にいそしんだからでしょうか。精力をつかいはたし、わたくしにまでそのつけをおわせました。

そのためこの李子はおそらく若禿になったのであろう。「年いまだ至らざるに星星たる」こととなった。おまけに李子は髪の手入さえ、よくしなかったらしい。それでも髪の精は自分の存在を与えてくれる李子を忘れがたかったのである。「世を歿するまで忘れざらんと冀いしになんぞ意わざりき、中道にして逐れんとは」。しかも

わたくしはこのように聞いております。友人と絶交する場合にも悪口は言わないもの、妻を捨てるときにも井戸に唾しないものだ、と。しかしわたくしが忘国の遺族となろうとしているのに、あなたは新しい王朝の高級官僚となろうとするのですね。これまであなたはわたくしを自分を守る盾としてきましたが、わたくしの方はある朝突然捨てられることとなりました。なんとつれないことでしょう。わたくしとしてはあなたに訴える言葉とてないのです。これから天の神様の所へ行って苦情を呈したく思っております。

「李子はこれを聞いて涕涙面を掩う。すでにして思いを凝らし意転ず。釈然としてもって対えて曰く」――苦労した結果、釈明の答を見い出したのである。

人に髪があるというのは、たとえてみれば草木に枝や葉があるようなもので、春に芽をふき、秋に枯れたとて春が恩人であり、秋が仇敵であるわけではないでしょう。またたとえてみれば鳥獣に羽毛があるようなもので、夏に抜け、冬にはえたとて、冬に愛情があって、夏が薄情なためではないのです。それはどうすることもできない自然の摂理（原文は「令」）なのであって誰も不平不満を言えるいわれのないものです。

李氏はそこで清朝が自然の摂理にもとづいて出現した王朝であるという「理屈」を髪の精に示すのである。

今天子は聖徳日々新たなり。万方を撫有し一旦古を稽《はか》りて楽を作る。創製は顕庸たり。

李氏はようやく清朝という自らの才能を生かせる治政に出会ったのである。

わたくしはいたずらに年を重ねるばかりで治政に出会ったことがなかったのです。ところがあなたの親類縁者（辮髪のこと）は皇帝から賜った冠の下で照り輝いていて、華かな衣裳の上に鎮座ましましているのではないでしょうか。あなたはそれでも文句があるのでしょうか。

「このように答えられて髪の精は返す言葉もなく粛然としてたち去った」という。そしてその翌日、

李子髡《こん》す

ということとなったのであった。（董含『三岡識略』巻一）

このようにして薙髪は日常化したのである。多爾袞が述べたように「本朝とてどうして礼楽の制度がないことがあろうか」（前掲『多爾袞摂政日記』）という事態になったのである。薙髪は確かに「華」の礼楽制度からみれば「夷」のものではあった。だが薙髪はいつの間にか辮髪にすり変えられ「華」の礼楽制度にしのびこんでいったのである。日常化した薙髪、それが辮髪であった。

この髪の物語が再び歴史に登場するのは太平天国の時である。太平天国は中国の一般人民にとってはある理念をもった国家ではなかった。かれらにとって太平天国とは「長毛」であった。そして「長毛」か否かは人々にこのうえない不幸をもたらすことになった。

中国全体の数億万人はこの絹糸のように細くしなやかで「たとえ切られても」痛くも痒くもない意識にも

のぼらない髪の毛のためにどのようにしても生きられぬ境地におとしいれられた。そして古今東西の世界の未曾有の禍いに遭遇することとなったのである。(『浙江潮』第二期　匪石「髪厄」)

太平天国は清朝の体制を否定した。それゆえ清朝の象徴である辮髪も否定した。かれらは「長髪」——髪をのばすとともに結うこと——辮髪もしなかった。この「長毛」は中国の近代人、すなわち、とりわけ日清戦争以降に育った知識人にいわゆる満漢の別を認識させることとなる。しかも近代という文脈における認識についてである。「わたくしは辺鄙な所で育ったので満漢の別が何であるのかまるで知らなかった」と魯迅は語っている。「(それを知ったのは)ほとんどの場合『長毛』に関してであった」。

わたくしの家には年老いた小間使がいた。その小間使が「長毛」のことを話し始めると、そのころかの女はすでに十何歳かになっていたのだが、わたくしにその物語をえんえんと話して終わりがないのであった。とはいえかの女には何が「正」で何が「邪」という区別は何もなかったようだ。ただただおそろしいのは一つは「長毛」、一つは「短毛」それからもう一つは「花緑頭」であったというのであるから。(魯迅「病後雑談之余」)

「長毛」は当然のことながら太平天国の兵士である。「短毛」は辮髪を下げた満洲兵である。「花緑頭」とは何か、「花頭」とは花がら模様のネッカチーフをしたフランス兵、「緑頭」とは緑色のネッカチーフをしたイギリス兵をいう。髪の物語はこうして、「花緑頭」という新たな「近代」の要素を抱え込むことになったのである。

III

一九〇〇年、義和団がぞくぞくと北京に入城していたとき、そして八ヶ国連合軍が北京に向いつつあったとき、七月初一日上海で「国会」が開かれた。容閎《こう》、厳復、章炳麟などの名士が参加した。実際にこの「国会」を企画し運営したのは唐才常であった。この「国会」の宗旨は、一、中国の自主権を保全し、新たな自立国を創造すること、二、満清政府に中国を統治する権限があるとは認めないこと、三、光緒帝の復辟を要請すること、であった。この宗旨には明白な矛盾が存在する。すなわち「一方では排満を説えながら、一方では勤王を説えた」ことである。それは、

満清政府を認めないと同時に、光緒帝の擁護を唱えるものであって、わたしは徹底的に批判を加え、そして脱退を宣言し、辮髪を切ってかれらと袂をわかったのである（原文は割辮与絶）。（章炳麟『口授少年事迹』）

章炳麟は辮髪を切ると同時に『解辮髪』という文章を発表した。それはまた革命宣言書であった。

共和二千七百四十一年、秋七月、余は年三十三なり。この時満洲政府不道にして朝士を戕虐し、横として強隣に挑み、使を戮し賈を略す。四維交ごも攻む。東胡の状なく、漢族の職を得ざるを憤り、涕を隕《おと》すこと涔涔《しんしん》として曰く、余年すでに（而）立、しかしてなお戎狄《じゅうてき》の服を被ること咫尺《しせき》に違わず。翦除すること能ざりきは余の罪なり。

この「解辮髪」は辛亥革命の出発点の一つとなった。一九三六年、章炳麟が逝去し、自らもまた死の床につこうとしていた魯迅は、この章炳麟の「解辮髪」と辮髪をめぐる自らの体験を悲喜こもごもふり返りつつ『太炎先生から思い出した二、三のこと』というエッセーを書いた。それによるなら「辮髪を切り取ること、それはやはり当時の一大事件であった」。というのは辮髪を切り取ることが、ただちに排満革命に身を投ずることを意味したからである。

この事件が起る以前、章炳麟は「清を尊ぶもの」と游ぶ生活をおくっていた。具体的には康有為、深啓超に代表される改革派、つまりは辮髪をはやしたままの近代化を主張するグループとつきあっていた。しかもそのための論陣すらはっていた。『客帝』はその代表作である。だが辮髪を切った章炳麟はみずからを糾弾することとなり『客帝匡繆《きょうびゅう》』を著す。匡繆とは誤りを正すの意である。

> 満洲の賤族にたいして民は骨髄から軽蔑しきっている。（満洲人に投げかけられる民の）視線は欧米（人にたいする視線）と何ら異なるところはない。それゆえ聯軍（八ケ国連合軍）が宛平（北京）を陥落させたとき、民は順民と自称したし、朝士（官僚）は（連合軍の）五つの地域の管轄を受けもち（連合軍の）俸緑を食んだ。（満洲のために）節をたて義に死んだものは漢の人々の中には一人とていなかった。愚劣で自民族と他民族の区別すらつかないのでなければ、人はいったい誰が甘んじて（満洲のために）死んだりしようか。ここから言うならば、満洲が駆逐されなければ士の愛国心、民の敵愾心を望んでも得ることはできない。そして（中国は）弱体化し侵食され、ついには欧米の陪隷——二重の奴隷となるほかはないのだ。

日清戦争以降、中国の人々は近代世界におけるみずからの位置を自覚させられた。中国が旧体制、すなわち君主専制体制から脱却しなければ、中国は滅亡するほかはないことを知ったのである。それゆえ維新が叫ばれ君主立権が提唱された。それればかりか様々な近代化案が模索された。一九〇〇年北京に順民が表われたとき歴史に敏感な人々は現実が古い封建的体制から新しい近代的体制に移れば問題は解決する、という単純な構造でないことに気がついたであろう。すなわち清朝=中国の旧を革新していけば必然的に近代国家に伍していくことができる、という問題ではなかったのである。近代的世界における国際地位の低下、亡国の危機、それは満洲人によって支配されている現実すなわち清朝体制の不可避な構造的側面であったのである。それゆえ「満洲が駆逐されなければ……ついには欧米の陪隷となる」ほかはないのである。日清戦争以来人々は亡国の危機がせまっていると声を大にして叫んできた。だが一九〇〇年、順民旗が掲げられたとき、人々は亡国が現在せまりつつある危機ではなくて、二百数十年前、一六四四年からすでにその状態にあったことに気がついたのであった。中国が近代世界にあって滅亡しないで自立しうるとしたならば、そのためには何よりもまず光復――清朝の打倒をめざさなければならない。これが辮髪を切った人々に課せられた歴史の課題であった。

一九〇〇年以降革命家は排満を唱えた。かれらは満洲そして清朝の背後に二つの影を見ないわけにはいかなかった。第一は歴史の旧である。これを常識にしたがって封建制と呼ぶならば、かれらは近代化へ向け反封建の闘いを展開しないわけにはいかなかったし、事実そのようにした。第二は列強、すなわち帝国主義の影である。革命家が反帝国主義の運動を展開しないかぎり、近代世界にあって中国は滅亡するほかはない。そしてこの二つは章炳麟が陪隷と語ったように構造的に関連していた。すなわち列強=帝国主義が満清政府=封建制に君臨することによって中国を二重の奴隷下においている、という構造になっていたのである。このような構造をもたらしたのは辮髪、すなわち進んで異民族の奴隷となる人々の意識であった。それがすすんで支配者の奴隷となろうとする「順民」意識にもとづくものであったことは言うまでもない。

一九三三年、華北で起った武力衝突を取りあげつつ魯迅は中国の伝統的政策が「夷を以って夷を制する」ものではなかったことを論じている。

満洲には明末以来毎年直隷と山東から大量の人々が移住した。かれらは数世代ののちには土着となった。だとすれば満洲の軍隊とはいってもその大多数は実際には華人であったことは全く疑いをさしはさむ余地はない。……

中国のいわゆる方策となればわたくしのみるところやはりあった、と言うべきであろう。だがそれは決して「夷を以って夷を制する」ものではなく、それはなんと「夷を以って華を制し」ようとするものであった。ところが「夷」とてどうしてそれほど愚かであろうか。かれらはまず「華を以って華を制し」てみせてくれるのである。

このような例は中国の歴史上いたるところにみることができる。後世の史官は新王朝のために頌を作り、この連中の行為を称えて「王の前駆となる」(『詩経』の言葉)というのだ。(『偽自由書』「以夷制夷」)

清朝が成立したとき、夷たる満洲は華を制しようとした。かれらは確かに愚かではなく、みずから薙髪してきた華人によって華を制した。このようにして華を制した夷は清朝を建設し、華そのものとなっていった。辮髪も華の一部となったのである。一九〇〇年、華となった満洲は列強の夷によって華を制しようとした。夷たる列強もまたそれほど愚かではなかった。「大某国順民」によって華を制してみせた。そしてこのような順民意識を代表するのは清朝そのものであった。その当時、某満洲貴族の語ったといわれる次の言葉はそれを如実に示している。

中華の物力を量りて、与国の歓心を結ばん。

だとすれば辮髪は夷の強制した風俗のみにとどまらないのであろう。華にも辮髪をはやす根がはっていたと言わなければならない。

辮髪を切った革命家はそれゆえ非常に困難な課題を抱えていたといえよう。それはなによりもまず排満であった。排満はただ単に満洲人を排除するにとどまらず、近代化をめざして封建制を廃止する、という課題と、帝国主義に抵抗するという課題を担わされていた。この三者の関係を論理的整合性にもとづく理論によって処理しえた革命家は辛亥革命の時期にはついに現われなかった。辛亥革命が敗北に終わらざるをえなかった所以である。だが辛亥革命の敗北はより本質的なところからもたらされたと思われる。すなわち辮髪の根を剔除しえなかったためである。清朝の崩壊は辮髪にはさみを入れるがごとく、あっけなく実現した。だが事態は何ら変わらなかったのである。

魯迅が『阿Q正伝』の構想をいつごろからねり始めたかはさだかではない。だが魯迅が辮髪を切ったとき（一九〇三年）から一九一一年の辛亥革命にいたる時期の体験とその背景にある辮髪の物語りが大きく影響していることはまちがいない。たとえば『阿Q正伝』には、かつらの辮髪をつけステッキを手にもつ偽毛唐が現れるが、それは魯迅自身の体験でもあった。

わたくしは辮髪を日本に置いてきた。半分は下宿屋の女中にあげてかつらとなってしまったし、半分は床屋にあげてしまった。(辮髪のなくなった) 人そのものは宣統の初年故郷に帰ってきた。上海に着くや何よりもまずかつらの辮髪をつけなければならなかった。その時上海にはかつらの辮髪をつけてくれる専門店があった。一セット大洋で四元、ビタ一文まけてくれない。その店の名前はなりひびいていて、その頃の留学生であるならば誰もが知っていたと思われる。(『且介亭雑文』「病後雑談之余」)

辮髪は奴隷の象徴であること、それは魯迅にとっては明々白々のことであった。魯迅は『髪の物語』という短編小説を書いているが、そこでもかつらの辮髪をつけることの悲哀を描いている。否、それは悲哀どころではなかった。それは苦渋であった。その当時の中国にあっては奴隷たることをやめようと思っても、奴隷をよそおわなければ生きていくことができなかったからである。

『阿Q正伝』が辮髪の物語であること、それはQの字そのものによって証明できる。『阿Q正伝』の序で、魯迅は阿Qが阿貴か阿桂であろうと推定している。そのどちらかわからないのでローマ字表記の一字を取ってQとした、というのが魯迅の説明であるが、貴も桂もその当時のローマ字表記ではQにはなりえない。それをわざわざQにしたのはどうしてもQでなければならなかったからである。魯迅の弟の周作人は書いている。「著者(魯迅) みずからが説明したところによるならQという文字 (かならず大文字で書かなくてはいけない) に書かれた小辮がおもしろいと感ぜられた」(周遐壽『魯迅小説裡的人物』「阿Q」) のであるという。これがQでなければならない第一の理由である。第二の理由は英語の queue の意味はまた辮髪の意でもあったからである。『阿Q正伝』とは、つまり辮髪を垂れ下げた人間の物語であった。

阿Qの行状がいかなるものであったかは、ここではふれようとは思わない。問題は阿Qの垂れ下げていた辮髪が根をもっていた、という点であろう。それはまた中国の伝統に深く根ざすものであった。中国はアヘン戦争以来、とりわけ日清戦争以降、愛国をうったえ救国をとなえてきた。その要点を整理するならば反封建、反帝国主義ということになる。また目標としては近代化ということになるであろう。辛亥革命は敗北したものの、その一部を成功させたことは確かであろう。満清政府を打倒し、共和国を成立させたことがそれである。辮髪は切られたのである。だが、その根は剔除されなかった。これこそ共和国体制下において魯迅が『阿Q正伝』を執筆しなければならなかった所以である。

『学習院大学文学部研究年報』第36輯（一九九〇年三月二〇日）

「国」と「家」のあいだ

I

現在の中国の国家を「朕は国家なり」とか「鉄は国家なり」というかたちで表現しようとするならば、台湾海峡の両岸をとわず「党は国家なり」と表現するのがもっともふさわしいように思われる。台湾にかんしていうならば、筆者は文字をつうじて知るのみであり「党は国家なり」という実感はもっていない。だが大陸側についていえば、この言葉の意味するところは膚で感じ、頭で描くことができる。「党は国家なり」という場合、それは中国にあってはただたんに党が官僚組織を構成しつつ権力を掌握しているという事態をさしているだけではない。人と社会および歴史のあるべき姿を具現しているのだと説かれるのが常である。いわば「人民」の内なる願望を純化し、これを「人民」のあるべき姿として呈示するとともに、歴史のかくれた必然性を体現し、それをひとつの社会組織として結晶させたところに党が成立するのである。中国のふるい言葉で表現するならば、「当然」――「当に然るべき」の理と「所以然」――「然る所以」の理によって武装されている、といっても過言ではない。「党は国家なり」という言葉の意味は、それ故、党が国家のうえに君臨している、という意味ではない。むしろ、党が国家に存在の根拠を提供し、発展の方向を指し示すというところにその意義があると思われる。

「党は国家なり」という事態ないし構想はいったい何時ごろからめばえたのであろうか。近代的政党としての党は清末、中国同盟会や政聞社などを濫觴とする。その後、辛亥革命がおこり中華民国が成立した後にも国民党、共産党をはじめとするさまざまな政党が離合集散を経ながら現れたが、一九二七年の四・一二クーデタを経て蔣介石が「以党治国」――「党をもって国を治む」旨を宣言する以前は、御用政党をもふくめていずれの党も国家に対置されるものであった。だが、一九二七年ないし一九二八年を境として党の意味は明白に変化してくる。それ以降は国民党と共産党とが国家の正統性と歴史の正統性をめぐって対立するようになる。つまり、人民の願望はわれこそが体現しているのだ、歴史の進むべき道はわれこそが示しうるのだ、といって争ってきたのである。国民党にとっては自らが正統を具現している以上、共産党とは「共匪」であり、毛沢東は「毛匪沢東」、つまりは異端であった。共産党にとっても同様に国民党は異端であった。このような状況のもとでは、党のあるところに国家が生まれることになるのは必然的ななりゆきであった。現在、台湾海峡を挟んで二つの政権が存在し、たがいに相手を国家として承認していないという事態は、まさにここに萌芽したといえるのである。抗日戦争の時期、国共合作という状態が出現しはするが、二つの拮抗する正統性のはざまにあって崩壊するほかはなかった。また、共産党と国民党以外に党があったことは事実である。だが、これらの党は激しく競りあう二つの蟻地獄の中間におとされた蟻のごとく、どちらかに吸い寄せられるか、かろうじて外来勢力によって保たれている租界という地に生きのびることができただけである。現在、中国は大陸と台湾と香港という三つの地域に分断されているという事実は、まさにこのことを如実に物語っているのである。

一九二七年、一九二八年頃つまり「以党治国」――その後「党は国家なり」という事態をもたらしたこのスローガンが宣言された頃、これにはげしく異議を唱えた思想家がいた。この思想家は小文の主人公になってもらう章炳麟である。「今の五色旗（中華民国の国旗）を抜去り、党を以て国を治むと宣言するものは、みな国民に背叛するの賊なり」（『李根源に致すの書』一九二八年五月二七日）と章炳麟は語る。「以党治国」はなに故民国を裏切ることになるのであろうか。「かれらは現在、党をもって国を治めよと説く。だがそれは、党義によって国を治めよ、という意味ではけっしてない。それはつまり党員によって国を治めるものであって、国民政権を奪いとること、しかも対外的には中華民国の名称を用いるということである。これは、袁世凱が洪憲を呼号した後も、対外的には依然として中華民国の年号を用いていたのとその意味は同じである。袁世凱は一個人として皇帝になろうとしたが、かれらはひとつの党として皇帝になろうとするのである。これは国家にたいする叛逆であり、叛逆者には国民がたちあがって討伐しなければならないのである」（『申報』一九二八年十一月二十三日）。章炳麟の「以党治国」にたいする批判は国民党にも共産党にもたいへん不評をかった。政権をにぎる国民党は政府に危害を及ぼすものとして章炳麟を指名手配にしたのである。これにたいして章炳麟は自らを「中華民国遺民」とよぶことで応えた。「以党治国」を発動した蒋介石にたいし、章炳麟が嫌悪感をもっていたことは事実である。辛亥革命前、章炳麟は孫文、黄興とともに中国同盟会を支える指導者であったが、同盟会の内紛のとき光復会を復活させ、その会長に就任している。副会長は陶成章であった。辛亥革命がおこったとき実際に光復会をとり仕切っていた陶成章は上海の病院で刺客に暗殺された。刺客を放ったのは、ほかならぬ蔣介石であった。一九二六年「蔣中正（介石）の政を得るや」つまり革命軍の総司令官に任ぜられたとき「その天性陰鷙、反顔最も速し」（『申報』一九二六年八月十五日）と公開電報すら打っているのである。だが「以党治国」にたいする批判はかならずしも蔣介石にたいする嫌悪からきているのではない。「孫中山（文）の三民主義は色々なものをつぎはぎしてできたものであって、はじめの頃は民族主義とは満清の打倒、民権主義とは専制政体から共和政体への移行、民生主義とは平均地権をいっていた。その後、中国を平等に遇する民族と連合し、党をもって国を治めることを提唱し、労資間の闘争を挑発した。それ故、孫中山の後者の三民主義は対外連合主義であり、党治主義であり、人民貧困化主義である。今日、中国の人民が生きようにも生きられなくなったこの事態を招いたものは蔣介石、馮玉祥がその最大の罪魁であるわけではない。禍首は実は孫中山にこそある」（『申報』一九二八年十一月二十二日）。今日からみれば天真爛漫ともいえるこのような発言が国民党のみならず共産党からも唾棄されたことはいうまでもない。これらの言論は、今日にいたるまで晩年の章炳麟の反動性を証明する材料として研究者によってしばしば引用されているのである。筆者は章炳麟のこの時期の反動性を証明することには興味をもたない。だが、党という集団をその党が掲げる主義ときり離し、一つの社会集団としてとらえるならば、章炳麟のこのような反動的発言も、おのずから別の意味をもってくるとおもわれる。しかも、このような角度から、つまり党をその掲げる主義からではなく、一つの社会集団として歴史的・社会的背景をふまえつつ照明をあてるならば、現在の中国および将来の中国にたいし、ある重要な視点を提供することになるであろう。

中国には「格物致知、誠意正心、修身斉家、治国平天下」(『大学』)という格言がある。この格言は中国の知識人にとっては意識するとしないにかかわらず、また賛意を表するとしないとにかかわらず、ほとんど確乎たる信念となっている。現在の言葉に翻訳すれば個人――家族――国家――世界と解釈しうる人間社会の社会的構造において党を位置づけようとするならば、当然「国」と「家」とのあいだに位置することになる。「国」と「家」とのあいだに位置する集団を常識にしたがって二次集団と名付けるならば、党は二次集団の一つの形態ということになるであろう。「国」と「家」のあいだに位置する集団をあらわす言葉としては、中国にはそのほかにも「社」「会」などがあり、また「派」「閥」「系」「幇」などという特殊な二次集団も存在する。ここでは二次集団の代表格として党をとり上げ、党が伝統社会でどのような意味をもち、それが近代においてどのように変形していったかを章炳麟の論点から考察してみたい。

中国の伝統社会において、党という言葉でイメージされるのはまず党争である。漢代の党錮、宋代の元祐党人、そして明代の東林党と閹党の争いがその代表例である。この党争を近代的視角から「少なくとも人民の自覚をあらわす一つの現象である」(謝国楨『明清之際党社運動考』)と考えたり、東林党を「自由主義者の先駆者の集団」(侯外廬『中国思想通史』第五巻)と考えることも可能であろう。だが、中国においては伝統的に党は非難ないしは批判の対象でしかなかった。しかも、党争は王朝の滅亡をもたらす危険な現象であるとして、党が指弾されてきた。

党の名立ちて、党禍遂に後世に延《およ》ぶ。君子はこれ（党）をもって小人を窮治し、小人はこれをもって君子を反噬《ぜい》す。一興一廃、刑賞は人情の報復に聴《まか》し、人主は能く尸《つかさど》るなし。漢、唐よりこのかた、危亡救われざるは、みなこの（党の）由なり。悲しまざるべけんや。（王夫之『読通鑑論』巻七）

以上は明の亡国を経験した思想家の党にたいする痛切な言葉であるが、このような見解はむしろ一般的であったのである。

中国の伝統社会においては「国」と「家」とが相互補完の関係にあること、つまり「国」が「家」の安定を支え「家」が「国」の安定の基盤となること、これが世界の平安なる日々の保証であった。『大学』の「斉家、治国」は「平天下」の秘訣であった。それ故、「国」と「家」とのあいだにある二次集団が現れると、それは「天下」の「平」――世界の安定にとって不吉な予兆となる。伝統的な秩序を保とうとすれば、この二次集団を撲滅しなければならない。すなわち党を禁じなくてはならない。明の滅亡は党争がその重要な原因のひとつとなっていると考えた清朝の党にたいする政策は、伝統社会をあくまで守ろうとするものの典型的姿を示している。清朝の根幹にかかわる数多くの政綱は雍正帝によって制定されているが、党にかんしても同様である。雍正帝はみずから『御制朋党論』を公布し朋党をきびしく指弾している。『御制朋党論』はいう。

宋の欧陽修によって邪説が始まった。君子は「道」をともにすることによって朋となると、かれはいうが、これは上を欺き「私」を行うものであって、どうして「道」などといえようか。欧陽修のいわゆる「道」とは小人の「道」にほかならない。この朋党論があらわれてより、朋（党）をつくる小人はいずれも「道」をともにするという名をかりて「利」をともにするという実をおさめてきた。朕思うに、朋(党)

は小人のあいだには存在しても君子のあいだにはあってはならないものである。かりに欧陽修の論点にしたがうならば、党とあい終始するものこそが君子となり、党に与せずして身を終えることがかえって小人となってしまうのではなかろうか。

党の危険性はいったいどこにあるのか――それは「私」と「利」にある、というのがこの雍正帝の文章の要点となっている。党が撲滅されなければならないのも、まさに党に「私」と「利」をかぎとるからにほかならない。雍正帝とて朋友関係はこれを認めていた。「もともと朋友とは五倫の一であり、人々の交友関係であって捨て去らなくてもよいものである。とはいえ、人と人が意気統合したとしても、それは日常的世界に限るべきである。朝廷の公事にいたっては公正を持すべきであって、いささかも党にかかわるような私をもってはならない」(『朋党論』)。党とはあくまで「私」なのであって、朋友もその範囲でのみ許されるものなのであって、「道」によって支えられる「公」の世界に入りこむ余地などないのである。このように中国の伝統社会にあって「国」と「家」とのあいだに位置する二次集団は、党をはじめ「私」と「利」の世界におとしめられるのが常であった。このような党がいったいなに故、いまや「公」「道」を握り「党は国家なり」という存在にまで発展したのであろうか。また「国」と「家」とのあいだはどのような変遷を辿ったのであろうか。この間の事情を章炳麟の論点に即しつつ考えてみたい。

II

「国」と「家」とのあいだを構成する二次集団にかんし、章炳麟はかならずしも理論的分析を加えているわけではない。だが、辛亥革命前夜における立憲派諸政党にたいする批判、代議制にたいする批判をつうじ、章炳麟がいかなる角度から二次集団に分析を加えていたかを見てとることは困難ではない。この期間の言動は、代議制にかんする否定的な論点が現在にいたるまで近代的議会制を評価しようとする人々に胡散臭い眼で見られているもの以外は、おおむね革命派に対立する立憲派を批判しているため、高い評価があたえられてきた。辛亥革命後、章炳麟はかの有名な「革命軍起りて、革命党消ゆ」というスローガンを掲げ、革命派の同志から顰蹙をかったばかりか、南京で開かれた四川革命烈士追悼会には「群盗鼠竊狗偸、死者不瞑目、此地龍蟠虎踞、古人之虚言」と挽聯を送りつけ、革命家たちの瞋恚《しんい》すらかっている。一九二七年ないし一九二八年の党にかんする言論は、すでにみたごとく国民党からも共産党からも唾棄された。これら章炳麟の論点は、革命の正統性にたった歴史観から照明をあてるならば、その一部は肯定されるであろうし、また、一部は否定されるであろう。だが、革命の正統性をはなれ章炳麟独自の思想と中国社会の実態との関連から見るならば、そこにある一貫した視角が存在することを見いだすであろう。それは、社会集団とはあくまで個人に根拠をもつとともに、個人は社会集団を構成しないかぎり真の意味での個人ではないとする考えかたである。

まだ詁経精舎というアカデミーで経学を学んでいた一八九四年、章炳麟は友人の汪康年の叔父、汪曾唯の居を訪れ『独居記』なるエッセーを著している。それによるならば銭塘の汪翁は生れつき清廉で人におもねらず流俗とあわなかった。人々は翁を「独頭」と呼び、みずからも「独翁」と名のり、その庵にも「独居」と名づけていた。章炳麟はその庵にはいって「翁の独はまたそれ群なり」といっているが、それは翁があくまで独を守りながらよく群たりえたため、そのようにいっているのである。たとえてみれば盲人たちの部屋に入れば目の見えるものは独であるが、もともと目が見えるということはより大きな意味では群である。だが時として独と呼ばなければならないこともあるのである。ここからもわかるように、独とは群であるとともに、群もまた独なのである。章炳麟はこのエッセーにおいて「独」と「群」という概念を提起しているが、これが個人と集団をそれぞれ意味することはいうまでもない。このエッセーはその後大幅に書き加えられて、『明独』篇として『訄書』の初刊本に収録されている。『明独』では独と群の関係はより明確に「大独は必ず群す、群は必ず独をもってなる」と定義される。たとえば太陽は地球を照らしているが、仮に太陽が五つの惑星と単なる群の関係にあるだけならば、つまり独というものをもたないならば、寸土も照らすことはできない。太陽とは群のなかでそのなかの一つの独を構成しているだけではなくて、独として群の王となっている、というべきであろう。それ故「小群は大群の賊であり、大独は大群の母である」。その後、章炳麟が党にたいして疑惑の眼を向けるのは、この独を根拠としない群、つまり「小群」のにおいを党に感じとってきたからであろう。

章炳麟は一八九七年、アカデミーを離れて上海の時務報という維新派の新聞社に入り、政治活動に携わるようになるが、一八九八年の戊戌の政変、一九〇〇年の義和団事件および唐才常の自立軍起義を経て維新派およびその後の保皇派にたいし、しだいに違いを際立たせていくことになる。「現在憲政を語っているものは憲政の本質を認識しているからではない。かれらはあれこれ憲政の利害を語り、憲政が必然である、といっているが、それは清朝の貴人が暗愚であるのをよいことに官にありつけることを願っているだけなのである」（『検論』巻八『対二宋』）。章炳麟は維新派と保皇派に猟官運動の臭いをかぎつけたのである。維新派と保皇派を一貫して指導してきた康有為にたいし放った批判の矢は、問題の所在がいかなる点にあるかをより明確なかたちで示している。一九〇三年、康有為の『南北美洲諸華商に与うるの書』にたいし『康有為を駁して革命を論ずるの書』を公表するが、この書簡で章炳麟は康有為のさまざまな理論にたいして批判を加えただけではなかった。康有為の政治行動の裏にかくされた心理を読みとろうとしている。章炳麟によれば、康有為は「中国を保ちて大清を保たず」といっているのであるから、もともと革命を志していたのだろう。だが、その後「富貴と利禄」に心をうばわれ、本来の志を裏切るようになっていったのである。そして、戊戌の政変で幽閉された光緒帝が復辟したならば内閣、軍機の位も夢ではないであろう、と皮肉っている。ここでは「志」が「富貴と利禄」に席を譲っていく過程が描かれているが、これを「群」と「独」の言葉に翻訳するならば、「大独」の拠りどころであり「大群」を結集させる軸となる「志」が「小群」の拠ってたつ「富貴と利禄」に席を譲っていく過程であった。すでに歴史認識において袂をわかっていた康有為にたいしてだけではない。このころ「わたくしは支那の大計が孫（文）と梁（啓超）の掌中にあるなどというつもりはないが、だが一縷の希望はこの二人にのみ託すことができる」と考えていた孫文と梁啓超にたいしても、この二人の争いは「おもうに宗旨にあるのではなくて、権と利にある」（『呉君遂に致すの書』五）と、友人に私信を寄せ危惧を表明しているのである。

一九〇三年、章炳麟は『康有為を駁して革命を論ずるの書』などの言論で弾圧にあい、三年の獄中生活をおくることとなる。一九〇六年出獄した章炳麟は東京に赴き中国同盟会の機関紙『民報』の主筆にむかえられ、革命のため健筆をふるうが、その筆鋒の一つがかつて「小群」と呼んだものに向かったとしても不思議ではない。具体的にいえば「新党」と代議制にたいして批判の矢が放たれることとなる。この年、清朝は予備立憲を宣言する。これにたいして章炳麟が「新党」とよんだものたち、康有為や梁啓超などは積極的に呼応し政党の結成に着手した。梁啓超の言葉を借りていえば「わが国では長いあいだ政党が生まれるべきであったのに契機がなかったため生まれなかった。予備立憲の詔書が下されて、はじめてその機が熱した」(『梁啓超年譜長編』第四冊、光緒三二年一一月『夫子大人に与うるの書』)のであった。この政党の原則について梁啓超はつぎのように言っている。「東西各国の政党で肝心要となっている点が、人に与するのではなくて主義に与する点にあることは、定論となっております。……ところがこの報告文(ニューヨークの『維新報』の論説のこと)では一から十まで先生(康有為)という一人の人間をもととして理論を立てています。……結党の宗旨が先生の党に人を集めようとするものであることはいうまでもありません。実質がこのようであっても、しかし名目は必ずしもそうであってはならないのです」(同上)。一九二八年「以党治国」にかんし、章炳麟は「党義によって国を治めるものではなくて、党員によって国を治めるものである」と語ったことはすでに見た。梁啓超はこの原理を「名」において実行すべきことは理解していた。だが、康有為という「人」を「実」としていたことはあきらかである。これにたいし康有為や梁啓超に「富貴と利禄」を感じとってきた章炳麟はかれらの行動様式に大胆な剔抉を加えた。それは康有為、梁啓超ら「新党」の主義を批判するにとどまらなかった。批判はかれらの主義の背景にある社会的・歴史的基盤をも俎上にのせることとなる。

一九〇六年、章炳麟は東京で革命家たちの大歓迎をうけるが、その歓迎会で「第一に宗教によって信仰心を喚起し、国民の道徳心を増進せしむこと、第二に国粋によって民族性を激動し愛国の熱情を増進せしむこと」を旨とする有名な演説を行っている（『民報』第六号『東京留学生歓迎会演説辞』）。この演説で章炳麟は聴衆を前にして自分が「瘋癲」であり「神経病」をわずらっているのだ、と説いている。ただかれの神経病は「富貴と利禄が目のまえにぶらさがると、たちまちなおるような神経病」ではなかった。かれはこの演説の最後で「このようなわたくしの神経病質を諸君に感染させ、四億の人々に感染させなければならない」と訴えている。「富貴と利禄」によっても、またいかなる艱難辛苦に出会ってもなおることのない神経病を念頭におきつつ、章炳麟は『民報』第八号において『革命の道徳』を著し、顧炎武が提起した「知恥」「重厚」「耿介《こうかい》」にくわえ「必信」を革命の道徳として提唱している。この革命の道徳の対極にたつものが「新党」であった。

章炳麟は『民報』第十号において『箴新党論』を発表、新党がいかに深く利禄にとらわれているかを暴きだしている。「かの新党なるものは」と章炳麟は語る。「いってみれば新しい程墨（科学の試験の模範回答）を習いはじめたもので、是非も善悪も分別できずに、ただ『新』なるが故に栄名がそこにあると考えている。それ故、新党と旧党との関係は新進士と旧進士の関係のようなものであって、五十歩百歩なのである。もともとかれらの心づもりは利禄を渇望するところにある」。いな旧党にくらべ五十歩百歩であるだけでなく、旧党にすら劣っている。というのは、「いまの新党は古人とくらべれば長所は昔日のおもかげもないが、短所については古人と同じである」からである。

章炳麟はここで「党」の歴史をふりかえる。「党錮の名、漢より始まり、唐、宋、明に迄るまでみな党人あり」。まず漢からみていこう。漢の党人には数多くの正人がおり、かれらが争った対象は宦官と外戚だけであって、歴史に罪を遺したとはいえまい。だが、それでも「浮華にして名を競う」弊害は免れなかった。唐になると「権と利に酔心する」ようになった。宋では「その争うところは政事かかわるものではなくして」音楽の調子がはずれたか、いなかなど、些細なことをめぐって相手をやっつけた。しかも蘇軾のごときは「その心を皇帝に寄せ、故主のその文を嘉尚するを聴きてはすなわち泫然として流涕する」ありさまであった。明はどうであろうか。明の東林党は自分たちに賛成しないものを死地に陥れようとしたし、復社の張溥は賄賂に長けていたため党人に頼られていた。また「内行」においても汚れており、声色に心をうばわれていた。張溥は「房中の薬」の愛用者であり、忠純な瞿式耜でさえ五人の妾を囲っていた。

つまり

東漢よりはじめて、唐、宋、明に迄るまで党人なるものあり。四世は競名、死利、おのおの等差ありといえども、大体は外たることとあたわざるなり。

程度の差こそあれ競名と死利にとらわれていたのが党の歴史であったのである。

『箴新党論』によれば、いわゆる新党は「甲午遼東の役」――日清戦争にはじまるという。この新党を代表するのはいうまでもなく康有為であった。かれらの政治行動の背景には旧党の短所、すなわち「競名、死利」という心理がはたらいていた。かりに康有為が成功をおさめ、このような新党が政権を握ったならばどのような事態を招来するであろうか。「人は謙益となり、家は延儒となること、蓍《し》亀《き》を待つなくして決すべし」。謙益とは銭謙益、延儒とは周延儒のことである。つまり新党は国を滅ぼすばかりか、弐臣——民族の裏切りものとなることは占うまでもなく明らかなことである、とさえ断ずるのである。

新党自身はみずから「新」を標榜し、旧俗の汚点はわれこそが一掃できるのだ、といっている。だが、「返りてその行迹を観るに、その議論はすなわち新に従うもその汙に染まること、すなわちなお旧なるがごとし」であった。ひとつの社会集団がある宗旨や主義を掲げる場合、その宗旨や主義がいかに時代の先端をいくものであっても集団をささえる社会的基盤が旧態然のままにとどまっているということは、中国のみならずいかなるところにも発生しうる。だが、中国の近代においては、新しい主義と旧い体質が混淆しているだけではなかった。旧なるものが新なるものを通じて復活するのである。旧い社会関係、思考様式などが新しい衣をまとって乱舞するさまは、最近では文化大革命を通じてみることができた。章炳麟は『箴《しん》新党論』において「事を論ずるにまさに是非をもって準となし、新旧をもって準となすべからず」と語っている。つまり、かりに主義を論ずるのであれば、是非——歴史的正当性こそが問われるべきであって、主義が新であるか旧であるかは、この際関係がないのである。新か旧かが問われなければならないとするならば、党という集団がもつ社会的基盤の旧が問われなければならない。旧なるものが新なるものを通じて復活してくるという現象の背景にもこの社会的基盤の旧が存在しているのである。章炳麟が新党にかんして問うたのも、まさに新党の社会的基盤の旧であった。この社会的基盤を問うたことは党の通弊である「競名、死利」を指弾したことよりはるかに重要なことと考えられる。章炳麟はこの旧い社会的基盤としてつぎの四つの点をあげている。すなわち、師生、年誼、姻戚、同郷がそれである。中国では官僚体系のなかに教育体系の論理がとり込まれてきた。たとえば官吏登用試験である科挙の試験官は合格者にとっては終生かわることのない師となるのが常であった。これが師生である。また、同年の合格者も同級生と考えられてきた。これが年誼である。これらが官界ばかりでなく社会でも大きな役割を果たしてきたことは、また果たしていることは周知の事実であろう。この関係は官界、社会に網の目のように張りめぐらされているが、姻戚の関係すなわち閨閥によってさらに強化されていく。そして同郷という郷土意識によって色づけされ、複雑きわまりない蜘蛛の糸となって人と人の関係を縛りあげてきたのである。今日、中国においてしばしば「関係学」——いかにコネを使うかという知恵や「走後門」——裏口などが社会の弊害として指弾されているが、その根はたいへん深いのである。というのはその背後に地縁、血縁、師弟関係、擬似師弟関係などの目にみえない網が張りめぐらされているからである。章炳麟が新党を批判するなかで問題としたのもまさにこの点であった。

一九一一年、旧暦の九月五日、七日、十日、新暦でいえば十月二十六日、二十八日、三十一日、檳榔嶼《びんろうしょ》の『光華日報』に章炳麟の手になる『誅政党』なる文章が連載で掲載されている。九月五日とは八月十九日（新暦の十月十日）の武昌蜂起の十六日前であるから、おそらくこの文章は武昌蜂起の直前に書かれたものとおもわれる。この『誅政党』は湯志鈞編『章太炎年譜長編』に収録されているが、辛亥革命前夜の党にかんする章炳麟の考えかたをもっともよく伝えているものである。檳榔嶼とはマレーシアのペナン島であり、その当時康有為の重要な拠点のひとつであった。また『光華日報』は一九一〇年の創刊で、現在でもペナン島ジョージタウンに本拠を置き、マレーシアの有力華字紙として発行を続けている。

政党とはなにか。『誅政党』によれば、「新党の変相」つまり『箴新党論』において批判したあの新党の焼き直しにほかならない。朋党が新党を生み、新党がさらにまた政党を生んだのである。清末、清朝は立憲制へむけて政治改革を行い、資政院と諮議局を中央と地方におき議会制への第一歩を踏み出したが、これを契機にさまざまな勢力が政党を結成し、この事態に対処しようとした。だが、「朋党の興るやかならず季世にあり」と確信する章炳麟にとって、これら有象無象の政党の出現はさながら沈滓が浮くも同然であった。かれらの議論がいかに舶来の新理論によって粉飾されていようとも、その本質が「競名、死利」にあることは、章炳麟にとって歴然としていたのである。

『誅政党』は政党を七つに分類している。第一は、立憲という機会をとらえて政党を結成し、われこそが中国の大権を握るのだ、と語りつつ将来の権力と権益にありつこうとするもの、つまり康有為である。また清朝の皇帝を頌え権力者に媚をうり、華麗な文章をかく才能がないので八股文の文体に倭人の文体を混ぜあわせて文学界の革命家を自認している梁啓超も同類である。第二は、「貨殖を求むも、仕進を求めざる」ものである。かれらは財力をたよりに権力者に賄賂を贈るとともに「また、おおいに朋党を結びてまさに政権を隠握してもってその私を便ならしめんとする」フィクサーである。第三は外国に留学し、革命組織に参加しながら利禄に心をうばわれ右往左往するものである。このような輩のなかには秋瑾を密告した蔣智由も含まれる。第四は、ヨーロッパ文明を振りかざすものである。たとえば厳復や馬良がこれにあたる。厳復はヨーロッパの社会理論にもとづいて中国に批判を加えたが、この点ではカソリック教徒の馬良のようにマリア様を振りかざし、漢字を廃止してローマ字表記にせよなどと語るよりはましなのではあるが。第五は、国会請願運動、第六は資政員および各省の諮議局員である。第七は、張謇や鉄路の利権に群がるものたちである。「七類を綜観するに、術を操ること各々異なるも、競名死利はすなわち同に民の蠹害《と》たるはまた一丘の貉《かく（むじな）》なり」――すなわち「競名、死利」を本質とする党が議会制という新たな衣をまとって歴史の舞台に登場してきたものがこの政党にほかならなかったのである。

日清戦争以降、中国ではさまざまな制度、さまざまな思想が「新」なる銘をうたれて外国から導入されてきた。立憲君主制、進化論、議会制などがそれである。このような外来の思想にたいし章炳麟がその一部を受け入れてきたというのも事実である。だが、章炳麟にとってこれらの制度、思想が「新」であるか否かはどうでもよかった。章炳麟はこれらにかんし、その是非を問うという態度で接してきた。「新」か「旧」か――これが是非を問われないままに「新」なるがゆえに時髦《じぼう》となることに、かれは疑念をいだいていた、しかも、「新」なるものを通じて「旧」なるものが復活してくる、という構造が中国の近代にはあったのである。議会制とそれにともなって出現した政党とは章炳麟にとって新たなる衣をまとった「朋党」という「旧」なるものにほかならなかった。

狙公芧を賦するに、朝に三にして暮に四にす。すなわち群狙怒る。朝に四にして暮に三にす。すなわち群狙喜ぶ。専制を悪み立憲を喜ぶもまた猶かくのごときのみ。

かれらは「旧」なるが故に専制を批判する。だが、「新」なる立憲とておなじ穴の貉であった。

Ⅲ

「競名、死利」、「利禄」、「権利」――これらは章炳麟が清末の「新党」を断罪したときにもちいた罪名であった。少しく整理するならば「権」であり「利」であり「名」である。党にたいするこのような断罪のしかたはある意味でいえばきわめて伝統的な方法であった。歴代の党争は相手をなになに党といって断罪してきたのであるが、その意味は対立者に「権」と「利」と「名」の汚名をかぶせるためであった。また、主権者たる皇帝も雍正帝の論旨をみるまでもなく、ある主張をもった集団にたいし、これを朋党と名付け、おなじ罪名で断罪してきた。だとすれば、章炳麟の新党にたいする批判は、党にたいする伝統的観念の焼き直しにすぎないのであろうか。章炳麟は新たな衣をまとった「旧」であるとして新党を批判した。だが、かりに章炳麟が伝統的な党にたいする観念を踏襲しているのにすぎないとすれば、かれの新党にたいする批判は「旧」による「新」の批判にほかならないと受けとられても致し方ないであろう。ましていわんや、議会制という「新」なるものを「名は国会というも、実は奸府なり」(『代議然否論』)として、中央集権の専制制度の方が「民みな平等なり」というこじつけで称賛するにおいておや、である。章炳麟が革命家であったことは歴史的事実であり、この点を否定するものは、おそらくいないであろう。だが、「新」か「旧」かを問おうとする歴史の見方からのみ判断するならば、章炳麟はいわば「反動的」革命家であったことも否めないであろう。この点、一九二八年に国民党が章炳麟を「反動分子」として指名手配にしたのもかならずしも故なしとはしないのである。だが、章炳麟にとって革命とは是非にこそ根拠をもつものであった。かりに「新」か「旧」かということのみが問われるのであるならば、章炳麟が、「新」なるものを掲げて「旧」なるものに批判の矢を放つものにたいし、逆に「新」なるものの「旧」を断罪したとしても、それはきわめて当然のなりゆきであった。

雍正帝は「国」と「家」とのあいだに朋党が出現することをきわめて恐れた。「国」と「家」とのあいだに二次集団が現れ「道」を掲げること、これが国家と社会の存立を脅かすものであることを直感的に知っていたのである。それ故、雍正帝は二次集団を党として「私」と「利」の名において断罪した。これは「道」を独占しないかぎりその存立が危ぶまれる「国」による断罪であった。章炳麟もまた党を「権」と「利」と「名」において断罪した。だが、かれの断罪の視点は「群」と「独」という独自な視点からの断罪であった。「大独は必ず群す。群は必ず独をもってなる」（前掲『明独』）。章炳麟は「国」ではなく「独」の視点から党――かれのいわゆる小群を断罪したのである。「小群は大群の賊」にほかならないからである。

「大独は必ず群す」と宣言したとき、章炳麟の悲劇と喜劇がおそらくはじまったのであろう。「小群」の原理が「権」「利」「名」であるとすれば、「大独」と「大群」の原理はいったい何であろうか。それは、是非であるとか、主義であるとかさまざまなかたちで表現されてきた。事実、章炳麟はさまざまな人々と是非をともにし、主義をともにしてきた。日清戦争後「変法維新は当世の急務である」（馮自由『中華民国開国前革命史』）と考えて、康有為、梁啓超らの維新派に「群」した。その後、維新派に不満をもち、張之洞に「群」した。また排満に共鳴して孫文に「群」し、無政府主義に賛意をあらわしてアナーキストに「群」した。辛亥革命後は袁世凱に「群」し、ふたたび孫文に「群」し、さらに軍閥に「群」し、最後には「群」することもできずに

「中華民国遺民」となるほかはなかった。章炳麟の弟子である魯迅は「デマを作るものの野卑不潔は章炳麟よりもはるかにひどい」といって非難されたことがあるが、章炳麟が一部の人々にどのような眼で見られていたかをよくしめしている。「群」において章炳麟がいかに無節操な行動の軌跡をしめしたとしても、だが、そこにはある一貫性があった。「大独は必ず群す」でなければならない以上、かれはかならず同志をもとめ、政治運動に携わることとなる。つまり「大群」を発見するのである。しかし、その結果は「群」のなかに「権」と「利」と「名」を臭いをかぎとり、その「群」を「党」であり「小群」であるとして徹底的批判を加えることとなる。康有為を「利禄の徒」であるとして断罪したことはすでにみた。「それ孫文は懐に巨資を挟み、しかしてこれを公務に用うること計るに一におよばず」(『偽民報検挙状』)。これは孫文に「利」の臭いをかぎとったものである。「今日島国(日本)の金を受けて遼瀋を棄つるを建議するものありと聞けり」(『誅政党』)——具体的にいったい誰を指すのか、いまだに疑義を挟むものがいるので推測はさし控えるが、このような人物は章炳麟にとってそのまま亡国にすらつながりかねない存在であった。一九一三年、宋教仁が暗殺され、いわゆる二次革命が勃発、孫文は日本に亡命し、翌年に中華革命党を結成する。孫文は入党の条件として、孫文一人に忠誠をつくすという誓約書を求めたばかりか、捺印すら強要した。この時、章炳麟は幸か不幸か袁世凱により幽閉されており、この事態を目撃していなかった。だが、その場に居合わせていたならば「権」の名において孫文を断罪していたであろうことは疑いない。中華革命党の綱領では、革命の時期においては党員にあらざれば政治的権利をもたない、とされた。一九二八年、章炳麟は蔣介石の「以党治国」にたいし、これは党義によって国を治めるものではなくて党員によって国を治めるものである、として批判した。その時、かれが「禍首は実は孫中山にこそある」と語ったことはすでにみたが、この批判にも実は深いいきさつがあったのである。

「独」という観点にたって党を「権」「利」「名」において批判する章炳麟のこのような論点は、かれの政治的迷走をもたらしたとはいえ、中国社会のもつひとつの大きな欠陥をつくものであった。ことに党の背景に地縁、血縁、師弟関係の網が張りめぐらされていることを指摘しえた点は貴重であり、特筆にあたいする。なぜならこの網の目こそ、さまざまな外来の近代思想ばかりでなく革命思想までも分解させ、旧い因習に人々を引きもどしてきたからである。

だが、党にたいする章炳麟の批判に重大な欠陥があったこともまた事実である。「以党治国」にたいし、章炳麟は「中華民国遺民」となることで応えた。その意味するところは、党が「権」「利」「名」の「小群」でしかないとすれば、これを拒否して「独」にたちもどる、ということであった。魯迅は章炳麟の死後、そしてみずからも死を迎えようとしていたとき、「太炎先生は以前こそ革命家として姿を現していたが、のちには退いて静かな学者となり、自分の手でも作ったしほかの人にも作ってもらった塀でもって、時代と隔絶してしまった」(『太炎先生に関する二、三のこと』)と語っている。筆者はこの言葉を章炳麟が「独」にたちもどったものと解釈したいのである。これを章炳麟が反動化したなどといって批判するのは的はずれであろう。なぜならかれを革命に駆りたてた「群」と「独」にかんする独自の思想そのものがかれを「独」の立場に引きもどしたからである。問題とすべきは、むしろ章炳麟が党にかんして「権」と「利」と「名」にのみ目を向け、党が主義を独占することの危険性に目を向けることができなかった点である。「以党治国」にたいし、章炳麟は「党義によって国を治めよ、という意味ではけっしてない。それはつまり党員によって国を治めるものである」(前掲)

といって批判した。党義ではなく党員によって国を治めるものであると表現した意味は、そこに「権」と「利」と「名」を感じとり、地縁、血縁、師弟関係の網を透視していたからである。これはけっして誤りではない。だが、党のもつ危険性はむしろ党義によって国を治める点にこそあると思われる。「以党治国」の本質はこの点にあるのであって、これがその後の「党は国家なり」という事態を招来したのであった。党はその後、主義を握り、「道」を握り、国家に存在の根拠を提供することになった。国民党と共産党はまさに主義を掲げて国家そのものを争うことになったのである。章炳麟は主義にかんして、その是非を問うべきであって、新旧を問うべきではないと語ったが、是非からみるならば共産党はより是であったといえよう。だが、主義を独占することによって払わされた付帳もまたおおきかったといわなければならない。党が国家を作りあげたとき、国家の拠ってたつ根拠である法ではなく、主義によって、つまりは「道」によって人を断罪する土壌がここに醸成されたのである。そして、党の主義とは異なった主義を掲げる集団が現れると、これを「私」をもとめ「利」をもとめるものであるとして断罪することになる。幸いにも章炳麟はこの事態を目撃することはなかった。章炳麟は戴震の『孟子字義疏証』の有名な一段をしばしば引用している。

人法に死せばなおこれを憐むものあらん。理に死せばそれ誰かこれを憐まん。

章炳麟はむしろこの戴震の言葉にもとづいて論理を組み立てるべきであった。

Ⅳ

現在の中国社会を論ずる場合、章炳麟が党を批判した視点は有効であろうか。答えはイエスである。共産党を規範としつつ組織された社会に「権」「利」「名」が存在することは、この存在を指摘されると党の主義にもとづいて必死になってこれを否定する、という事実そのものがこれを証明している。また、人々を「権」「利」「名」に走らせる社会的基盤である地縁、血縁、師弟関係も儼然として存在し、しかも社会生活においてたいへん大きな役割を荷なっている。かつて章炳麟はこれを党と名づけ批判した。現在、党は主義を握る集団へと昇華した。このような役割を現在はたしているのは「幇」と呼ばれている。「幇」についていえば、中国社会の実態を少しでも知るものであるならば、これが社会の隅々まで網を張りめぐらしていることは自明のことであろう。「関係網」という中国語はこの「幇」をあらわすものとしてたいへん的確な表現である。現在では党が主義を握っているので、幸か不幸かこの「幇」という二次集団が主義を主張することはない。だが、なに故、地縁、血縁、師弟関係を基盤とし「権」「利」「名」を追求する「幇」という集団が、本来このような集団の存在を許容しえぬ主義によって成りたっている共産党を規範とした社会に跋扈しているのであろうか。

その第一の原因は、章炳麟が「独」とよんだ存在――個人が社会に大量に現れていないという点にある。人々は地縁、血縁、師弟関係などの「関係網」のなかでささやかな「権」と「利」と「名」を追求している、というのが中国の日常生活の実態ではあるまいか。これが思想や主義という「公」の立場にたったとき、逆にこれらを私利私欲であるとして否定する傾向を生みだす。私利私欲の代表者である「利」について考えてみよう。章炳麟が康有為を「利禄の徒」であるとして批判し、孫文を「権」と「利」において批判したとき、この「利」にたいしてははなはだ些細なことを指摘して批判していた。かれらは国家の要職にありつきたいのであるとか、組織の公金を壟断したとかいうのがその内容である。歴史的事実が章炳麟のいう通りであったか否かについては問題となるところであるが、だが、章炳麟がこのような些細な具体的なしかも即物的な「利」という罪名によってかれらを批判したことは、疑いもなく事実である。「利」が地縁、血縁、師弟関係という「関係網」で分配されてきたこと、またされていることは事実である。この日常的世界の、そしてそれ故、人々の自覚的意識にのぼらない慣習が「利」の即物的解釈を生んだとしても不思議ではないのである。朱子学の有名なテーゼでは「天理を存し、人欲を滅す」とされていた。朱子学に対抗してきたものは「利」という「欲」の客観的存在を根拠に朱子を批判した。このような批判は朱子学をイデオロギーの根幹としてきた伝統的国家体制への批判でもあった。だが、かれらの論点では「利」の客観的存在を認めたとしても、それはせいぜいのところ「飲食男女」といった即物的な「利」にすぎなかった。章炳麟の批判した「利」もまたきわめて即物的なものであった。章炳麟が党を批判し「小群」を断罪したとき、「利」という罪名において批判したが、「利」というものが即物的な「利」しか意味しえないのであるならば、この批判も当を得たものであった。だが、「利」なるものとは主義や「道」によって否定されるほかのない即物的な「利」だけを意味するのであろうか。章炳麟の命名法にしたがって「小利」ならぬ「大利」を提唱してもよいのではなかろうか。本来共産党は「大利」にもとづいて理論を構成する主義をもっていたはずである。その共産党が主義において「利」を指弾する傾向をもったことは、その主義のいかんにかかわらず共産党自身が伝統的社会基盤を踏襲してきたことを証明している。これが「幇」という存在を温存させることになったのである。章炳麟はある意味では「利」の歴史的形態に眼がとどかなかった、といえよう。章炳麟流の表現をかりていうならば、「独」は「利」にもとづくべきであり、「利」もまた「独」にもとづくべきであった。「小群は大群の賊なり」と語ったとき「小利は大利の賊なり」とつけ加えるべきであったと思われる。

第二に党が主義を握り、国家に存在の根拠を提供しつづけるという構造が問題となる。国家がこのような構造をつうじて、法ではなく主義ないしは「道」を掲げて人々のまえにたち現れることは、逆に「小利」の跋扈を生む。人々の生活のよすがは「国」に対置される「家」に閉じこめられ、社会に出ていこうとするならば地縁、血縁、師弟関係という「幇」に頼らざるをえなくなる。しかも、主義にもとづく党は生活レベルではある具体的な人物が主義を握るというかたちで人として現れてくる。章炳麟が「党員によって国を治む」と語った情況はまさにこの事態を指している。だが、章炳麟は「党義によって国を治む」ことが「党員によって国を治む」事態を惹起することは知らなかった。これは法治ならざる「人治」を生むことになる。つまり「党は国家なり」を推し進めるならば、必然的に「人治」社会をもたらすのである。「人治」においてはその人の「権」と「利」は主義によって護身符を獲得し、「利」は主義において隠蔽されることになるであろう。かつて黄宗義は『明夷待訪録』において「自私自利の民」という存在を承認し、提唱したことがあった。文化大革命を経て中国も近代化路線をとるようになったが、重要なのは近代化の膨大な青写真であるというよりは、むしろこの「自私自利の民」の存在が市民権を獲得したという事実である。章炳麟流の表現でいえば「独」の「利」が承認されたのである。この「自私自利の民」の「利」ないしは「独」の「利」は、主義または「道」によっては規制しえない「利」である。「利」を調節するルールによってのみ規制しうるものである。このルールから法が生まれたとき、すなわち地縁、血縁、師弟関係という「関係網」から離脱した個人が大量に現れ、「利」

固有のルールにしたがって「利」の活動をはじめたとき、「幇」の社会的基盤は崩壊することになるであろう。

一方、主義はどのようなかたちで存在しうるのであろうか。党がひとつの社会集団であり、主義を掲げることは当然であるばかりか、正当である。だとすれば党は主義に徹すべきであろう。章炳麟が批判した党を支える社会的基盤は、党が主義を握ることによって「権」「利」「名」をからめとっていったところにこそ成り立っているからである。この状態を解消するには章炳麟が語ったごとく是非を争うことに徹すべきである。そしてそのためには主義とそれにもとづく集団が多様であることが望ましいのである。中国の伝統社会においては「国」と「家」のあいだに位置する二次集団をおしつぶすような磁力が働いてきた。二次集団にたいして章炳麟は「独」にもとづく「群」をもとめながら、そこに「権」「利」「名」を発見しこれを唾棄してきた。そこに「小利」を発見したからである。一方、雍正帝は国家の「道」を掲げ、二次集団を「私」と「利」の名において断罪した。この「国」と「家」に働いている磁場は現在にいたるまで存在している。だとすれば「小利」ではなく「大利」によって、また国家の根拠となるような「道」のごとき「大義」ではなく「小義」によって二次集団がつくられてもよいのではないのか。これが章炳麟のいう「独」にもとづかなければならないことはいうまでもない。このような「大利」と「小義」にもとづくネットワークが「国」と「家」のあいだに根づいたとき、近代化へ向けて中国の社会的離陸がはじまるのであろう。

『学習院大学文学部研究年報』第33輯（一九八七年三月二〇日）

第二部

三元里の対話

ぼくは五年ほど中国の大学で日本語と日本文化を教えた経験をもっている。五年のうち四年は広州郊外の三元里にいた。三元里、それは日本の近代における浦賀と同様、中国近代史にとって記念すべき意味をもっている。アヘン戦争によって幕が切っておとされた中国の近代史は、官・民・夷の三すくみの状態で推移していったと、ぼくは考えているが、この関係はほかならぬ三元里から始まっている。アヘン戦争の際、イギリス軍は広州に上陸、広州城の北端の四方砲台を占拠した。現在は越秀公園となっている地である。その北側には田園が広がっているが、砲台からも見える最初の集落が三元里である。林則徐が左遷されたのち敵なしと思っていたイギリス軍は小部隊で「出陣」した。イギリス軍はたいへん規律が悪かった。略奪に繰り出したのである。その中のひとりが三元里の東華里という場所で強姦をはたらき撲殺された。こうして夷と民が直接対決することとなったのである。農民は三元里の北帝廟にあつまり、檄を飛ばして付近の農民に武器をとって戦うよう呼び掛けた。戦闘がはじまり三元里の村からさらに北にいった牛欄岡で農民はイギリス軍に一大打撃をあたえるとともに、勢いをかって四方砲台を包囲した。慌てたイギリス軍司令は知府の余保純になんとかするよう頼みこんだ。休戦中とはいえ敵であることは変わりないのであるから、奇妙といえば奇妙な依頼であった。余保純はさらに奇妙なことにこの依頼に応じて農民に恫喝を加え、包囲を解かせたのである。これが三元里の事件の概要である。この官・民・夷の構造は、その後繰りかえし歴史に登場する。太平天国の農民戦争の際の清朝、太平天国、英・仏連合軍の三者の関係、日中戦争の際の国民党、共産党、日本軍の関係はそのまま官・民・夷の関係であった。

このような記念すべき土地に住むことができること、それは中国近代史に興味を抱きつづけていたぼくには幸運この上もないことであった。ぼくは日本軍によって飛行場に変えられてしまったとはいえ、あの牛欄岡の辺りを毎日みて暮らすことができたし、自転車にのれば十五分で三元里の村に行くことができた。このような歴史背景をもつ土地で日本語や日本文化を教えるとはいったいどのようなことになるのであろうか。かりにこの土地が醸しだす思想風土、そのようなものが革命によって一掃されているとするならば、つまり官・民の矛盾が民によって止揚され、夷が中国とは異なった文化をもち、中国と対等の関係にあると認識されているとするならば、この土地で外国文化を中国の人々と考えあうのは何ら支障はないはずである。だが、この土地に住みはじめて、やがて中国全体が三元里の負の遺産を背負っているのではないかと、考えさせられるようになっていった。

アヘン戦争の時、林則徐にかわって登場したのは琦善であった。琦善は林則除の施策をことごとくひっくりかえし、惨敗の原因をつくった。琦善が意見をもとめたのは夷語を解する鮑鵬であった。崇洋媚外が買弁のメンタリティーであるとするならば、鮑鵬は買弁そのものであった。中国で「夷語」を教えているのではないか――三元里の田園を眺めつつ、ぼくはしばしばそんな思いにとらわれた。なぜなら教え始めた当初、日本をひとつの独立した文化として認めることを頑として拒んだからである。それは意識的なものではなかった。むしろ無意識的であったからこそ、それだけ深刻であったといえよう。華と夷の関係では華は夷に文化を認めようとはしない。夷語の必要性は日常業務の処理やトラブルの処理などのためのみにある。それは現代の情況からいえば、旅行社の業務であり、対外貿易の業務、外事弁公室の仕事などである。ぼくが「夷語」を教えているのではないか、と感じたのは、教育内容がこれらに関係したものに限られていたからである。

朝鮮文化によって育てられた方であるなら、つぎの逸話は多くの人が知っているはずである。むかし倭奴《ウエノム》は野蛮であった。フンドシいっちょうでやってきて、すこしは礼儀を学びたいから食べかたを教えて欲しいという。なにせ倭奴は手づかみで食べていたのだから。そこで箸の使いかたを教えてあげた。だが、スプーンの使い方は教えなかった。このような訳で日本人はいまでも味噌しるを箸で啜るのである。しばらくすると倭奴はまたやってきた。フンドシでは格好がわるいから着るものを教えてほしいという。倭奴は野蛮だから喪服でも着せてやれ、ということで喪服を着せてやった。そこで日本人は喪服のような窮屈な着物を着ることとなったのである。倭奴はまたまたやってきて、今度は頭にかぶるものを教えてほしいという。奴らは野蛮だから靴下でもあげておけ、ということになった。烏帽子があのような格好をしているのはこのようないきさつがあったからである。

華であるか夷であるかは、文化が礼によって規範づけられているか否かによって決定される。『礼記・楽記』に「礼なるものは理なり」という言葉があるが、しかし、礼はたんなる抽象的イデーではなかった。それは衣冠などの具体的事物に具現したイデーである。中国の歴史書が「夷」の風俗を延々と記述しつづけたのは、この礼の精神にもとづいているのである。そして、この礼の精神にもとづいて日本を観察するならば、フンドシいっちょうで刀を振りかざす倭であった。現在では、あるいはフンドシに札束をねじこんだ倭であるかも知れない。明時代の倭寇は日本にかんしてフンドシに刀のイメージを作り上げた。日本の中国侵略戦争はこのイメージを抜き難いものとした。そして、現在、このイメージはフンドシに札束のイメージに変わりつつあるのであろう。ぼくのいた大学とその付近には、藤井部隊忠魂碑など日本軍の遺跡が数多くあった。日本語は夷語ではないのか、という思いはますます強くなっていかざるをえなかった。

大学のカリキュラムの内容は、当初、基礎的な語学的部分を除けば観光案内か中国の革命的成果の紹介といったたぐいのものに限られていた。ぼくは主として若い先生がたに教えていたのであるが、折をみて「夷語」としての日本語ではなく、日本語を通じて日本文化を考えることのできるような教材を選びたい旨を提案した。この提案は受け入れられ『北村透谷選集』を読むこととなった。この授業は三年続くこととなるのであるが、ぼくにとっては一つの大きな転換であった。中国に住むようになって一年がすぎようとするころ、変化の兆しが現れた。「真理と実践」をめぐる論争が始まったのである。その年の末、一九七八年の十二月、中国共産党第十一期第三回中央全体会議が開催され、近代化路線が承認された。ひとつの政治的な会議が社会にどれだけ大きな衝撃を与えうるものであるのか、この点にかんし、ぼくは初めての経験をもつこととなった。明けて一九七九年はダンスではじまり、この舞踏病はたちまちのうちに蔓延していった。二月になると女子学生のおさげ髪はアレヨアレヨというまにサザエさんスタイルになっていった。服装がカラフルとなったのはいうまでもない。髪型、服装はいうまでもなく深く礼とかかわる。べつの言葉で表現すれば「理」ないしはイデオロギーの純粋性をはかるバロメーターとなるものである。この年から、ともかくこれらのものは基本的には個人の趣味によって決められるようになり、イデオロギーからは解放されたのである。「夷語」的な外国語教育、具体的にいえば会話中心、自国紹介中心などの外国語教育はいき詰まっていた。まず、このようなカリキュラムでは一九七八年に試験を受けて入学してきた学生の要求を満足させることはできない。また、近代化を進めようとする党と政府の要請に応えることはできない。このような背景があったためであろう、一九七九年五月大連で解放後初の日本語教材、日本語教育にかんする全国会議が開かれた。ぼくも招かれて参加するとともに発言した。趣旨が日本文化にたいする理解を目的とすべきであるということになったのはいうまでもない。この会議での討論内容はその後、思いもかけぬ論争をよぶのであるが、ぼくは発言要旨が承認されたとおもい、その線に沿って授業を進めていった。

それ以降、ぼくはさまざまな教材を使うようになった。授業も討論形式に切り換えた。使用した文章はだいたいつぎのようなものである。

時枝誠記『国語学原論』などの国語学関係の書物

羽仁五郎『明治維新史研究』

三枝博音『日本の思想文化』

松尾芭蕉『奥の細道』
本居宣長『ういやまぶみ』
石川啄木『時代閉塞の現状』
芥川竜之介などの近代文学
竹内好の評論
作田啓一『価値の社会学』の一部
丸山真男『日本の思想』、「開国」、「ある自由主義者への手紙」など

その他、さまざまな文章を教材として使ったが、中国の現状、それは中国の伝統に深く根差しているが、それにどのような視角から分析を加えるかを考える場合、とくに丸山のものと竹内のものが論議をよんだ。中国のひとびとはまず丸山や竹内の思考方法になじめなかったようである。つぎに理解できるようになるとこれまでの思考とあまりの懸隔があることにとまどいを覚えたと思われる。

丸山真男は福沢諭吉の「多事争論」を解説しつつ、「多事争論」に対置される「真理の独裁」についてつぎのように述べている。

これを広くとれば、国家によって唯一の真理とされている学説の単一支配という意味に解することができます。これは正に共産圏の実情ではないでしょうか。マルクス・レーニン主義が公認されるということは、マルクス主義が真理であるからいいではないか、という考え方がよくありますが、どんなに純精善良な説であっても、それが政治権力と合体して正統とされたときは、思想的自由は原理的には生じない。権力によっ

て容認される限り事実上許される、というだけのことです。(『「文明論之概略」を読む』上、一四六頁)

丸山の著作にしばしばあらわれる論調である。ぼくは戦後生まれの、戦後育ちである。価値観の多様性ということを当然のこととして受け止めていた。この価値観の多様性を前提とした上で自分の価値観を形成していこうとしていたといえる。中国の近代に興味をもちつづけてきたぼくは、当然アヘン戦争以来、ことに日清戦争以来の歴史的経過、そして中国共産党の果たした役割は了解している。中国の実態にたいして無知であったため誤解はあったであろう。だが、より正しきものとして毛沢東思想を理解してきたし、また現在も理解している。丸山真男は価値観の多様であることが許されなかった時代を通じて価値観を形成したのであろう。この点たいへん敏感である。丸山真男のこのような観点は中国の歴史とその歴史を背景にもつ今日の状況を分析するうえで大変役立つこととなった。ぼくは中国の人々と開国について語り合ったとき、開国には二つの意味があると語ったことをおぼえている。国を開くという第一の意味は当然外国に対して門戸を開くという意味である。だが国として対外的に門戸を開くということは、国として成立していることが前提となる。それゆえ国を開くという第二の意味は国家として成立するということである。丸山真男は『日本の思想』の中で

> 開国という意味には、自己を外つまり国際社会に開くと同時に、国際社会にたいして自己を国＝統一国家として画するという両面性が内包されている。(九ページ)

と語っているのはこの意味である。開国をこのような意味として考えるとき、アヘン戦争の敗北は開国となったのであろうか。門戸をこじ開けられた、という意味では開国であった。だがアヘン戦争の敗北によっても中国は天朝であることをやめようとはしなかった。外交問題はあいかわらず夷務にすぎなかった。夷務は第二次

アヘン戦争中、夷の抗議によって洋務に変更させられるが、意識としてはあいかわらず夷と考えていた。この天朝意識ないしは華夷の意識は、それ自体アヘン戦争敗北の根本原因となっていると思われるが、その後国家として自立する基盤までうばうこととなった。この開国の問題は、しかし、百数十年前の過去の問題ではない。この問題を討論していたときは、ほかならぬ開放政策が始まったばかりのときであった。それはただ単に国家の門戸を開くという問題にとどまらないものである。それは異なった文化にたいして自己の文化を開くという意味でもあるし、自己の文化を創造していくという意味でもあるであろう。「夷語」として日本語を学んだとしても、この開放という事態に全く対応できないことは明白であった。華と夷の秩序はかならずしも丸山真男の説く「真理の独裁」に基づく秩序ではない。それは理というイデーを根拠とした礼の文化的秩序である。観念ばかりではなく衣食住の日常的レベルをもまき込んだ秩序である。開放は、それゆえ真理の多様性、価値の多様性を認めるだけにとどまらない。日常文化の多様性をも認めなければならなくなるのである。朝鮮の人々の間に伝わっている逸話を例にとるならば、フンドシを一つの文化として認める、ということにほかならない。かりに日本が夷であるならば、すなわち倭であるならばそれはフンドシによるのではなくて、フンドシにさした刀によるのであり、フンドシにねじこんだ札束によるのである。

フンドシを文化として認めることは数千年にわたって礼の文化を築きあげてきた中国の人々にとってはたいへんな苦痛をともなうであろう。だが開放はおそらくそれのみにとどまらないと思える。自らの文化を創造していく必要があるからである。

停滞と安定については、福沢的に言えば、諸価値が多様に分化して互いに競い合うところに生まれてくる安定、そういうダイナミックな安定が本当の安定なのであって、そうでないのは停滞であるという見方をしています。（『「文明論之概略」を読む』上　一三五ページ）

丸山真男はこのように語っているが、文化を創造しようとする場合、ぜひとも「ダイナミックな安定」が必要なのである。すなわち「真理の独裁」を放棄し、価値の多様性を認めること、それが開放の内容とならなくてはならないであろう。このような議論は中国の人々の間にさまざまな波紋を拡げていった。直接中国の現体制の本質そのものにかかわるからである。現在中国は近代化を進めている。中国の政府が近代化と言わずに「現代化」というのはマルクス主義を前提とした上での近代化であるからである。それゆえ、その領域を農業、工業、科学技術、国防の四つに限定し近代化のもつ本質、すなわち価値の多様化を承認しようとしないのである。解放後、日本の社会科学関係で読まれた著作はきわめて限られている。圧倒的に多いのが井上清である。だが、E．H．ノーマンの『日本における近代国家の成立』も翻訳されているのであるから、丸山真男の著作が全く知られていない、ということはありえないであろう。事実ぼくは丸山真男の著作を読んでいた人を知っている。だが中国語への翻訳は皆無といってかまわない。それはおそらくただ単に丸山真男のこのような観点が当局にとって都合が悪いだけではなく、人々にある種のとまどいを感じさせるからであると思われる。最近、福沢諭吉のものが翻訳されはじめている。どのような反応を引きおこしているかは寡聞にして知らないが、聞くところによると「脱亜論」がもてはやされているという。つまり、中国も脱亜せよという意見がもてはやされているのである。ぼくはこれは福沢の誤読であると思う。

丸山真男の文章を読むのと平行してぼくは竹内好の文章も教材として使っていた。「ヨーロッパはヨーロッパであってヨーロッパではない」といったたぐいの奇妙キテレツな文章表現がとまどいをおこしたことはいうまでもないが、根本的なとまどいは脱亜の問題とかかわる。竹内好が提起した回心文化と転向文化は深く伝統の問題とかかわっている。中国の蓄積された文化の伝統を近代化の過程でどのように考えたらよいのであろうか。それはただ単に近代化にとって足枷となるだけなのであろうか。ぼくは中文和訳の試験問題として章炳麟の文章を出したことがある。その中の一節に次のような文章があった。

　諸君が今いるこの国（日本のこと）はもともと自分自身には学問がないので他国にそれを求めるほかはない。また他国の学問を理解したとしてもその他国の学問をする人のようなレベルに達しようとは思わない。それはこの国の旧習がそうさせたのである。ヨーロッパ人が手紙を書く人とするならば、この国の学生は手紙の受け取り人である。であるから、この国の博士たち学士たちは郵便局の郵便配達夫にほかならない。学生は一人前になると第二の郵便配達夫になるのであって常に配達夫の地位にいるだけである。そして手紙を書く人の地位につくことはないのだ。（『章太炎的《の》白話文　留学的《の》目的和方法』十ページ）

ぼくは思うのだが、ヨーロッパ＝近代、アジア＝伝統、ヨーロッパ＝文明、アジア＝野蛮といった図式は歴史の地理的解釈にすぎないのではなかろうか。確かに地理的歴史観では近代化は欧化とならざるをえない。章炳麟はさきほどの文章につづけて「諸君が将来どのような学問をするにせよ手紙を書く人の地位についてほしいと希望する」（同上十一ページ）と語っているが、近代化にはなによりもまずこの「手紙を書く地位」が前提とされているのではなかろうか。この点、ぼくは福沢諭吉にも、また丸山真男にも郵便配達夫の影を感ずるのである。

この文章を書くにあたってぼくは『丸山真男著作ノート』をめくってみた。不思議なことだが、これまでぼくはいつも丸山真男はセーターが似合うと感じてきた。著作ノートにのっている写真はいずれもセーター姿であった。ぼくはセーターが郵便配達夫の制服であるなどというバカなことをいうつもりはない。だが日本人はフンドシ姿なのであろうか、セーター姿なのであろうか。それともフンドシをしめてセーターを着ているのであろうか。ぼくはひたすら困惑して日本に帰ってきたのであった。

『現代の理論』No.257（第26巻1号　一九八九年一月、現代の理論社）

近代化と中国の思想風土

（Ⅰ）

中国、近代史研究が重視されなければならないのは百年に垂《なんな》んとする中国近代を貫いている諸々の法則、ファクター、伝統、ベクトルなどがことにイデオロギーの面において今日にいたるまでなおも重要な役割をはたしているためにほかならない。死せるミイラが活ける人びとの足枷となり、封建制の沈滓が前進しようとする社会の前に立ちはだかっているのである。（李沢厚『中国近代思想史論』あとがき）

以上は一九七八年の秋、すなわち中国の政策が近代化政策に転換する契機となった同年末の十一期三中全会の直前に書かれたものであり、文化大革命を典型とする中国のあり方にたいして一つのメスを入れようとするものである。特に思想面からメスを入れようとするこの方法はおそらく中国の近代化の前途を占う点でもきわめて有効な方法となっていくであろう。中国が近代化を成功させようとする社会的与件とは、ここに述べられているように、死せるミイラが活ける人びとの軛になっている状況にほかならないからである。事実、中国の現実の社会では表層を粉飾している美辞麗句を剥取れば、その深層に実にさまざまな旧き時代の遺物を見い出すことができるのである。中国の知識人の多くは、このような旧き時代の遺物がマルクス主義の名を借りて歴史の舞台に踊り出てきたところに文化大革命なる歴史現象が発生したと考えているが、このことはとりもなおさず近代化という将来の課題にも色濃く陰翳を落とさざるをえない。この近代化という課題に落とされるであろう陰翳がどのように織りなされていくのか、これを思想的に鳥瞰してみるのが本論の課題である。

ここで思想というのはかならずしも儒教思想とかマルクス主義など固有名詞を冠せられた思想を指すのではない。磁場に砂鉄を播いた時、砂鉄を一定の方向に向わせる力が働くように、個々の歴史的事象があたかもそこに磁力が働くように方向づけられるような力、ないし「場」を思想的にあつかおうとするのである。文化大革命の終結以降、特に一九七九年以降、太平天国がしきりと論議されるようになるが、それはキリスト教をその思想とした太平天国と、マルクス主義を実現させようとした文化大革命の中に同様の磁力が働き、共通の思想的「場」がそこに見い出されるからであって、キリスト教とマルクス主義の関係が検討されなければならない、という理由からでは決してなかった。このような磁場にも擬せられる歴史の「場」は近代化にどのようにその力を働かせるのであろうか。このことを考えるためには数千年にわたって形成された歴史の「場」が中国近代においてどのように変形されてきたかをふり返って見る必要があるであろう。

中国には旧くから一治一乱という言葉があった。歴史は治世と乱世か交互に現われつつ循環していくという意味である。この通俗的歴史観は歴史の表層について見れば肯首しうる。かつて嵇文甫氏はその著『左派王学』の中で新封建社会の成立（新王朝の成立）——商業資本の発展——富豪の兼併——農民暴動——新封建支配の成立、という「一治一乱」図ともいうべきものを書き誌している。このような一治一乱の循環がなぜおこるのか、これを解く鍵は国家の支配様式およびそれにたいする社会の反撥力の中にあると思える。

（Ⅱ）

中国の知識人の中には中国の社会主義を封建的社会主義、もう少し表現をやわらげるならば、農業社会主義と表現する人が少なくないが、なに故社会主義に封建的という修飾語が付けられているのか。それは官僚制と分ちがたく結びついている。また、なに故社会主義に農業という修飾語が付けられているのか。それは中国の社会主義が太平天国のイメージと交差しているからにほかならない。つまり太平天国を支えていた「平均主義」のにおいをそこに嗅ぎ取るからである。この官僚制と平均主義こそ前近代にあっては国家の支配様式とそれにたいする社会の反撥力の表現形式であった。そして、この両者は中国が社会主義を選択した後にも未だに克服されていない伝統の遺産なのである。

中国の社会主義を封建的あるいは官僚的社会主義と呼んだり、農業社会主義と規定したりするのは中国の社会主義の一面の真実をついているように思われる。しかも、この両者の規定の仕方は銅貨の表と裏のように表裏一体を成しているのである。ここでは、まず農業社会主義の意味するところからみていきたい。

毛沢東は「『共産党人』発刊の言葉」において、「中国共産党の武装闘争とはプロレタリア階級に指導された農民戦争のことである」と述べているが、事実中国革命を勝利に導いた根本原因を構成したのは、農民の土地への要求を成功裡に組織した点にあった。そして、これこそ日本の侵略者を打ち破り、国民党を打ち破る原動力となったのである。だが中国革命を勝利に導いた原動力そのものが中国の社会主義に様々な陰翳を落すことになる。すなわち土地という生産手段をめぐって形成された人と人との関係、経営の方法、技術体系が社会主義なる銘を打たれて社会全体に浸透していくこととなったのである。現在新聞紙上で指弾されている事例の多くはこのような背景を持っている。その最たるものが「平均主義」と呼ばれるものである。

一九八一年、太平天国の金田蜂起百三十周年を記念して学術討論会が開かれたが、最大の焦点となったのは他ならぬ平均主義であった。平均主義がただ単に太平天国という過ぎ去った過去の歴史の問題であるだけでなく、中国の現在と将来に深くかかわる問題であったからである。この学術討論会に提出された論文はその後『太平天国史論文集』として出版されているが、その中の一篇、王戎笙「太平天国の平均主義をどのように見るか」は、太平天国の「天朝田畝制度」を解釈しつつ平均主義にたいし要を得た整理をしている。それによるならば、太平天国の平均主義はほぼ次のような内容をもつ。

一、私有経済を廃止し、土地を共有する。

二、農業生産物および副産物は単純再生産に必要な部分を除き一律に国家におさめる。

三、二十五家族を「両」という単位に組織する。それは行政単位であるとともに、経済単位でもある。

四、「小而全」――「両」という小さな単位でありながら一切をまかなえるようにする。つまり自給自足である。
五、分配を平均に行ない、生活を一体化する。
六、労働能力がないものには国家が責任をもち、教育、思想も国家が責任をもつ。
七、消費も平均主義で行なわれる。
八、以上のような政策の目標は父なる神（エホバ）と皇上帝の恩恵を天下の人々に享受させるためである。つまり田があれば共に耕し、飯があれば共に食らい、衣があれば共に着、銭があれば共につかい、誰もが平等で生活にこまらないようにさせるのである。

李沢厚氏は冒頭に引用した一段につづけて「偶然の事件がこれほどまでに似かよっており、歴史があたかもハンカチ落しをして私たちを愚弄するかのように……」と述べているが、反右派闘争から文化大革命にいたるまで中国社会の動向を眼のあたりにした氏にとって、太平天国のこの平均主義の内容はどれほど切実に胸にひびくことであろうか。太平天国が社会主義の中国と歴史条件を異にする以上、細部において異なるのは当然である。しかし、一つの大きな流れとして見たとき、おどろくほど「似かよっている」のも事実である。

「平均主義」は何よりもまず平等をめざす。太平天国においても、また文化大革命においても平等への希求がどれほど強かったか、これを検証することはさほど困難なことではない。だが、太平天国であれ、文化大革命であれ平等を希求した結果、太平天国の指導者洪秀全が皇帝となり、毛沢東が天まで持ち上げられたように、平等とは対極にある特権を生むのはなぜか。中国が近代化をめざすとき平均主義がその障壁となり、その克服がこころみられる理由もここにある。

平均主義は大同社会をはじめ様々なユートピアを語りつつ、土地の均分を目指してきた。だが土地という生産手段を均分しようとする理論は往々にして剰余価値の均分に傾いていく。何故なら、平均主義は王朝打倒の運動の中でこそその力を充全に発揮するのであり、安定した所有の構造を産み出すことは困難であるからである。その結果、剰余価値は生産に投下されることなく浪費されるか、人口の拡大再生産にまわされることになる。現在中国の農村で「万元戸」なる富裕農民が簇生しているが、儲けた金の使い道がわからず数万元の爆竹を買って一夜のうちに散財する悲喜劇が見られたり、一人子政策を強力に推し進めながら、人口圧力が依然として特に農村部で強いこともその一斑を表わしている。

平均主義は上のような弊害をもたらすが、だが、その真の癌となっているのは平等が権威を俟って初めて成立するというロジックの中に存する。太平天国の平均主義は洪秀全の権威なしには成立しなかったし、また、文化大革命も毛沢東の権威ぬきに発動されることはありえなかった。また、平均主義における土地均分は自由にして自立した個人に土地が均分されるのではなく、それ自体権威の体系をもった家族に、その権威の体系を破壊することなく土地が賦与されるものであった。すなわち、それ自体権威を内包した家族という第一次集団にたいしてある思想的権威をもった集団が平等を与える、というところに平均主義が成立するのである。このような平均主義には確かに一つの国家——官僚体系を排除する、つまり革命をめざすという思想が見られるが、しかし、その原理となっている社会——家族体系はもともと中国の伝統社会にあっては国家——官僚体系と相互に補完する関係にあり、畢竟別の国家——官僚体系を形成することによって革命を完成させることができるだけである。平均主義では農民が官僚となる。すなわち「民が官に転化」してはじめてその任務が遂行されるのである。「農業は大寨に学ぶ」運動の指導者陳永貴の事例を見ればこのことは贅言する必要はないであろう。

平均主義が第一次集団たる家族の権威体系を前提としていること、それはとりもなおさず平均主義を行なうとする社会では血縁、地縁の原理とは異った一つの原理、原則に基いた準拠集団が社会を構成する基本集団になりえないことを意味する。基本集団を構成するのはむしろ地縁、血縁を原理とした集団である。平均主義を推し進めれば推し進めるほど、当初かかげていた平等の理念が地縁、血縁を基盤とした集団の論理に席をゆずっていくことになる。そして、このような集団原理を中国では「幇」と呼びならわしてきた。太平天国における洪秀全と楊秀清の派閥あらそいはその一例であるし、文化大革命が「四人幇」（四人組）を生み出したことが何よりも如実にこの現象を物語っている。

次に平均主義をより忠実に実現させようとするならば、それは絶対的平均に傾かざるをえない。人々はそれぞれ独自の思想に裏づけられ独自の行動様式を持った個人的人間として平等を勝ち取るのではなく、いきおい単一の思想、単一の行動を取ることによって平均にされる。経済的にみればそれは最低線で平均することを意味している。強力な思想的指導、そして自給自足体制と交通手段の欠如――このような状況下で生活の中間水準で平均するのではなく、手取り早く余剰を切り捨てれば平均は実現できるからである。文化大革命の時に流行した資本主義の尻尾切りはその典型的な例であった。中国の指導者は文化大革命によって中国経済が破壊の危機にたたされたと語っているが、それは確かに一面の真実をついたものであろう。文化大革命において中国、特に農村における生活水準が極端に低下していった点に関しては見た目にもはっきりしている。だが、生産水準は場所によって様々なのであるから生活水準を最低に低下させた時その剰余の部分はどこに行くのであろうか。それはしばしば倉庫の中にねむっていたり、時には平均に分配されるが、重要なのはこの剰余の部分が特権を掌った人々の経済的基盤となっていく点である。男女平等を訴えつづけた洪秀全は大規模な后宮を作りあげたし、四人組に代表される人々が贅沢三昧にふけっていたことは現在でも語り草になっている。

以上が社会から国家へと上昇していく時にみられる平均主義の問題であるが、逆に国家から社会へと下降していく時、現われる問題が官僚主義である。官僚制が貴族制にたいして血統を廃止し、能力中心の社会を作った点では優越している、と述べつつ王船山は身分制を廃して、郡県制を採用した秦の始皇帝に高い評価を与えた。だが、その官僚制は伝統社会の末期においてむしろ能力ある者にとって桎梏となっていった。中国が近代を迎えようとする前夜、官僚制のあくなき批判者であった龔自珍は北京の巷でうわさされている「新官忙碌《ぼうろく》石呆子、旧官快活石獅子」——新米官僚は石碓のようにあわただしくかけずり回り、古参官僚は高麗犬様のように安楽至極、という噂を引用しつつ数百年鎮座ましましている高麗犬こそが最高の官僚の資格を持っている、と皮肉っている。そのように官僚の世界を支配しているのは官吏登用試験段階でためされるあまり役にもたたない能力を別にすれば「資」ないし「資歴」であった。これは現在では「論資排輩」となる。「資」は現在では主に革命の経歴をさしているが、将来おそらくそれは学歴に変っていくことと思われる。近代社会であるならば、能力ある人はかならずしもこのような官僚制の道を歩んで自分の能力を埋没させる必要はないであろう。別の出路、産業界で能力を発揮したり、学問にうちこむことができる。だが、二千年にわたる官僚制を行なってきた中国では「学びて優ならば則ち仕う」（論語）というのがほとんど唯一の道であった。

このような弊害をもたらした最大の原因は「做官発財」――官僚となって一財産を築く――という言い古された言葉に示されるように、官僚となることが「利」を生むところにある。官僚はほとんど信じがたいほどの薄給しか得ることができないが、官僚となることが「利」、それも時には無制限の「利」を生み出すのだ。それは官僚の地位に応じて賦与されている特権ないしは「権」があるためである。そして中国の官僚制はこのような「権」を「利」に転化するような回路を保証し哺《はぐく》んできた。現在中国で「向前看」――眼を未来に向けようというスローガンをもじって「向銭看」――眼を金銭に向けようという言葉がささやかれているが、もしそれが実体であるならば「銭」つまり「利」のルールを確立することによってこのような風潮に歯止めをかけることができる。しかし、中国の人々の心理を伝統的に支えてきたのはむしろ「向権看」であったと言うべきである。現在党にたいする人々の信任の危機がさけばれながら、依然として知識人特にエリートの中に入党希望者が多いのは、俗に言われる「入党做官」つまり「党」イコール「権」という心理が働いているからであろう。

「権」を槓杆としたこの官僚制の正当性ないし合理性は次のように説明されてきた。官吏登用試験は儒教教典をどれほど掌握しているかということを基準としていたが、その儒教教典とは第一に真理、第二に道徳を体現したものにほかならない。官僚制は真理と道徳によって武装されていた、といってもかまわないのである。この真理と道徳によって武装された剣は国家という刃をもって社会の諸原理に立ち向っていくことになる。官僚制を支えた朱子学のスローガンが「天理を存し人欲を滅する」であったことからもこのことはうかがい知れる。だが、その結果は「権」による「利」の収奪であった。王亜南氏は『中国官僚政治研究』の中で、官、商、高利貸、及び地主という「四位一体」という概念を提起しているが、この概念は「権」による「利」の収奪を的確にいい当てている。この中で商と高利貸は多くの場合地主に付随したものであるから、ここでは官僚と地主の運動方式をみてみたい。まず地主は農民から収奪した剰余価値を真理と道徳に投資する。そして科挙という官吏登用試験を通じ官僚となり「権」を手に入れる。「権」は「利」の獲得を目的として運用される。獲得された「利」は土地に投下され、より大きな地主として肥大していく。その場合、商業や高利貸の活動が重要な役割をはたすのは言うまでもない。すなわち土地兼併がはじまるのである。以上のような官僚制の運動により社会の富が収奪され農民が反乱を起し、新王朝成立のすなわち新たな官僚制の産婆役となっていく——これが「一治一乱」の社会的意味にほかならない。すなわち国家の原理と社会の原理が相互に浸透しつつ、相互に転化していくところにその特色がみられるのである。

(Ⅲ)

国家と社会の相互浸透、相互転化は私たちが従来対立したものと理解しがちな諸概念の中にもひろくみとめられる。たとえば「官民」の対立がそれである。「官」と「民」は相互に転化するだけでなく、「官」は「民」の論理を取り入れることによって、「官」となっているのであるし、また「民」はその中に権威主義的な関係を作るように「官」の論理を取り込んでいる。「公」と「私」の関係は、より典型的である。現在でも「大公無私」などと叫べば、人々はこの「公」なるものの中に「私」のにおいを嗅ぎ取るにちがいない。すなわち「公」

は「私」拡大のかくれ蓑となっているのである。「権」と「利」、「理」と「欲」の場合も同様である。国家の原理は国家の原理として自立しているのではなくて社会の原理を取り込むことによって成り立っているのであり、社会の原理もまた同様である。国家と社会の矛盾はこのようにして新しいものを生み出す生産的な矛盾としてではなく、むしろ相互補完的な関係にあり、時間的循環に帰結していく。

中国でも新しい生産関係が以上のような伝統的な土壌の上にも芽生えてきたのは事実である。とくに明末清初には一定の思想的背景をもちつつ近代的な生産関係が芽生えはじめていた。だが、このような新しい潮流は国家と社会の相互浸透、相互転化という巨大な海綿に吸い取られ、この伝統的癒着を打破することはできなかった。そして、このような伝統的構造に変化をもたらしたのはヨーロッパの近代資本主義であった。すなわち外来の「近代」がこの役割を担うことになったのである。

中国の近代史をアヘン戦争から中華人民共和国の成立までと考えるならば、この百十年にわたる歴史は近代史と呼ばれるにはまことに奇妙な近代であった。そこでは自律的な近代的生産様式が中国を支配することはなかったし、また近代思想が人々をひろくとらえることもなかった。この間、数多くの先駆者が伝統的な封建制に戦いを挑んだが、だが彼らはその同じ武器をもって外来の「近代」とも戦わなければならなかった。伝統に決別し、近代を追求する。またアジアを捨ててヨーロッパに身をすり寄せていく——このような方式で近代を作り上げていった日本人には、およそ理解しがたい複雑さを呈するのもこのためである。また極端から別の極端へ大きな振幅をもって揺れ動くのもこのためであろう。

中国の近代はそれでは一体何をもってその特色とするのであろうか。伝統的な国家と社会の癒着を「官」と

「民」の矛盾と表現するならば、中国の近代とはこの「官」と「民」の矛盾を止揚することなく「夷」という新しいファクターを抱え込んだところにあると思われる。そしてこの「夷」というファクターは「官」と「民」の矛盾に新たな矛盾をつけ加えるとともに、いわば歴史のキャスティングボードを握るようになっていく。「夷」の登場は中国に「中」と「外」という抜きさしならぬ矛盾をもたらしたことはいうまでもないが、だが「夷」が中国の近代を決定づける要因となったのは「中」＝「旧」と「外」＝「新」という矛盾を中国にもたらしたからである。つまり中外の矛盾が新旧の矛盾として表現されるようになったからである。

日本の近代は「洋」にして「新」なるものを「官」が取り入れ、それを「民」におし広げていくというものであったと考えられるが、中国においてはこのような近代のあり方はほとんど不可能であったと考えてよい。まず第一に「官」すなわち国家の原理はきわめて長期にわたって培われた伝統とイデオロギーによって支えられているのであって、これをたとえば西洋の原理におき代えることは一つの国家が自分に死刑宣告を下すのと同様不可能であった。たしかに「官」は「洋」にして「新」なるものの契機を取り入れることはできる。しかし、この「洋」にして「新」なる契機も国家の根幹をゆるがすようになればたちまち排除されることとなる。あるいはこのような契機が形骸化されて何の意味も持たなくなるか、逆に旧い伝統を強化するために使われるにすぎない。中国の近代においては「官」の、つまり上からの「洋化」という意味での「近代化」は洋務運動、維新運動の例をとるまでもなく、ことごとく失敗に終った。「夷」の論理によって「官」の体制を破壊しつくさないかぎりこのような道は不可能であったし、「官」が自らに死刑宣言を下すこともまた不可能であったのである。

近代化の道は、それゆえ「官」に対抗的な原理を提示し得る「民」によってになわれることになる。すなわち中国において近代化とは「民」が「官」に取って代わる、すなわち革命を通じてのみ実現し得る課題であったと言えよう。近代以前、中国における「民」による「官」の革命は「官」に対置し得る論理が平均主義という、いわば「官」と表裏の関係にある論理であったため、独自の思想体系を形成することなく、ふたたび「官」の論理にもどっていくより他はなかった。だが、中国の近代、すなわちそれ以前の「官」と「民」の構造に「夷」という契機が加わった時、「官」に対決しうる論理を「夷」から導入することが可能になったのである。太平天国はキリスト教をかかげ、辛亥革命を中心とする革命運動ではヨーロッパの近代民主主義がそのスローガンとなった。そして、中華人民共和国を支えている原理も同様に「夷」から導入されたマルクス主義という原理であった。日本がその近代において「洋」にして「新」なるものを「官」を通じて受け入れたのとは異なり、中国では「民」を通じて受け入れてきたのである。日本の近代において「官」によって受け入れられた「洋」にして「新」なるものが、「民」に下降するにしたがって変形していったのと同様、中国においても「民」によって受け入れられたとき「官」に上昇するにしたがって変形を受けたのはいうまでもない。この変形の函数はすでに見てきた通り「民」を支えている論理、平均主義にほかならない。この平均主義という函数は「民」が革命的であれば革命的であるほど強く働くし、穏健であればそれだけ弱く働く。もっとも革命的であった太平天国や文化大革命において、革命的であった分だけ平均主義が強く働いたのはこのためである。歴史が革命というものを皮肉るように、革命的であればあるだけ平均主義のもう一つの顔、権威主義がそれだけ強まるのは論を俟たない。

中国の革命、つまり「民」による「官」の打倒が、マルクス主義という「夷」の論理によって達成されたことは、マルクス主義という思想の独自の性格によると考えられる。太平天国はキリスト教をかかげ、辛亥革命を中心とする時期にはヨーロッパの近代民主主義が取り入れられたが、そのいずれも敗北に終った。その原因として「民」の力量不足、「官」にテコ入れした「夷」の強さ、そしてまた「民」を通じて受け入れられた「夷」の論理の変形など様々考えられるが、このような要因はマルクス主義を採用した中国の人民にとっても全く同じ要因として働いてきた。だが、なに故マルクス主義だけが「民」の勝利をもたらしたのであろうか。それはマルクス主義それ自身の論理と中国近代の構造と深く関る。

中国の近代化とは「官」――「民」――「夷」という構造の中に次の二つの条件をみたしてはじめて成立する。第一は「民」の「官」に対する勝利であるが、その場合、それは単なる「民」と「官」の交代ではなく「夷」を内在させた「民」による勝利でなくてはならない。なぜならば「新」なるものは「夷」によってもたらされ、「民」によってやどされて「官」に対抗する論理を形成していくからである。第二に中国は「夷」を克服しなければならない。中国の近代史は「夷」による侵略によって始まり、それに対抗することによって成り立ってきた。それ故「夷」を排除しなければ中国は滅亡するほかない。

中国の近代において「夷」とはこのようにアンビバレントなものであった。「夷」は「新」であると同時に「外」である。「民」は「新」を取り入れなければ「官」を打倒し得ない。「外」を打倒しなければ自立できない。「夷」は毛沢東が言っているように先生であると同時に敵でもあった。夷のもたらした「近代」は生かされねばならず、殺されねばならないのである。近代において中国の人々はこの「夷」という契機をめぐって右へ左へと動揺してきた。「夷」の「新」を排除すれば保守主義者となって「官」にすり寄って行くほかはない。「夷」が外来のものであるが故に拒否すれば排外主義者となるほかはない。逆に「夷」の「新」を受け入れれば進歩的革命家となりうるが、それが外来のものであるが故に中国語で言う「崇洋媚外」、はなはだしきは買弁となっていく。この「夷」をめぐるアンビバレントはいかにして止揚できるのであろうか。その課題を担い、そして担い得たのがほかならぬマルクス主義であった。マルクス主義とはそれを中国の近代という舞台において解釈してみれば、近代を生かすと同時に、近代に死刑宣告を下すものである。愛国主義とともに、国際主義をとなえるものであった。このような思想を内在させていたマルクス主義によって「夷」をめぐるアンビバレントは解決され、革命の論理として発展していくこととなったのである。

(Ⅳ)

中国の近代史を貫いていた矛盾を解決する論理としてマルクス主義が受容され、それが国家の論理に組織されていった時、確かに新しい社会が生まれる可能性があったといえよう。「夷」の論理たるマルクス主義が伝統的な「官」「民」の癒着を断ち切り、伝統文化の素材から新たな文化を創造するニガリの役割をはたしていれば、この可能性は一歩実現性に近づいていったであろう。事実、一九四九年以降中国の指導者のみならず、国外の多くの論者によってこのような可能性が語られてきた。このような論点は、だが、ここ数年来急速に色褪せたものとなっていった。それはとくに文化大革命の時期において語られたユートピアが実は幻影にすぎなかったためにほかならない。平均主義がもたらすさまざまな弊害と官僚制の腐敗が蔓延していた実態があばかれたのである。毛沢東はかつて中国の現状を一窮二白と表現したことがあるが、それは経済的に貧困、文化的に空白という意味であった。毛沢東が語ろうとした意味は文化的空白を逆手にとって空白であるからこそ、そこに美しい理想像を描くことができるという点にあった。だが、このように中国の現状を語ることは思想的にみて不適切であったと言わなければならない。文化的に空白であったか否かと言うと、確かに空白に近かったにちがいない。だが、だからといって未来像を自由に書き込めるなどと言うような問題ではないのである。空白に見える表面の裏に実にさまざまな模様を描かせるであろう磁場がそこに働いていたのである。そして、このような磁場は中国がこれから近代化をめざそうとする時にも受けるであろう制約なのである。マルクス主義にせよ、これからの近代化にせよ、この磁場の力を無視して未来像を描くことなどできはしない。

マルクス主義は中国近代の矛盾を解決する論理として導入され、中国革命を勝利に導いた。それは「民」によって受け入れられた「夷」の思想であるが、「民」によって受け入れられたため実践の論理として定着することになった。この点理論的色彩の強い日本のマルクス主義とは対照的であった。「民」が実践を通じ国家を形成していく過程で実践の論理としてのマルクス主義はゾルレンへ転化する。そして、「民」が「官」に転化する時、ゾルレンとしてのマルクス主義は容易にドグマに転化していく。現在革命的・左翼的言論がむしろ保守的な気質によって支えられ、資本主義的論理がむしろ革新的な気質によって支えられているという奇妙な事態が出現するのもこのためである。マルクス主義は白紙に未来像を書くように中国を設計したというよりは「夷」から「民」、「民」から「官」と移行していくにつれて磁力の影響を受けて変形していった、というのが実態に近いのではあるまいか。マルクス主義をこのように変形させた磁場は近代化を実現させようとしている現在も変わることなく存在している。この点、将来の中国を見る場合決して目をそらすことができない。

マルクス主義がこのような道を辿ったことはマルクス主義の論理に内在する欠陥がもたらした必然性なのであろうか。答はおそらく否であろう。問題はマルクス主義という音響が「官」「民」という共鳴箱で受けた変形の函数にあると思われる。それゆえ近代化を成功させようとする時、マルクス主義に基づいた革命が見落していた磁場の変革、すなわち近代化に適応した磁場を創造していくことが不可欠である。マルクス主義か否か、という固有名詞をもって語られる実体的思想ではなく、人々の行動様式、思考方法、および生活様式をはじめ生産の組織の仕方、経営方法を含め、これらが近代化に適合する形で変革されなければならない。この変革はおそらく、極めて大きな困難をともなうであろう。

思想的に見た場合、このような変革を成し遂げるためにはいくつかの前提条件が存在する。マルクス主義は中国革命の根拠であり、これを放擲することは不可能であろう。だが「夷」から「民」、「民」から「官」へとその姿を変容させてきたマルクス主義によって、すなわちドグマと化したマルクス主義によって、この変革が実現される可能性はほとんどない。だとすればマルクス主義の原点に立ち戻って官製マルクス主義を剔抉することが必要となるであろう。中国は一方でマルクス主義を採用しながら、一般レベル、さらには党員レベルのマルクス主義に関する知識は極めて貧困である。実践性が革命を支えていた時代にはそれでもマルクス主義はその機能をはたしてきた。だが「民」から「官」へと転化するにしたがって、マルクス主義はドグマとしての性格をますます色濃くしていった。批判の武器は弁解と強弁の武器へ変化し、そして官僚制と呼応しつつ

「権」の体系を保証する護身符となっていった。中国はマルクス主義を放擲できないとすれば、マルクス主義の方法による共産党それ自身への批判が必要である。このことなくしてマルクス主義を守りつつ、近代化を成し遂げようとするのは困難であろう。

マルクス主義が「官」と「民」の共鳴箱において不協和音に転化していった原因のひとつは「夷」の論理であるマルクス主義を「夷」の論理として理解する態度が薄弱であった点があげられよう。「唯物主義」「弁証法」などの基本概念もマルクスが聞いたらかならずや驚くであろうような仕方で解釈されているのもこのためである。このことは近代化の将来を占う点でも極めて重要な意味を持つ。近代化もまた「夷」の技術を導入することが成否の鍵を握っている。だが、技術にせよ、その技術によって作られた生産物にせよ、一定の行動様式、思考方法、生活様式、つまり「磁場」に擬せられる思想によって支えられたものなのである。「夷」の技術の習得はおそらくこのような「磁場」としての思想を理解しないかぎり社会を活性化する媒体とはなりえまい。もし、中国がマルクス主義を保持していこうとするならば、まさにそれゆえにこそ外来思想の理解が不可欠となる。外来思想の排除はその盲目的追従と同様何ももたらすことなく、「官」「民」の共鳴箱において不協和音をさらに強める結果となるであろう。マルクス主義に対する研究と同様、中国の外国研究は現在非常にたちおくれている。この状況が改善されないかぎり近代化は望むべくもない。

中国の伝統的構造「官」「民」の相互転化の構造が変革されることが近代化の前提となっていることは言うまでもないが、その展望を人の側面から語ることによって小論を終えることとする。魯迅は中国の伝統的人間関係を主人と奴隷の関係として描いてきた。「官」「民」の関係とは、社会としてではなく人として見た場合、魯迅の語った如く、主人と奴隷の関係であった。否、もっとはっきりいえば皇帝と奴隷の関係である。そして皇帝と奴隷は「官」と「民」と同様に相互に転化するのが常であった。「夷」が侵入してきた時、皇帝と奴隷以外に二つのタイプの人間が生まれた。買弁と軍閥である。この四者は中国の近代を通じ目まぐるしく相互転化してきた。魯迅は中国の片田舎を舞台として「阿Q正伝」を著したが、中国の近代を舞台として描くならば阿Qはおそらくこの四者を無原則に転化することとなったであろう。「阿Q正伝」という映画はその最終シーンで原作にはない一言をつけ加えている。すなわち子供のいない阿Qではあるが、その子孫を現在にいたるまで繁殖させている、と。文革を体験した者ならばこの言葉は実に切実なものであるにちがいない。「官」「民」の癒着を断ち切ること、それは人という側面から見るならば、この阿Qの子孫を絶滅させること、すなわち皇帝と奴隷、買弁と軍閥を一つ一つ否定していくことである。それは困難な課題であるが、そのような契機を中国が見い出すならば、中国の近代化はただ単に中国の問題としてではなく、人そのものの問題として世界にひらかれるであろう。

『季刊中国研究』第1号（一九八五年十月）㈳中国研究所、研文出版発売

ある詩人の衰世—龔自珍について

I

浩蕩として愁いに離《あ》いて白日斜めなり
吟鞭東のかた指させばすなわち天涯なり
落紅これ情なき物にあらず
化して春泥となりて更に花を護らん（『己亥雑詩』その五）

詩人・龔自珍はこのような詩をのこして、幼少のときから住み慣れた北京をあとにした。道光十九年（西暦一八三九年）己亥の歳、四月二十三日のことであった。この北京よりの出奔について、呉昌綬の編集した年譜は次のように記している。

先生京師に官たるに、冷署閑曹（いわゆる窓際族の類）にして、俸入本より薄し。性既にして豪邁、奇を嗜み客を好み、境（遇）遂に大いに困しむに、また才高く、ややもすれば時忌に触る。是に至り闇斎先生（龔自珍の父、龔麗正）年七旬を逾え、従父文恭公たまたま礼部堂の上官に任ずるをもって、例として引避に当たる。すなわち養を乞いて帰る。

年譜では父親の老齢、従父の礼部への任官などを官職の辞任と帰郷の直接原因であるとしているが、それは龔自珍の士大夫としての体面を配慮したためであろう。だが、詩人のこの北京からの出奔はあまりにも唐突であった。そこにはなにかただならぬいきさつがあった、と推測される。龔自珍が「冷署閑曹」にいたこと、つまり官僚として冷遇されていたこと、したがって薄給に甘んじていたことは事実である。しかも浪費癖があった。年譜の編者はそれを「性」が「豪邁」であったからであると理由づけしようとしている。伝統的な読書人の逸脱の範囲におさめようとしたのであろう。だが、詩人は「豪邁」どころではなく「性」が繊細すぎるほど繊細であった。『年譜』にいう。「先生小《おさな》きとき体弱し、斜日のうち餳簫《とうしょう》の声を聞けばすなわち病む。壮におよびて猶しかり」と。このみずからの「性」について、詩人は詩をのこしている。

黄日窓に半ばにして煖かく、人声四面に希なり
餳簫窮巷に咽《むせ》び、沈沈として止みまた吹く
小き時この声をきくに、心神すなわち癡たり
慈母わが病を知りて、手ずから棉をもってこれを覆う

夜夢みて猶寒きに呻し、母の中懐に投ず（『冬日小しく病み、家書を寄せて作る』）

龔自珍の「性」とはこのようなものであった。ちなみに「餳簫」とは飴売りの吹くチャルメラの音のことである。詩人の性癖があまりにもナイーブであったためであろう、年譜にいう「奇を嗜み、客を好む」点では人後に落ちはしなかった。詩人は歌妓と戯れ、車夫と酒を酌みかわし、博徒仲間になって金をすり、僧坊に日参し、そしておそらく侠客ともつきあっていた。だが、これも読書人の許された逸脱の範囲であるであろう。では北京よりの出奔はいったいなにが原因であったのであろうか。『年譜』にいう「また才高くしてややもすれば時忌に触る」がその原因であったとおもわれる。『年譜』の編者はここでも詩人に思いやりを示している。「時忌に触れ」たのが「才高く」であったためであり、それも「ややもすれば」であったとする点がそれである。だが、詩人の「時忌に触れる」言動は関係資料を見るかぎり「ややもすれば」ではなく常態であったとおもわれるし、その原因も「才高かった」ためというよりは酒癖にあった。友人でもあり、また、龔自珍とともに中国近代史の黎明をかざる思想家として歴史に記されてきた魏源は詩人に次のような書簡を寄せている。

最近耳にしたことですが、酒席となればあなたは誰かれかまわず人に放言なさるそうですね。しかし、そもそも膝を突き合わせてする会話と大勢の前でのスピーチとは違うのですし、心を許しあった友との争いと、どうでもよいおべんちゃらとは別のものなのですよ。もしもあたりかまわず放言なされば、貴兄の「徳性」に疵がつくばかりでなく、「明哲保身」という点でも問題が出でくるのではないかと深く恐れています。貴兄から受けたお教えはただたんに貴兄の弟（分）として受けた教えにとどまりません。軽率と思われるかもしれませんが、直言致す次第です。しかしながらこのことは貴兄みずからが猛省することが必要です。さもなくば、結習は一日にて改むべきにあらず、酒狂は醒後の悔ゆるに及ぶところにあらず、という状態は変わらないでしょう、（『甲寅』第一巻七号）

このような「時忌に触れる」放言（魏源の原文では「譚論」）によって龔自珍は北京を離れた。それは北京、龔自珍の表現では「京師」であるが、その世界に存在する余地を失ったからである。「京師」の世界では龔自珍は「酒狂」であった。だが、かれにとって酔い痴れているのは、「京師」そのものであった。「また飲みて醁《りょく》醽《れい》（美酒）を求むるに如かず、人は飲みて酔《よう》を獲《え》、我は醒《さむる》を獲《う》」（「京師春尽くる夕べ、大雨懐を書す。暁に起きて比隣の李太守、呉舎人に柬《かん》す」）と詩に詠っているのだから。

だが、この「京師」からの出奔は、なに故、道光十九年四月に起こったのであろうか。世に流布している説では、女流詩人であり、貝勒《ベイレ》・奕繪《えきかい》の側室であった顧太清との不倫事件の結果、北京から出奔したとする。スキャンダル、それも名士のスキャンダルはいつの時代でも尾鰭のつきやすいものである。この点について、孟森は「丁香花」を著し龔自珍の潔白を証明している（『明清史論著集刊・続編』所収）。だが、詩人がその裏にスキャンダルを感じさせる詩を遺しているのも、また、女性問題でスキャンダルを起こしているのも事実である。なおこのいわゆる「スキャンダル事件」は小説『孽《げつ》海花』および『孽海花』を解説した『孽海花閑話』に詳しく描かれている。

一方、まったく異なった見解もある。すなわち、時の権力者・穆彰阿ににらまれたからである、とする説である。銭穆によるならば

張孟劬《もうく》がわたくしに告げところによると「定庵の出都は穆彰阿に罪を得たためであって、世間に伝えられ

ている顧太清のことは事実ではない。」張家は代々龔家と縁組をしてきた。そこでこのことを知っているのである。また、次のようにも語ったことがある。「定庵は粤《えつ》（広東）のアヘン事件で主戦論を唱えたので、そこで穆彰阿に憎まれることとなったのである」と。（銭穆『中国近三百年学術史』）

道光十九年は中国にとって風雲急を告げた年であった。龔自珍の北京からの出奔は、折しもその前年欽差大臣に任ぜられた林則徐が広州で辣腕を振るおうとしていた時であった。龔自珍は広州に赴く林則徐に「欽差大臣侯官の林公を送るの序」という一文を寄せ、アヘン厳禁策を提言している。その内容は穆彰阿を代表とする「弛禁論」派とは真向から対立するものであった。林則徐の復書に「閣下に南遊の意あり」としたためられているので、そのおり龔自珍は広州へ行きアヘン問題の処理に携わりたき旨を林則徐に表明したものと思われる。林則徐はこれを「事勢の言い難きものあり」として丁重に断っている。このようないきさつを考慮にいれるならば、アヘン問題をめぐる酒席での放言が「時忌に触れ」、それが北京からの出奔の引き金になったことは充分に考えられるのである。

女性問題のスキャンダルはなかったのであろうか。スキャンダラスな噂にことかかぬ詩人ではあるが、この点に関しては定かでない。一般に中国の伝統社会においては、一人の確固たる信念をもった人間を蹴落とす場合、女性問題に関する噂をばらまくことが慣例化してきた。とすれば、龔自珍は顧太清との烏《う》有の不倫ではめられたのであるとする、雪林女士の説は意外と事実に近いのではないであろうか。（「丁香花疑案再弁」武漢大学『文史季刊』第一巻四号）

Ⅱ

霜毫擲げ罷りて天に倚りて寒し
淋漓たる淡墨と作《な》して看らるるに任さん
何ぞ敢えて自ら医国の手なりと矜らん
薬方は只古時の丹を販《う》らんのみ（『己亥雑詩』その四四）

この詩には「己丑（道光九年、西暦一八二九年）の殿試。大指は王荊公（王安石）の仁宗に上《たてま》つるの書を祖とす」というメモが付されている。詩の大意は以下の通りである。気迫の込められた白き筆は、対策を書きおえて机に置かれると、凛とした厳しい光を放った。だが、模範的な科挙の回答として見なされても、それはそれで甘んじよう。みずから国家そのものを治療する名医などと自負するつもりなどないのであるし、処方箋ではただただ「古時の丹」を販るだけなのであるから。この年龔自珍は受けても受けても失敗してきた科挙の試験の最大難関である会試に合格した。その最終試験の殿試で龔自珍は皇帝の前で自負に溢れた「対策」（殿試の回答）を書いた。

龔自珍が自負をもって販ろうとしたのは「古時の丹」であった。その「古時の丹」は王安石の「仁宗皇帝に上つるの書」に基づいていた。張祖廉の編集した『定庵先生年譜外紀』には

少くして王介甫の宋の仁宗皇帝に上つるの書を読むを好む。手録することおよそ九通、慨然として経世の

志あり。「西域に行省を置くの議」「東南に番船を罷むの議」およそ数万言を撰す

と記されている。龔自珍が王安石から啓発されたのは「経世の志」であった。それはたいへん古典的な信念であった。『年譜』にいうごとく、龔自珍は若い頃から「経世の志」に目覚めていた。呉昌綬の『年譜』の二十五歳の条に「これよりますます意を著述に肆まにし、百家を貫串し、心を経世の務に究む」と記されている。この「経世の志」に基づく著作は二十三歳のときに書かれた「明良論」―君臣論がもっとも早い時期のものである。有名な『説文』学者であり、龔自珍の外祖父でもあった段玉裁はこの「明良論」を「吾まさに耄すべきに、なおこの才を見て死す。吾恨まざらん」と評価している。このような評価を受けたのは論議が「古時の丹」を販るものであったからにほかならない。

龔自珍が生を受けたのは乾隆五十七年、西暦一七九二年のことであった。それはまさに盛世から衰世へと下降しはじめた時期であった、二十五歳のとき著した「乙丙の際、箸議」において、それは明確に意識されたかたちであらわれている。その第九にいう、

衰世なるものは文は治世に類《に》、名は治世に類、声音笑貌は治世に類る。

ひとびとの心が混濁していて、失言すら起こらぬのは、治世にあって治世なるがゆえに議論が起こらないのと似ている。そして、それぱかりではない。

左に才相なく、右に才史なし。閫に才将なく、庠序に才士なし。隴に才民なく、廛に才工なし。衢に才商なく、巷に才偸なし。市に才駔なく、藪沢に才盗なし。すなわちただに君子尠きのみならず、そもそも小人も甚だ尠し。

という状態になるのである。このような衰世の進行は龔自珍をして「古時の丹」のなかの劇薬を販らしめることとなる。財産の均等化を求めた「平均篇」、「京師」に絶望して「山中の民」に希望を託した「尊隠」などはその典型であろう。人はしばしばこの激論を「封建」的なるものにたいする批判であるとして、そこに「近代的」なる思想を読み取ろうとしてきた。しかし、それはおおいなる誤解であると思われる。むしろただただ「古時の丹」を販ろうとしたための激論であった。

だが、「古時の丹」に基づく激論は、「古時の丹」による「医国」を実現する道から龔自珍をますます遠ざけることとなる。三十八歳になるまで進士の資格を得ることができなかったし、進士の資格を得てもその抱負とは裏腹に「古時の丹」に基づく処方箋を書ける地位ないしは「権」など望むべくもなかった。「冷署寒曹」に甘んずるほかはなかったのである。このような立場は龔自珍をして「経世」を標榜する公羊派に引き寄せることとなる。

昨日あい逢うは劉礼部
高言大句快として加うなし
君に従いて焼き尽くす虫魚の学
甘んじて東京餅を売るの家と作らん（劉申受に就きて公羊の家言を問う――『雑詩、己卯、春より夏に徂《およ》び、京師に在りて作る。十有四首を得。』その六）

「餅を売るの家」とは公羊学派をけなした言い方であり、劉礼部すなわち劉逢禄はその領袖であった。また「虫魚の学」とは乾隆、嘉慶時代を風靡した考拠学をいう。「盛世」と謳われた乾降、嘉慶時代は考拠学の時代でもあった。いな「盛世」の象徴であった。龔自珍はそれを焼き尽くそうというのである。それは衰世の進行が「盛世」そのものに起因していることを自覚していたからである。

龔自珍は「杭大宗逸事状」なる文章を著している。大意は以下の通りである。

（一）乾隆の癸未の歳、杭州の杭大宗は翰林から御史に推挙されたとき試験を受けた。杭大宗は五千語にもおよぶ文章をものしたが、その一条に「我が朝一統して久し、朝廷人を用うるは、宜く満漢の見を泯すべし」というものがあった。即日刑部に命令が下り、死刑が予定された。乾隆帝が広く意見を求めたところ、侍郎の観保が杭大宗は狂生であって、若いときより放言、高論してきた旨を上奏した。皇帝はその意をくみとって杭大宗を郷里に帰した。

（一）杭大宗のその原文はその後琉璃廠に流れ出た。（そこでひとびとの目に触れることとなったのである。）

（一）乙酉の歳、皇帝は南遊し、杭大宗は出迎えた。皇帝は尋ねた。いったい何をして生きているのか、と。杭大宗は答えた。臣世駿（杭大宗の名）は古道具のたたき売り（原文は「旧貨攤」）をしております、と。皇帝。古道具のたたき売りとは何かね。杭大宗。銅くずや鉄くず（原文は「破銅爛鉄」）を仕込み、それを地面に並べて売るのです。皇帝は腹を抱えて笑い「買売破銅爛鉄」と大書してそれを杭大宗に下賜した。

（一）癸巳の歳、皇帝は南遊し、杭大宗は出迎えに加わった。杭大宗の名が報告されると、皇帝は左右を顧みていった。杭世駿はまだ死んでいないのか、と。杭大宗は帰宅してその夕べ亡くなった。

（一）杭大宗は書院を主宰していたとき『四通』を講じていた。『四通』とは杜佑の『通典』、馬瑞臨の『文献通考』、鄭樵の『通志』の『三通』に司馬光の『資治通鑑』を加えたものである。

（二）龔自珍は詩の付された墨画を得たことがある。

龔自珍は杭世駿に自らを投影していたのであろう。杭世駿は「放言、高論」したため人から「狂生」と見られていた。龔自珍も「譚論」したため「酒狂」と呼ばれた。杭世駿は「破銅爛鉄」を売買していた。それは文脈からみるならば「四通」ということになるであろう。それはまた「経世」の書でもあった。龔自珍もまた「古時の丹」を販っていた。そしてその「古時の丹」は「経世の志」に基づくものであった。杭世駿は「京師」を代表する皇帝の前では生きていけなかった。龔自珍もまた「京師」に存在する余地を失い北京から出奔するほかはなかった。龔自珍は「万馬斉しく瘖《いん》す究に哀しむべし」（『己亥雑詩』その一二五）と衰世を表現した。だが、「杭大宗逸事状」からみるならば、乾陸の「全盛」もまた「万馬斉しく瘖す」であったといわなければなるまい。

龔自珍の生きた時代はまさに衰世の時代であった。アヘンの流入、それによる農村の疲弊、人口の増大、官僚の腐敗、農民の蜂起などなど、だれの目からみてもそれは衰世であった。だが、龔自珍にとって衰世の衰世たるゆえんは「万馬斉しく瘖す」状態であった。ここではその状態を精神の萎縮と名付けておこう。そして、それは盛世の「京師」がもたらした結果であった。

Ⅲ

鬼灯《きとう》隊隊として秋螢を散ず
落魄せる参軍涙眼熒《かが》やく
何ぞ専城の花県に去《い》かざるや
春眠して寒食に未だ曽つて醒めず（『己亥雑詩』その八六）

上の詩はアヘン吸飲者のさまを描いたものである。詩人はアヘンに溺れている「参軍」――吏員、幕客にたいし、なに故ケシを植えている「専城」――一城の主のもとにいって煙を出すことを禁じた寒食節までアヘン吸い続けないのか、と詰問しているのである。かれらはアヘンによって「盛世」に酔い痴れていた。それが「京師」の世界であった。一方、龔自珍はいってみれば「酒に醒めて」いた。龔自珍が酒を飲むことによって醒め、決別しようとしていた世界、それはアヘン中毒症候群ともいうべき症状を呈していた。そして、その裏には破壊的な事態が進行していた。「漏銀」である。国家の基本通貨たる銀がアヘン密輸によって海外に流出すること、それは「京師」における痴態とともに社会全体にさまざまな陰影をおとすこととなる。まず、物価の上昇である。

父老一青銭、餺飥《はくたく》月の如く円かなり

児童両青銭、餺飥大きこと銭の如し
盤中の餺飥は一践貴きに
天上の名月は一辺痩せたり（「餺飥謡」）

そればかりではない。「漏銀」は税額の上昇をもたらすこととなる。

塩鉄を論ぜず、河を籌《はか》らず
独り東南に倚りて涕涙多し、
国賦は三升、民は一斗
牛を屠ふるはなんぞ禾を栽うるに勝らざらん（『己亥雑詩』その一二三）

「塩鉄」とは国家財政、「河」とは民生を象徴的に表現したものである。それがなおざりにされた結果は「国賦三升民一斗」つまり税が約三倍になり、国家の根幹を支える農業は崩壊の危機に瀕したのであった。この税の三倍上昇は当時の実態に見合ったものであり、決して詩的誇張ではない。

このアヘンに酔い痴れる「京師」は、しかし、当然のことながら聖人の言葉によって武装されていた。具体的にいえば清朝の「盛世」をもたらした朱子学の「理」によって武装されていた。龔自珍はあるいはこの聖人のことばを逆手にとり、あるいはそれを再解釈することによって「京師」の実態に鋭いメスを入れている。たとえば『京師楽籍説』である。「楽籍」とは公娼のことである。「帝珍の居る所を京師という」がその京師に「楽籍」をはりめぐらせる。そうすれば「天下の游士を箝塞《かんさい》」できる。それは何故か。

これを使てその資財を耗《つい》やしめば、則ち一身を謀るすらかつ暇あらず、人国を謀るの心なし。これを使てその日力（時間）を耗やしめば、則ち暇日のもって二帝三王の書を読むなし。また史を読まずして古今を知らず。これを使て牀第の間に纏緜《てんはく》歌泣し、その壮年の雄材偉略を耗やせしめば、則ち乱を思うの志息みて、議論図度、上天を指さし下地を画するの態息む。これを使て春晨秋夜に奩体詞賦、游戯不急の言を為さしめ、もってその才華を耗やさしめば、則ち軍国を議論し政事を臧否するの文章、もって作ることなかるべし。

士たるものが妓楼で金を使い果たし、時間を浪費し、才能、才華を消耗してしまう。そうすればどうなるのであろうか。

此の如くなれば、則ち民聴は壱にして、国事は便たり、而して士類の保全せる者もまた衆しということになるのである。これは「人心混混として口過なきは治世の議せざるに似たり」（『乙丙の際箸議』第九）という「衰世」そのものであった。そして、士は「明哲保身」に汲々とするのである。それは社会全体に精神の萎縮をもたらす。龔自珍はこの『京師楽籍説』を切実な思いで書いているのであろう。なぜなら龔自珍みずからのことを書いているふしがあると思われるからである。道光一九年、北京を出奔した詩人は途中、袁浦にたちより妓楼で霊簫なる女性と出会った。その年の秋再び彼女に出会った。『己亥雑詩』その二四五の自注にいう。

己亥九月二十五日、重ねて袁浦に到る。十月六日、河を渡りて去る。袁浦に留どまること十日、大抵酔夢の時多く醒む時少きなり。統べてこれを名づけて『寱詞』というなり。

寱とは寝言のこと。ここでは詩人は霊簫のベッドで「醒む」ことなく「酔夢」のなかにいたのである。詩人もまた「京師」の住民であった。

別の一篇、「論私」では「京師」の論理にたいして、より過激な言が投げつけられる。官僚たちは「大公無私」を標榜している。だが、「公」の標榜するのであれば、

寡妻、貞婦なにをもって此の身を都市に公にせずして、乃ち私《ひそか》に自らを貞し私に自らを葆するや。……今「大公無私」というは則ち人なるや則ち禽なるや。

清朝の「盛世」をもたらしたのはほかならぬこの「大公無私」に基づいた政治、ないしは「理」による政治であった。それは、龔自珍の一時代前の学者、「盛世」を生きた戴震をして、

人法に死せばなおこれを憐むものあらん。理に死せばそれ誰かこれを憐まん。(『孟子字義疏証』)

と嘆かしめた政治であった。そして、龔自珍もこの政治のカラクリ――「京師」の論理をはっきり知っていたのである。

Ⅳ

このような「京師」から、詩人は「京師」の翳を引きずるようにして故郷の江南に帰ってきた。だが、詩人が「京師」と対照させた「山中の民」となったわけではなかった。そして、北京よりの出奔二年後、父麗正に遅れること半年、丹陽で急逝した。歳は五十であった。北京からの出奔と同様、謎に満ちた死であった。一説によると、袁浦の霊簫が毒殺したのである、とする。

江南に戻った詩人は「病梅館記」なる文章を著している。「京師」の翳を引きずりつつ、「京師」にメスを入れようとする詩人の姿をそのまま映した文章である。江南には梅が多い。さて、

梅は曲をもって美となす、直ならば則ち姿なし。欹をもって美となす、正ならば則ち景なし。梅は疏をもって美となす、密ならば則ち態なし

といわれてきた。それはべつに故意に梅を夭逝させ、傷つけようとしたためではなかった。だが、「文人画士の孤癖の隠」のあるものが、このような梅の値をつり上げたため、江（蘇）浙（江）の梅はすべて病むこととなった。そこで詩人は梅を三百鉢買い入れ、地面に植え換え、梅を蘇らそうというのである。そして、慨嘆するのである。

ああ、いずくんぞ予をして暇日多からしめ、また閑田多からしめ、もって広く江寧（南京）、杭州の病梅を貯え、予の光陰を窮してもって梅を療せしむるを得んや

と。詩人は「京師」と決別したとき、

落紅これ情なき物にあらず
化して春泥となりて更に花を護らん

と詠んだことはすでに見た。詩人が蘇らそうとした梅は花をつけ、そして落紅となり春泥となって「更に花を護る」こととなったであろうか。「京師」に花が咲かなかったことはいうまでもない。その花は「山中」にこそ咲くはずであった。だが、「山中の民」はこの花を咲かせたであろうか。いまだに疑問とするところである。

『中国古代史研究　第六』（一九八九年十一月十五日）研文出版

林則徐小攷

I

林則徐の名がアヘン戦争とともに語り継がれてきたことは、林則徐その人にとって幸運なことであった。もしその名が太平天国とともに歴史に記されたとするならば、林則徐はその弾圧者という不名誉を被ったにちがいない。林則徐は太平天国討伐の欽差大臣に任ぜられ、赴任途上急逝した。アヘン戦争とその名をともにする人としてははなはだ象徴的な死であった。その死があまりに唐突であり、且つまた何かを象徴するような死であったためであろう、そこにはさまざまなエピソードがつけ加えられる余地があった。

昨年、厦門大学の楊国楨氏の著『林則徐伝』が出版されたが、林則徐の死に関する楊氏の推定は、はなはだ示唆的である。楊氏の見解は次の通りである。

一八五〇年十一月五日欽差大臣に任ぜられた林則徐は、広西の「群醜を蕩平し、巖疆を綏靖す」べく福州を出発、漳州を経て十六日潮州に到着した。漳州で持病の疝気を起し、腹痛に悩まされつつ到着したのであるが、潮州ではさらに「忽ち重病を患い、吐瀉止まず」という状態となる。それでも強行軍を続け、普寧県に到着、二十二日そこで暈倒、そのまま死の床についたのであった。だが何故潮州で「忽ち重病を患い、吐瀉止まず」ことになったのか。様々な噂は、広州の十三公行の「夷の利を食む者」がコックを買収、毒殺したとする点で共通している。林則徐自身、死に臨んで「星斗南」なる意味不明の言葉をはいているが、「星斗南」とは林則徐の福州なまりでは「新豆欄」と同音であり、そして「新豆欄」とは広州十三公行附近の新豆欄街である。とすれば林則徐も誰に毒殺されたかはっきり知っていた訳である。

以上の推論はきわめてありそうなことである。だが小論の関心は、それが事実かどうかを検証する点にはない。むしろ林則徐の死をめぐるこの裏話が象徴している意味にある。

まず第一に、「夷の利を食む」ものが、林則徐毒殺に走ったとしても何ら不思議でない程、かれらは林則徐の再登場を恐怖していた点である。その恐怖は林則徐が農民戦争討伐の欽差大臣として再登場した点にあったと思われる。「夷の利を食む者」とは具体的にはアヘンの利権に巣喰うものであり、そしてアヘンの利権を死守しようとするならば、銀の流出を招かざるを得ない。この銀の流出は国家収入の減少を意味し清朝の最高支配者まで憂慮させ、アヘン戦争勃発を招いたものであった。だが銀の流出はさらに破壊的事態を招来する。それは銀の流出が銀の騰価を招き、銀の騰価が銀換算で徴収する租税の高騰を意味するからである。アヘンの大量流入する前、銀一両はだいたい銅銭七百文であったがアヘン戦争時には二千文にまで高騰した。人々は日常銅銭で生活するが、納税は銀換算で行う。つまり租税がほぼ三倍近くまではね上ったことになる。農村は当然窮乏状態に陥り、土地から逐立てられ「匪」となる。とくに貧しい辺境の地では、この徴候がまっさきに現れる。広西を震源地とし、以後中国全土を震撼させた太平天国はこのようにして歴史の地平線にその姿を現したのである。そしてこの太平天国を鎮圧すべく再登場したのが林則徐であった。

かりにただやみくもに農民の蜂起を鎮圧するというタイプの欽差大臣が登場したとするならば、かれらは心理的パニックに襲われなかったに違いない。なぜなら単なる農民の敵対者は階級的恐怖および「権」と「利」への投機の交差する心理によって農民に対し全面的に敵対するのであって、「夷の利を食む者」は「利」を提供することによって手を携えることが可能であったからである。かれらは勝利を得たとき恐るべき殺戮者となる。いわゆる「剿《そう》」である。敗北を喫したとき「匪」に「権」と「利」を一部譲渡し、皇帝に問題解決を上奏して責任をのがれる。「撫」である。かれらの態度は、アヘン戦争時、イギリス軍に冒険的攻撃を加え、敗北するや全面的に屈服するとともに、皇帝に勝利を上奏する官僚の態度に対応している。ただイギリス軍は撫されることはなかったけれども。「夷の利を食む者」にとってかれらは恐るべき存在ではなく、むしろ与しやすい存在であった。

林則徐は、だが、完全に違っていた。かれは問題の所在を追求し、解決のプランを練り、情況を判断し、そしてそれを断固たる意志をもって実行に移す。そのような林則徐の姿はアヘン戦争を通じ、「夷の利を食む者」の眼に焼きついていた。林則徐が広州でアヘン問題処理を始めたとき、かれらの一人、というより頭目の伍紹栄は「家産をもってお役に立ちたく思います」と申し出たところ、「本大臣は金はいらない、おまえの首がほしいのだ」と一喝されているのである（『東莞県志』）。林則徐にとって問題の所在は、はっきりしている。すなわち農民の窮乏であり、その原因はアヘンであった。その責任はたしかに広州の「夷の利を食む者」だけにある訳ではなかった。だが、かれらの目から見たとき、欽差大臣として、すなわち皇帝の意志を代行しうる存在として広州に臨もうとしている林則徐が、かれらの頭上に鉄鎚を下すであろうことは目に見えていた。かれらを恐怖させたのは、欽差大臣としての権力だけではない。林則徐の問題解決の方法、すなわち問題の根源に出来るかぎり迫り、それを根治する方法と解決への意志が権力としてかれらに迫ってくるという点にあったのである。

第二に「夷の利を食む者」が採った手段についてである。それは闇夜から放たれた毒の矢であった。林則徐の問題解決の方法には一定のパターンがあり、一貫性があった。「夷の利を食む者」にも一貫性はあった。すなわち、既得権益の死守である。そしてこの目的の一貫性は、方法により幅をもたせる。正面切っての論争、揚足取り、讒言、媚び、……そして闇から放つ毒矢。実際アヘン戦争を通じ「夷の利を食む者」はこれらの方法を殆んどすべて動員している。ここに目的の原則性と一貫性、そして言動の無原則と無節操を見てとることは困難ではない。それに対し林則徐には一定の言動のパターンがあった。だがその目的となるとはなはだ曖昧なものとならざるを得ない。愛国のためか。しかし、清朝のためとも言いうる。人民のためか、だが皇帝のためとも言いうる。強いて言うならば、世の中よ、よかれ、としか言いえないのであって、「夷の利を食む者」の既得権益死守のような具体的目的に対応するような目的を見出すことは、はなはだ困難と言わなければならない。

林則徐の死をめぐるエピソードの中には、いずれにせよ、林則徐と「夷の利を食む者」との氷炭相容れざる対立がある。楊氏はそれを愛国と売国の対立として描く。いかにも当然の解答である。しかし、やはり曖昧さは残る。愛国、売国という概念は、はなはだ主観的な価値概念であって、結果がそのように言える、と言った後世の意味づけを示すにすぎない。さらに、一定の歴史条件では、国賊や非国民が名誉でありうるし、愛国者が反動的でもあり得る。愛国——売国の座標軸はさらに排外——媚外の座標軸、および外的世界への理解——無理解の座標軸とも関係する。主観的愛国者＝客観的売国奴は主観的理解者＝客観的無理解者として排外——媚外の座標軸を右往左往する。客観的「愛国」者は客観的理解者で、排外——媚外の座標軸にその座標はない。林則徐と同等の地位にあった敵対者、琦善とその「顧問」の「夷語」を解する買弁鮑鵬が前者とすれば林則徐は後者であった。このように愛国——売国問題を語るならば、両者の思想ないし少なくともヴィジョンの相違を語らなくてはならないであろう。だが、「林則徐の愛国思想」という題が可能であっても、「琦善（鮑鵬でも伍紹栄でもよい）の売国思想」という題の論文は可能であろうか。また「伍紹栄の金儲け術」「鮑鵬のゴマスリの一生」「琦善の金権術およびその失敗」と言った本は書けそうな気がするが、その類の本を林則徐に関して書くのはかなり難しい。

では林則徐と「夷の利を食む者」の対蹠はいかなる点に存在したのであろうか。

Ⅱ

林則徐は寒門の出であった。寒門の出であることは時として始末の悪い上昇指向を招くが、林則徐にとっては社会の実態への習熟としてむしろプラスに働いたようである。また若い時から「公羊学」に興味をもち、「経世」に眼が開かれていた。林則徐にとって「経世」とは言っても、それは公羊学者によくみられる衒学的大言壮語ではなく、むしろ具体的問題の具体的解決を意味していた。これらの背景はかれに現実へのすぐれたバランス感覚を身につけさせていった。林則徐が北京で官界に入った頃、大旱抜・大飢饉が原因で天理教の蜂起が起るが、かれは直ちに原因として農民の窮乏を見てとり、京畿地方の水利問題に着目、実行可能な方案として水田開発を提唱している。天理教の蜂起はちなみに皇帝の膝元で起り、しかも宮城にまで進入して、朝廷を震撼させた事件で、これを契機に知識人の「経世」への関心は急速に昂っていった。

皇帝が嘉慶帝から道光帝に変り、道光帝に認められた林則徐は地方官僚として、それはかれの官僚生活を特色づけるものであるが、一定範囲の具体問題を解決しうる権限を手に入れた。もう青年とは言えない三十代も半ばを過ぎた頃、かれは省の下位単位である道ないし一省の個別問題を扱う地位に就くようになり、解決が俟たれる重要課題につぎつぎとコミットしていった。漕運、塩政、治河、これらは相互に関連しつつ、清朝体制の農業生産、財政、金融などにかかわる政治の基本課題であったが、林則徐はこれらの問題を処理する上でその才能を示し、かなりの成果をあげていった。皇帝から認められただけではない。一般の民衆からも「林青天」という評価をかちえている。地位も確実にあがり江蘇巡撫という重要な地位に就いている。

林則徐の地位の上昇とは反比例して、社会は下降線を辿り、疲弊を呈していった。病弊は林則徐の眼から見たとき問題に対し有効手段を採ることを出来なくしている無能力であり、無能力をもたらす無責任であり、要するに社会に蔓延する腐敗であった。この疲弊を招いたものは「利禄の徒」である、とかれは断じた（「陳恭甫の前輩に答う」「雲左山房詩鈔」所収）。この「利禄の徒」がアヘン問題をめぐり「夷の利を食む者」として登場するのはいうまでもない。

この期間を通じ、林則徐は個別問題の有力かつ有能な解決者として現れた。かれの地位、権限の変化にともない、様々な問題にコミットするが、個別問題は決してそれぞれ別個のバラバラなものでなく、相互に連関しつつ、しかも解決の方法をめぐって対立をおこす社会的背景をもつことを林則徐は認識することとなる。社会の一連の病態に一定の連関性があること、そして病気を進行させる力が社会に存在することをはっきり知ったのである。林則徐を医者に譬えるならば、かれは主治医の下で働く対症療法に秀でた○○科の医師であり、××科の医師であった。その有能さがかわれて病態そのものを具申することの出来る地位――両江総督に抜擢されたのは、中国の主要病態たるアヘン中毒症候群が朝廷で論議されはじめようとしていた時期であった。かれが両江総督に赴任した一八三六年には許乃済の上奏があり、アヘンの弛禁か厳禁かの論争がはじまるのである。

それはまさにアヘン中毒症候群と呼ばるべき社会の病態であった。アヘン流入、銀の流出、銀価の高騰、国庫の減少、農民の窮乏化。だが皮肉は朝廷、つまり治療を施すべき主治医者自身アヘン中毒を患っていた点である。かれらにはアヘンがもたらす結果が何であるか、それを全体的に判断し治療する能力も勇気もなかった。そして皮肉にもその朝廷に全権を授けられた医師林則徐がアヘン中毒治癒のためアヘン根絶にのりだすや、禁断症状をまず訴えたのはほかならぬ朝廷であった。

林則徐は両江総督から湖広総督へ、そしてアヘン問題処理の全権をもつ欽差大臣に任ぜられるが、朝廷の認識とはあるずれがあった。朝廷にとってそれは重大な症状ではあれ一つの症状であったのにたいし、林則徐にとっては社会の病態そのものである。対症療法のみでは解決しえないのであって、起死回生の大手術が必要であった。そしてその手術においてかれはほぼ三つの方法をとった。第一に官――国家運営系統の合理化、第二に民の潜在力の発掘、第三に対外認識がそれである。禁制品であるアヘンを杜絶する、それとともにアヘンを必要とする市場を撲滅する――これが林則徐のとった第一手段であるが、この手段はアヘンを商品として市場を開拓しようとするイギリスと全面的対決を招く。それは軍事的対決にまで発展するであろう。だとすれば抵抗の基盤として民衆を組織するとともに、対外認識を深め、圧倒的に劣っている武器を優秀な武器にかえていかなければならない。以上のような方策を林則徐はとった。もしこのような方策が貫徹されたならば、イギリスは、そして資本主義ははかり知れない抵抗に出会ったことであろう。

だが、林則徐には致命的弱点があった。それはかれの権限すなわちメスが朝廷にのみ根拠をもつものであった点である。だがそれ自身アヘン中毒になっている朝廷は林則徐に思う存分メスを揮わせるはずがなかった。事実、朝廷はイギリスに恫嚇を加えられ、メスを取り上げている。すぐれた医師もメスがなければなにも出来ない。しかも途中でメスを取り上げられたならば、治癒の跡そのものが傷となって残り、医師はその責任まで負わされるのである。林則徐はそれ以後、新疆、陝西、甘粛、雲南で、つまり地方診療所の医師としてはたらくことになった。

林則徐は対症療法にすぐれた医師であった。そしてその技術はアヘン症候群といった全面的病態に対する治療にも有効であった。もっとも患者がその治療の苦痛に耐えかねてメスを取り上げてしまったのではあるが。だがかれは人間の体とは何か、人間とは何か、といった哲学的問いを発するような医師ではなかった。中国の社会全体に関するヴィジョンは林則徐にはなかった。むしろかれは全体的ヴィジョンに禁欲的であったふしすら見える。これは林則徐が所謂思想家ではなかったことを示している。かれは方法の有効性を追求する実行家であって、目的の整合性を追求する思想家ではなかったのである。

Ⅲ

林則徐が問題を解決する際、そこに一定のパターンをもつ方法があった。それに対し、「夷の利を食む者」、より大きく考えて「利禄の徒」には殆んど無原則かつ無節操な行動しか見られない。かれらの言論の内容および行動の様式は、論理に支えられたものでなく、情況によって使い分けられるものであった。それはかれらの目的たる「利」の死守が然らしむるものであった。しかも、この目的性は中国の伝統社会にあっては手段を正当化するものでなかったため、美辞麗句によって粉飾されたり、ある「権威」により、しかも暗々裡に利を提供することによって正当化される必要があった。そして美辞麗句も「権威」もかれらを守ってくれない場合、かれらは闇から毒矢を放つ他はない。

「利」を追求し、「利」を営むことは、それ自体人の生存そのものに係ることであって批難さるべきものではない。むしろこの事実を道徳的説教によって粉飾する方が批判に値いする。林則徐自身、「利」そのものを否定するような言動をとっていない。むしろ「民」の正当な「利」、それはまた最低の生存権でもあったが、それを保障するため自己の「権」を合理的に運用している。それぱかりか、かれは「夷の利」――正当な合法的貿易活動を保障することを主張しているのである。林則徐は、では何故「利禄の徒」「夷の利を食む者」ときびしく対立するのか。それはかれらの「利」を追求し、「利」を営む仕方にあったと思われる。以下「利禄の徒」の行動様式に関する仮定的推測をいくつか述べたい。かれらの言動は情況によって決定され、そこに一定の原則は見られないし、又歴史は言動の迹を誌すものである。仮定的推測とならざるを得ない所以である。

「利」は当然のことながら生産によって生まれ、交換を通じ分配される。生産によって生まれる「利」については、それが社会の生存の根幹である以上、多少侮蔑的眼で視る者もいるにせよ、何人も否定できない。対立は「利」の分配の様式によって生まれる。林則徐は何が正当な分配の様式かを語ることはなかった。ただ「民」の「利」を根本から破壊するような分配の様式には異を唱えつづけた。アヘン交易に象徴されるような分配の様式はまさにそれであった。アヘンの交易が「民の利」を脅すばかりではなく、朝廷の「利」をも脅すものであったことは、さきにみたごとく、農民の疲弊と国庫の減少として現れている。

林則徐の忌み嫌った「利」の分配の様式は、「利」と「権」の癒着にあったと思われる。「権」とは権限であると同時に権力・権威のニュアンスを色濃くもつ。林則徐が欽差大臣としてアヘン問題処理のため北京から広州へ向う際、各宿舎に通知――所謂「伝牌」を出しているが、その内容は林則徐の「権」と「利」の処し方をよく示している。「本官には……馬丁一名、人夫六名、厨房下男三名の随行がいるのみで、前站（露払い）後站（後事始末係）は居ない。もしその名をかたって饗応を強いるものがあればただちに追究する。……あらゆる宿舎では日常の食事を用意すること。酒宴を開く必要はないし、ましてや山海の珍味を出して無用の出費をしてはならない」。林則徐がわざわざこのような伝牌を出したのは、通常、伝牌が無償の饗応を強いるものであったこと、しかも「権」をもつものの当然の行為と考えられていたことの証明である。そして「権」を持つものの威を借りて、「利」にあずかる有象無象の徒があった。この逸話はいかにも些事であるが、中国の伝統社会における「権」と「利」の構造そのものを示している。

「権」は理念的に言えば、古典の教養とそれにもとづく道徳、および「権」の運用能力に比例すべきものであった。タテマエとして「官」はこのように秩序立てられていたが、「官」はその「権」から最大限の「利」を引き出すことは言うまでもない。「権」は「利」を生む。そしてその「利」はより大きな「権」を手中に収めるため「権」に投資され、それがより大きな「利」を生む。この「権」と「利」の悪性膨張は果てることを知らない。そして「権」と「利」のまわりには、その大きさに比例した規模の人間集団が形成される。その集団は「権」と「利」を鞏固にする保証でもあった。この集団はその性質からして、血縁地縁によって結ばれやすいが、その他、師弟関係、――それは「官」の派閥そのものにもつながるものであるが、――その他擬似兄弟関係なども動員される。この集団をここでは「帮」と呼んでおこう。林則徐は「権」と「利」の回路に形成されるこの「帮」を「利禄の徒」と名づけたのであった。かれら「官」の「権」を通じて「利」を吸収する方法は「民」の「利」の収奪に他ならなかった。

林則徐はこのような「権」をテコに「利」を吸収する方法に甚しい嫌悪を感じていた。それは「廉吏」を自称する（「彭魯青大令の冶山餞別図に題す」「雲左山房詩鈔」所収）かれにとって腐敗であり、無節操であったばかりでない。「権」の運用そのものの存在理由を奪ってしまう無責任であった。かれにとって「官」の「権」の運用は「民」の「利」の保証であった。これは非常に古典的な信念であったが、古典的であるが故にその信念は揺ぐことはなかった。「官」の「権」は「民」の「利」において根拠を得、「民」の「利」は「官」の「権」を可能ならしむる、と考える林則徐にとって「利禄の徒」の「権」による「民」の「利」の収奪が言語道断であったばかりではない。「民」が「利」を掲げて「権」に干渉を加えるならば、それは「悪（にく）むべき」行動であったのである。「爾らの飢寒、もと憐む可きに属す。ただ一たび法を犯せば、すなわち憐む可からずして悪（にく）むべし」と農民に説いたように。（「貧民の荒に借りて擾を滋するを禁止する告示」「林則徐集・公牘」所収）「利禄の徒」は情況によって言論の内容と行動の様式を使いわけるという無原則を示したが、それと平行してかれらを結びつける原理である「帮」もはなはだ無原則であり、情況に応じて千変万化する。中国の伝統社会は社会学的に見るならば、「帮」という見えざる糸が縦横に錯綜する布に譬えることができる。そして「利禄の徒」は一定の「権」と一定の「利」が交差したとき、一定の「帮」という糸をたぐりよせるのである。

林則徐は決して人間関係を絶ち切った孤高の人ではなかった。血縁・地縁、師弟、朋友そのような絆をもち、それを大切にしてきた。だが、かれは「官」としての「権」をこれに結びつけ、「利」をこの関係を通じバラまくことには禁欲的であった。否、無関心ですらあった。血縁・地縁、師弟・朋友はその情誼を尽すことによって、よりよき関係たりうるという態度であった。林則徐の主たる関心は、「民」の「利」を保証する「権」がいかにして「権」として機能しうるかという点にあったのである。

「利禄の徒」のよってたつ基盤である「帮」は林則徐とは対蹠的である。「帮」と呼ばれるからには、そこには紐帯が存在する。だがその紐帯は、無原則性によって成りたつものであり、猜疑なくして存在しえないものである。一つの推測であるが、「夷の利を食む者」が潮州のコックを買収して林則徐を毒殺したというのは、きわめてありそうな推定であるが、より正確に言えば、「夷の利を食む者」が潮州のある有力者に暗示し、かれがその意をくみとり、コックに毒殺させ、その後「夷の利を食む者」が暗々裡に大金をバラまいたというのが実態に近いのではあるまいか。少くとも「帮」の論理では、明白な買収はなかなか考えにくいのである。何故なら明白な買収では、根拠を示すのでなければ、完全な信頼関係を前提とした金銭の授受なくして考えられないからである。根拠の提示、すなわち原則性と信頼性ほど「帮」と無縁なものはないのである。

林則徐の死が潮州という広東省で発したことは偶然とは言え甚だ象徴的である。何故ならこの時期において広東ほど「利」がうずまいている所はなかったし、また伝統的に広東は人間関係の最も複雑な所であって「帮」が猖獗していたからである。

Ⅳ

「利禄の徒」は「権」と「利」の癒着および「帮」という紐帯によって、あらゆる無原則、無節操、無責任を示しつつ歴史に存立の基盤を求めてきた。それに対し、林則徐は「権」と「利」の癒着を断ち切り、「民」の「利」を保証すべく、「官」の「権」の合理的運用を追求しつづけた。林則徐は、「民」がその「利」を根拠に「官」の「権」にまで干渉しようとするとき、つまり農民戦争が発生したとき、その敵対者とならざるをえない。又かれの「権」を根拠づけるものが皇帝にあったため、かれの「権」の運用が皇帝と衝突するとき、皇帝の寵を失い、「権」そのものを失う。この事実は林則徐がいかにすぐれた人物と評価されようとも、かれが伝統的世界の住民であったことを示している。

だが林則徐が「権」の運用で示した責任倫理と合理性なくして、近代社会は可能であろうか。その後の中国の近代史を見るならば、答えは明白である。

「民」がその「利」の自律的世界を目ざし、その世界を手中に収めたとき、かれらは往々にして「権」の運用をあやまり、「権」と「利」の癒着する回路にひきもどされる。太平天国にその一端を見ることは難しくない。「民」が自律的「利」の世界を形成することは近代社会の前提ではあるが、そのすべてではない。所謂「下」からの革命は林則徐が示した方法をもたなかったため躓くことになったのである。では「上」からの革命は可能であろうか。それは「権」と「利」の癒着を断ち切り、「権」を合理的に運用するとともに、近代的ヴィジョンを持ったとき、はじめて可能となるであろう。その後の洋務運動や、維新運動をみるとき、このように感ぜられてならない。

林則徐は全体的ヴィジョンには禁欲的であった。否、禁欲的たらざるを得なかった。かれの主要関心事たる「民」の「利」を保証する「権」は伝統的世界に根拠をもつものであって、かれがそれに対置されるヴィジョンをもったとしても、それを表明したならば「権」はかれの手中にとどまることはあり得なかったからである。この点林則徐は近代の開拓者では決してなかった。だがかれを近代の阻害者であったと言うことはできない。

近代を阻むものはむしろ「利禄の徒」であった。しかもかれらは近代的ヴィジョンに投資することすら吝かではないのである。その後の歴史は近代的ヴィジョンを掲げた「利禄の徒」が如何に近代を阻んできたかを示している。

「権」と「利」の癒着を切断し、「民」の「利」を保障しようとした林則徐の軌跡の延長に近代的世界を描くことは出来ない。だが、林則徐が示した軌跡を無視するならば、近代的世界を語ることはできない。この点中国の近代史の第一頁に林則徐の名が誌されたことは、かれがアヘン戦争で示した愛国的名誉とともに記録さるべきであろう。

林則徐の像

『老百姓の世界—中国民衆史ノート』第一号（一九八三年四月）　中国民衆史研究会編・研文出版発売

第三部

章太炎における学術と革命

――「哀」から「寂寞」まで――

一　ある革命家の肖像

いったい主義というものは、天から降ってくるものでなければ、地から湧いてくるものでもない。学説を拾い集めてできるものでなければ、観念瞑想によってできるものでもないのだ。現に事態が発生したとき、それに対処するもの――そこにこそ主義があるのである（1）。

革命家章太炎にとって、革命は、そして革命の思想はただ歴史の現実にのみ根拠をもつものであった。革命は学説の帰結として、又観想の場にあるものではなくて、現実に向って屹立するもの、その中にのみあったのである。その現実はたしかに暗黒であった。まず太炎が擁護してやまなかった中国の歴史は満洲の支配下にあって辱められていた。それ故、太炎はこの異民族支配――清朝の打倒の中に革命を見いだし、排満革命の驍将となった。「太炎先生は文章でもって排満運動をやった驍将として著名である」と魯迅がいうように(2)。だが、そこにはもう一つの現実があった。帝国主義が、中国を奴隷としている清朝を更に奴隷とすることによって、中国を陪隷——二重の奴隷としていた現実である(3)。

太炎の直面していた現実とはこのようなものであった。そこには中国における近代のジレンマがある。ロベスピエールがローマ共和国の名においてブルジョワ革命を指向したように、太炎もまた中国の歴史の名においてブルジョワ革命を指向した。だがそこに立ちはだかったのは清朝の異民族支配という名の封建制の支配だけではなかった。清朝は中国封建社会が危機に陥った十七世紀に封建礼教をあくまで維持しようとした地主階級の武力装置として出現した支配体制であったが、太炎の時代にはすでに慣性に支えられた支配集団にすぎなかった。そしてその間隙を縫って中国の死命を制したのは帝国主義であった。つまり太炎の前にはブルジョワ革命のもたらした近代資本主義が帝国主義をもって立ちはだかっていたのである。太炎をも含めて中国のブルジョワ革命家は、それ故何らかの意味でブルジョワ革命をすら跳び越えざるを得なかった。孫文を語りつつ、レーニンはこのジレンマを見事に描いている。

中国の民主主義者がヨーロッパにおける社会主義に心から同情しながらそれを反動的な理論につくりかえ、資本主義の「予防」というこの反動的理論にもとづいて純粋に資本主義的な、最大限に資本主義的な土地綱領を実行しているところに、中国の社会関係の弁証法があるのだ(4)。

と。中国の革命家にとって資本主義とは、師であると同時に敵でもあったのだ。

帝国主義の侵略は、西方から学ぼうとする中国人の迷夢をうちやぶった。不思議なことだ。なぜ先生はいつも生徒を侵略するのか。中国人は西方からたくさんのものを学んだが、通用せず、理想はいつも実現できなかった（5）。

というのは毛沢東である。

太炎にとってこの現実こそ革命の起点であり終点であった。太炎の目指した革命はブルジョワ革命であった。だが現実はブルジョワ革命がもたらした近代社会を否定せずには、革命は一歩も前進しないことを示していた。つまり未来に希望を絶たれていたのである。たとえ現実がいかに暗黒であろうとも、もし未来の光明が保証されているのなら、革命家は夢みることができるであろう。だが、唯一未来の光明と考えうる近代資本主義は帝国主義として現在の暗黒を鞏固にし、永久化するのみであった。それ故現在の暗黒に目をそむけ、未来の光明を描いて見せる「革命」は投機と何ら違わないと、太炎は考えた。革命は現実の暗黒に根拠をもつものであって、未来の光明に根拠をもつものではなかったのだ。

しかし暗黒であるからこそ、救われる道がないからこそ、革命が必要ではないのか。もし前途に必ず光明や救いの路という保証書がはりつけられていて、それだからこそ勇ましく革命をやるというのであれば、それは革命家でないどころか、まったく投機家にもおとる（6）。

これは魯迅のことばである。そしてそのままその師太炎のことばでもあろう。

太炎はまた文明の名によって侵略を正当化する近代文明の中に帝国主義の侵略のみをみた。

然る後、文明いよいよ進めば、その人道を蹂践することも亦いよいよ甚しきを知る（7）。

この現実のとらえかたは、歴史家太炎をして進化論という名の進歩信仰をすてさせた。歴史の現実においては相対的進歩は相対的退歩をもたらすものである、と太炎は考えるようになった。太炎はこの歴史の現実を端的に「俱分進化」と名付けた(8)。およそ進歩の信仰に支えられたブルジョワ歴史家は、過去に向うとき進行する均質で空虚な時間を大量の事実で充たし、現在の由来を論証する。そして現在を、現在に立っている自己を正当化するのだ。彼らが未来へ向うとき、未来の光明によって現在の影を消し去る。そして未来の一段階である現在と、未来を指向する自己とを正当化するのだ。太炎はこのことに非常に敏感であった。彼には進行する自然過程の一段階として革命を正当化し、更に革命の主体としての自己を無条件に肯定することはできなかった。

太炎はたしかにブルジョワ革命を指向した。だが、彼にあっては、ブルジョワ革命とは、中国の歴史的堆積と訣別し、中国社会に西ヨーロッパの近代文明を接木する問題であったのではなくて、中国の歴史的堆積そのものが要請するものであった。太炎は中国の歴史が民族の主体性をとりもどす、つまり歴史を奪取するためには、自己の封建的体質を克服しなければならないと考えたのである(9)。それ故、太炎においては、歴史の探求は革命に帰結し、革命は歴史の探求の深化を促す。太炎は民族の主体性としての歴史によってブルジョワ革命を目指していたのだ。

だが、帝国主義の侵略という現実は、太炎の目指す革命が直線的に成就しえないことを告げていた。ここに太炎の苦渋にみちた革命がはじまる。その過程で太炎は唯識の論理を発見し、自己の築きあげてきた革命の論理――民族の主体性としての歴史を唯識の論理の中に相対化することに成功した。だがこれは太炎の革命の敗北でもあった。太炎は革命を唯識の論理、無の世界の中に相対化し、無を実現する一階梯に論理づけてしまったのである。この結晶のように整然とした論理体系には新たな歴史の胎動を受入れる余地はもはやなくなっていた。この結晶のような論理構造を作りあげた太炎は、それ故一切に勝利した。そして一切に敗北したのだ。そして始末のわるいことに彼はその革命に敗北があり、裏切りがありうること、この可能性を自己の思想から追放してしまったのである。太炎は自己の革命に勝利したとき、革命の弁証法を追放してしまったのだ。

魯迅が思想形成を始めたのは、辛亥革命、そして太炎の革命のさなかであった。魯迅は後年たびたび辛亥革命と太炎を思いおこす。

中国は民国元年の革命以来、いわゆる文芸家は、萎縮する者もなく、また傷つく者もなかった。もちろん消滅もないし、また苦痛と愉悦の歌もなかった。これはつまり山もくずれ地もひっくりかえるような新しい大波がおしよせなかったからである。つまり革命がなかったからである(10)。

魯迅は辛亥革命に革命の非在を見てとったのである。そしてこの革命の非在感を「寂寞《せきばく》」と名づけた。太炎は嘗て「哀」を語ったことがあった。太炎は歴史の非在感を「哀」に托し、「哀」をバネに播種《はしゅ》――革命の種となり、歴史の奪取に自己をかけようとしていたのだ。

かの播種なるものは、その至哀をもってす。内恕孔悲はこれを孫子に施す(11)。

その革命家はまた胸に匕首をいだいて死地に赴くテロリストでもあった。

貴いのはひそかに匕首をいだき身を挺して暗殺するもの、およびその身が困難に出くわし、百たび挫折してもくじけぬもの。これこそ個人の行為であり、他人には代行できない(12)。

ここで太炎は鄒容のことを思いうかべているのだろう。太炎の思想に共鳴し、その思想ゆえ獄死しなければならなかった若き鄒容に太炎は自己を投影せずにはおれなかった。それはまた革命と自己の同一視でもあった。歴史の奪取が革命であるなら、国学大師太炎は同時に革命家太炎でもあった。この革命と自己の同一視は無の世界に飛翔したときも、すこしも変ることはなかった。革命後太炎は、わが手で作り出した中華民国としばしば語ったという(13)。たしかに中華民国という称号は太炎の発案によるが、そのとき中華民国はすでに革命を意味してはいなかったのである(14)。つまり「哀」はもはや革命のバネではなかったのだ。

魯迅は辛亥革命の中に革命の非在をみてとった。それはまた文学者魯迅自身にとっても革命の非在であったのである。

わたくしは文芸に天地を動かすような力があるとは信じません(15)。

と語る魯迅には、革命と自己とを同一視することはできなかった。魯迅も匕首をいだく復讎《しゅう》者を語ったことがある。

おまえはまだ知らぬか。おれがどんなに仇討ちの名人であるかを。おまえの仇はおれの仇だ。それはまたこのおれ自身なのだ。おれの魂には、それほど多くの傷がある。人が加えた傷と、自分が加えた傷とが。おれはすでにおれ自身を憎んでいるのだ(16)。

太炎のテロリストは革命者であった。が、魯迅のテロリストは、革命者である以前に被革命者たることを自覚しているのだ。太炎は革命と自己を同一視し、革命的国学者太炎を無の世界に位置づけ、革命と国学の形容矛盾を深化させることはできなかった。魯迅は、革命の非在感——寂寞をいだきつづけ、文学者魯迅と革命者魯迅とを同一視することはなかった。そして太炎は革命の弁証法を失い、現実に壁をつくるのみであった。だが魯迅は決して歴史の現実を見失うことはなかった。これこそ魯迅がプロレタリアートを自己の思想のうちに見いだしえた内的契機である。

太炎も魯迅もブルジョワ革命家として出発した。そしてそのブルジョワ革命家が担わされた歴史的課題とは反帝反封建であった。それを「近代」ということばに翻訳するならば、彼らは反封建すなわち近代を生かすと同時に反帝すなわち近代を殺さなければならなかった。つまり、彼らは自己の死がそのまま生である道を歩んでいたのである。そして太炎はこの矛盾を無の世界に昇華することで歩みを止め、魯迅はこの矛盾を「寂寞」をいだきつつ歩んだ。そして近代を実現することが、そのまま近代の止揚である存在――プロレタリアートが歴史の舞台に登場したとき、太炎は自分の作った壁をいっそう高くし、魯迅は自己の全存在をかけて受け入れた。「哀」は「寂寞」に転化しなければならなかったのである。

だが、魯迅の思想は太炎のえがいた軌跡の延長線上にあった。魯迅は晩年たしかに太炎が唯識の論理に出路を求めたことを批判した(17)。だが魯迅はそのような批判を通じて――それは同時に自己批判でもあったが、太炎を継承したのである。一九三六年六月、魯迅は三四十年来の四代にわたる知識人に関する長篇小説を書きたいと常々語っていたという。そしてその一代目にあてられたのは他ならぬ太炎であった(18)。魯迅は太炎が歴史に発しつづけた問いを最後まで身をもって問いつづけたのである。

私のいう革命とは、革命（という名称）ではなくて、光復（という実質）なのである。中国の民族を光復し、中国の州郡を光復し、中国の政権を光復することである[19]。

二　歴史の奪取

章太炎がこのように語り出すとき、革命とは歴史の主体による歴史の奪取を意味していた。被抑圧民族としての中国が清朝及び帝国主義の二重の抑圧を解放し、自己の歴史を奪取すること――これが光復であり革命のすべてであったのである。そして新たな地平は、この歴史の奪取においてのみ切り拓かれるであろう[20]。だが太炎のいう歴史は、抽象的な歴史概念ではなかった。それは言語、風俗との関連の下に探求された歴史であり、又それらを統括する歴史であった。それは又国粋とも呼ばれた[21]。太炎は歴史――国粋の探求をもって、思想形成を始め、中国における第一人者となった。そして歴史の探求は革命に帰結し、革命はその深化を促す。だが太炎はどのように歴史を探求したのか、又歴史の探求はいかにして革命に帰結し、革命のロゴスをささえたのか。このことを見る為には、ぼくたちは、太炎のいう「歴史」の歴史性を跡付けなければならない。ぼくたちは、それ故革命とはおよそ縁のなさそうな考証学、更に朱子学の濃霧の中にも分け入るであろう。

中国において、歴史とは一体どのように把握されてきたのだろうか。「中国の哲学は」とあるフランスの哲学者はいう。「小宇宙と大宇宙との厳密な符号を教え、一つ一つの物や一人一人の人間に対して、ストア的シニシズムに逃げ道を求めることさえなく、まさにそれら一つ一つにふさわしい位置や名称をとり決め、『礼』

(correction) を最も基本的な徳と規定した」と(22)。中国では礼がもっとも基本的であり、一切の事物、一切の人間は礼として歴史に現象していたのだ。もし「抽象継承法」的に礼を考察するならば、フランスの哲学者のいうように、礼は事実のモザイクであるとともに、事物の展開にみられるおのずからなる秩序、内具的真理を意味しうる(23)。だが歴史で果した「礼」の意味とは何だったのであろうか。孔子・孟子にとって、礼とは奴隷制の上部構造であり、董仲舒・朱熹にとっては、封建制の道徳体系ではなかったか。彼らにとって礼とは人類社会の展開にみられるおのずからなる秩序・内具的真理ではなく、天や理に規定付けられ、人間の実践を拘束し、扼殺する規範であった。礼はそれ故、キリスト教における神と同様、歴史に君臨する。

「支那には露西亜のキリストがいない。支那には神の代りに聖人の礼儀が君臨して居る」(24)。

そのように中国では歴史が礼の歴史であり、その礼が大上段にのしかかる普遍であったことは、プロレタリアートが歴史の舞台に発場した五四運動のスローガンが「人が人を喰う」礼教の批判であったことが何よりも如実に物語る。

歴代の支配的イデオローグたちは一体どのようにこの礼を基礎付けてきたのか。まず、封建制を支えるイデオロギーを体系化し、それを頂点にまで高めた朱熹ないし朱子学をみてみよう。

朱熹ないし理学者にとって礼に関するテーゼは「礼なるものは理なり」という礼記のことばであった。

「礼は即ち理なり」(25)。

理学のこのテーゼは、清朝の考証学者によって理を礼にとってかえたと批判される。だが章学誠が指摘するごとく、朱熹は又考証学の先駆でもあった(26)。礼と理の関係では慎重さをも示す。

己に克ちて礼に復る、というとき礼の字をそのまま理の字で訓ずることはできない。……礼を観察するならば、事物に規矩準縄が自然にそなわっていること、である。……この礼こそが、かの天理の節文として、人に準則あらしめるものである(27)。

つまり事が理として存在するとき、それが礼であるというのが、朱熹の立場であり、「礼なるものは理なり」の意味であった。だがその理とは王廷相をして「懸空独立の理」と言わしめ(28)、王船山をして「虚懸孤致の道」と言わしめた(29)抽象的普遍であった。朱熹が、事(小宇宙)と理(大宇宙)との厳密な符号を教え、礼を最大の徳と考えたことは事実である。だがその理とはそもそも「事」のおのずからなる秩序、その展開にみられる内具的真理ではなく、事の上に立ち、事を支配する先験的な理であった。

歴代の支配的イデオローグにとって、礼とはたしかにそのイデオロギーの核をなすものであった。だがそれは又現実の社会関係・階級関係においてのみ機能しえたことは言をまたない。礼はいったい如何なる階級的・社会的脈絡において機能しえたのか。それについて以下の二点を指摘できる。すなわち、㈠、家族。㈡、文字。

㈠家族精神としての礼

「この国体の精神は」とヘーゲルはその著「歴史哲学」でいう。「普遍的な原理から生ずる。普遍的な原理とはすなわち実体的精神と個体的なものとの直接的統一である。しかし実はこの人口の稠密な国土に行き亘っているところの家族精神に他ならない」と。中国の封建的支配は家族単位に分割された、それ自体家族をモデルとした支配の系列によって成立していた。その家族とは、父から子、夫から妻への一方的支配の関係であった。家族単位に分割された、農民から地主、地主から皇帝、という支配の系列もまた家族をモデルとしていた。家族内部の支配関係と同様、皇帝から地主、地主から農民への一方的支配関係であった。そしてこの支配関係こそ礼がフルに機能する場であったのだ。たしかに孫文のように、この家族および宗族を主体的にとらえかえし、民族主義へのステップに位置づけようとした革命家もいないではなかった(30)。だが、父権、夫権を破壊しない家族原理は如何なる革命原理にも転化しえぬのは明らかである。

(二)文字への物神崇拝

この支配系列は家族精神としての礼によって根拠づけられるだけではなかった。地主階級は「特定の個人、ないし集団……が、真理とその他の成員との間に介在し、この仲介を通じてのみその他の成員は真理とかかわりうる」(31)ことを信じて疑わなかった。父・夫は、そしてつまり支配者は、父・夫、そして支配者たるが故にその支配が正当化されたばかりでなく、彼らが「真理」を握っていたからこそ、その支配は正当化されたのである。その「真理」とは孔孟の教えに他ならない。「天、仲尼を生まざれば、万古長夜の如し」(32)。これは、真理わが手にありと称する道学者の心理を余すところなく示している。そしてその「真理」は一般的に存在するのではなく、「文字」にのみ存在したのである。

学を為すの道、窮理に先ずるものなし、窮理の要、必ず読書に在り、天下の理を窮めんと欲して、経訓史冊に即いてこれを求めざれば、則ち是れ正しく墻に面して立つのみ。これ究理は必ず読書に在る所以なり(33)。

「文字」は封建社会においては物質的に読書人すなわち地主階級のみとともにありえた。つまり「真理」は読書人のみにありえたのである。この文字においてのみ「真理」が存在するという文字への物神崇拝は、支配の系列において、科挙を通じて官僚制を形づくる。

家族単位に分散され、家族原理を基礎とする支配の系列、および文字の独占、つまり「真理」の独占による官僚制という権力機構、これこそ朱子学の礼の実質であった。それは又、中国封建制の完成された姿でもある。そしてこの礼を理として規定し、正当化することが、朱子学者の責務であった。彼らにとって歴史とはこの礼の時間的継起であった。そこでは歴史の主体は「真理」をにぎる読書人であり、歴史の原動力である人民は、歴史の付属品か、礼ないし「文化」を破壊する反逆者にすぎなかったのである。

この理としての礼の世界からどのようにして脱出するか、その全過程こそ国学者太炎の思想に流れこみ、革命に帰結するのである。それは、礼の世界を支える封建的土地所有が動揺し、資本主義が萌芽することによって始まる。時代的には明末をもってはじまる。それ以後、李卓吾らの左派王学、王船山・方以智の気の学、顧炎武にはじまり、戴震で頂点をむかえる考証学、黄宗羲・全祖望・章学誠と継承された浙東史学、顔元、李恭の顔李学派、そして公羊学を理論的武器としたブルジョワ改革派まで、程度の差はあれ、理としての礼、又は理そのものに批判を加えた。そこには、根底からの批判となったものもあれば、却って単なる朱子学の補完物となったものもある。このうち太炎の学術の構成は考証学と、考証学を批判した章学誠に負うところが多い。

考証学は、いうまでもなく十七世紀——いわゆる明清の際に始まる。十七世紀中国は社会的、政治的にも、又思想的にも大変動を経験した。ある思想家は自己の生きたこの世紀を「天崩地解」と形容したが(34)、その変動の核となったのが、資本主義の萌芽という、この「天崩地解」を生きぬいた思想家たちが把握すべくもなかった事態であった。この時代に思想したものたちの課題は、「理学の終焉」(35)——すなわち後期封建社会に君臨してきた朱子学の「理」——戴震をして「人法に死せばなおこれを憐れむ者あらん。理に死せば誰かこれを憐まん」(36)と言わしめた「理」を思想的にいかに超剋するか、であった。この意味で彼らは侯外廬のいうように早期啓蒙思想家である(37)。又彼らは李自成・張献忠の農民戦争、及び東南各省における民変——市民の蜂起による革命的情勢に対する反革命、すなわち満洲の侵略に抵抗するレジスタンスの思想家でもあった。そしてレジスタンスの思想は、中国の封建体制の思想的核である「理」の批判と新たな原理を要求する。明末四大儒とのちに呼ばれるようになった顧炎武、黄宗羲、王船山、顔元は、その根元的《ラディカル》な批判者であった。彼らは朱子学の理に、気、経、史、事を対置する。

一、王船山と方以智は理に対して気を、

二、顧炎武は理学に対して経学を、

三、黄宗羲とそのスクールたる浙東学派は理に対して史を、

四、顔元とそのスクールは理に対して事としての礼を、

それぞれ対置する。このうち清代を通じて生きのこったのは、清朝の官製イデオロギーである朱子学の補完物となりえた考証学であった。

レジスタンスの思想家にとって、後に考証学のスローガンとなった「実事求是」は破砕された事実の探求を意味しなかったことは事実である。朱子学において観念的に理に収束されていた「事」の第一義性を認めること、つまり世界は何よりもまず「事」としてあることを認めることは、彼らの新たな世界観と民族の主体性に

おいて統一を保っていた。例えば、顧炎武にとって経学とは文字通り経世致用の学であったのである。と同時に、王船山を除き、朱子学の地平を止揚しえたものがいなかったのも事実である。彼らには時が要請する新たな世界を把握し、それを朱子学の世界に対置することは遂にできなかった。レジスタンスに生きていたとき、彼らの「事」は民族の主体性として統一性をたもっていた。だが、一たびその情況が去るや「事」は破砕された事実の破片として、朱熹の「理」を補完したにすぎないのである。ここに専門考証学が成立する。考証学はレジスタンスの思想家の諸テーゼを、それを支えていた実践性を無視した上で、殆んど吸収する。そして考証学は、レジスタンスの思想家の経世致用の学としてではなく、経書の文字詮索学として機能することになる。それは清朝を通じて厖大な研究を堆積するにとどまった。だが事としての礼を記述しつづけた考証学は、それ自身重大な矛盾を孕んでいた。それは理としての礼を補完するとともに、一つの物質性に到達することである。つまり、理の構造としての世界を、事を媒介にして、歴史として把握する指向である。考証学の孕むこの矛盾は、遂には世界を歴史としてみる思想家を生む。そしてこの思想家は考証学を朱子学に戻ることなく批判する地平に到達するであろう。この人こそ考証学が頂点に達した乾隆、嘉慶時代を生き、太炎の学術に枠組を与えた章学誠である。

章学誠のうちだした「六経皆史」説は考証学を朱子学に戻ることなく批判しうる地平に到達するものであった。章学誠以前にも経を史としてとらえるテーゼをうち出した思想家はかなりいた。王通、陳傅良、宋濂、王陽明、李卓吾と歴史に散見する(38)。だが明末清初以前では理論に高められた事はなかった。明末清初になると、「理学の終焉」の過程で、経と史の関係を根底から問いなおす思想家が続出する。そのうち章学誠に影響を与えたと思われるのは、焦竑の文献学(39)、費密の学術史の観点(40)、傅山の経学は王制であるとする観点(41)、邵念魯によってもたらされた顔李学派の主張(42)、章学誠が軽蔑してやまなかった袁枚の史学(43)などがある。だが章学誠自身語る如く、彼の学は主として黄宗羲、万斯大、万斯同、全祖望と継承された浙東学術に基く。

浙東の学、性命を言うに、必ず史を究む。これその卓たる所以なり(44)。

性命の理は経に記載されている。だがそれは事を記載する史としてのみありうる。これが浙東学派の立場であり、章学誠の立場であった。そしてこの立場によって六経皆史の説を展開する。その骨格は文史通義、「原道」にみられる。それは次のような構成をとる。

一、道を記載する経とは、事を記載する史であった。(「原道上」)

二、やがて経と史、道と事は不幸な分離をはじめるが、それは歴史の必然である。(「原道中」)

三、だとすれば、経と史との合一性はいかにして回復しうるか。又その条件とは何か。(「原道下」)

章学誠は問題をこのように設定した上で、真の史学とは何か、道とは何か、を論ずる。

章学誠は問う。「道」とは何か。それは事ないし、器に先行するカテゴリーではありえない。

道は器を離れず。猶お影の形を離れざるがごとし(45)。

道は事ないし器を通じて現象する。

道は器によって顕る(46)。

それ故道は事ないし器に即してのみ認識しうるのである。

器に即してもって道を明らかにす(47)。

章学誠にとって道は朱子学の如き先験的な理を意味しなかった。事物の堆積にみられるおのずからなる秩序、これが道であった。

このように章学誠は、朱子学の理に史を対置した。それはある意味で理に対し事を対置した考証学と共通する。だがかれは、理か事かの二者択一を迫る考証学とは違って、事の第一義性を認めつつ、朱熹の先験的な理を排し、新たな原理である道を定立することに意を用いた。つまり章学誠からみて、朱子学と同じ地平にある考証学の地平を止揚しようとしたのである。かれはその突破口を撰述――それも個性的な撰述の実践性に求めた。

本来「六経皆史」つまり経は史であった、と章学誠は説く。だがそれは不幸な分裂をくりかえす。ならばどのようにして六経皆史を実現しうるのか。それはまず「今」の観点に立たなければならない。なぜなら、史である経には古時のことは書いてあるが、「今」の事が書かれていない。だとすれば、「断ずるに今の宜しき所をもってし」ないわけにはいかない。それは又個としての歴史家の任務である。なぜなら「今」の観点は、歴史家の算術総和の平均値としてはありえない、「真の史学は個性的な人格から生まれる」のである(48)。

章学誠の語るこのような「史」――歴史の記録者は事と理、過去と未来を記録という実践において弁証法的に統一するものであったのだ。そしてこの「史」は龔自珍の「史氏」、太炎の「国学大師」となって革命まで語りだすであろう。ここに新たな歴史の胎動が始まったのである。

だが、考証学の方も、その内的矛盾を弥縫しえなくなっていた。考証学は、朱子学の理に事を対置したが、事の探究は、朱子学者たちが信じてうたがわなかった事実にも疑念を挟むようにならざるをえない。理を記述したものであるとされてきた経は実は偽経であった、等々、彼らの間では文献批判は急速に進んでいった。それとともに小学——言語の学も急速に進歩する。彼らの間で信じられていたのはもはや抽象的な理ではなかった。それは事としての礼であり、またそれを記述する言語であった。考証学の頂点に立つ戴震は言う、

賢人聖人の理義は、他に非ず、典章制度に存するもの、是なり、……理義、典章制度に存せざれば、必ず流れて異学の曲説に入り、自ら知らざらん(49)。

典章制度とは礼である。劉師培によれば戴震とその学術の精神をうけついだ揚州学派はとくに礼に留意したという。

徽州学派は揚州に伝播す、咸《みな》、礼学に精《くわ》し(50)。

戴震は更に言う。

経の至なるものは道なり、道を明らかにするものは詞なり、詞を成すものは字なり。字に由りて詞を通じ、詞に由りてその道を通ず(51)。

彼のいう道とは、決して朱子学の理のごとき先験的なカテゴリーではなかった。「道はその実体実事の名を指す」ものであり、人間に則していえば「人倫日用はみな道の実事」(52)となる。これを記述するものが言語、文字に他ならない。言語、文字は理から解放されたのである。

考証学が到達した「礼学」と「小学」は、のちに章太炎において風俗と文字として、民族の主体性としての歴史を構成する重要な要素となる。

太炎はこのような思想的背景をもっていた。考証学の達した地平を章学誠の理論によって統一すること、これが太炎の学術の根底をささえるものであったのである。太炎は自己の学術は何を継承したかを語ったことがある。すなわち、

(一)戴震——段玉裁・王念孫——兪樾・孫詒譲と継承された小学の伝統

(二)黄宗羲——万斯同——全祖望と継承され章学誠によって理論化された史学の伝統

(三)戴震に源を発し浙東史学と交流しつつ形成された黄式三・黄以周父子の礼学の伝統

がそれである(53)。小学、礼学を「史」において統一すること、これが、顧炎武以来の学術に総括を与えた太炎の結論であった。だが、この総括は学術の枠に収まるものではなかった。

およそ血気心知の類の中で、ただ人類だけが社会を形成しうる。社会の基本となるものは国家の樹立と民族の形成である。そしてその不可欠の要素とは言語、風俗、歴史である。三者のうちいずれの一つが欠けても国家・民族の萌は育たない(54)。

「学」とは太炎にとって、この民族の主体性を明らかにする実践であったのである。太炎にとって歴史の探求とは考証学によってなさるべき個々の事実、およびその内的連関を歴史的な客体として提示する以外に、自から歴史を生きる主体の場としてとらえ返さねばならぬことを要請するものであった。これが太炎の考証学から えた結論であったのである。歴史は清朝を通じて客体としてではなく、民族の主体としてとらえられるようになっていたのである。考証学は、その批判者たる章学誠をも含めて、朱子学の理としての世界を歴史としてみる結論に達した。その中で章学誠は「史」の実践性によって、人間の主体性の復権を宣言した。そして太炎に

とって、その実践性とは中国が自己の歴史を奪取する革命に他ならなかったのである。

民族の主体性としての歴史を自己の思想のうちに確立した太炎は、いったい、いかなる世界を目指していたのだろうか。それを外部から規定して、ブルジョワ的世界だ、というのはたやすい。だが太炎はいったいいかなる階級に立った革命家なのかを討論するとき、論者によって甚しい見解の相違を見るように(55)、安易にブルジョワ的世界と規定することはできない。中国封建制の思想体系である朱子学からの脱出過程で、太炎が立っている位置は明瞭である。だがそれをもって、ただちに太炎がブルジョワ的世界を目指していたのだ、と短絡させるのは危険である。又一九〇〇年義和団以後の中国の歴史は、封建制からの脱出、即ブルジョワ的世界の確立と直線的に結びつけうるような状況ではなかった。帝国主義の侵略は、ブルジョワ的世界に死を宣告しなければ、自己の生はありえないとするブルジョワ革命家を中国に生みだす。清朝という名の封建制を葬り、中国自身の歴史に基き、新たな中国を創立しようと目指した太炎は、この意味で、たしかにブルジョワ革命家であった。だが近代ブルジョワ社会の落し子である帝国主義が清朝という封建制を鞏固にしているという陪隷の意識を確立していた太炎にとって、ブルジョワ的世界の最先端を行く欧米列強、およびそれに追随する日本が帝国主義として中国を侵略している以上、これらはとりもなおさず、革命の対象——中国が自己の歴史を奪取するためにとりのぞかるべき対象であった。太炎の革命の原理——民族の主体性としての歴史は、この意味で両刃の刃であった。太炎の理論は、この意味で、辛亥革命を通じてある程度まで帝国主義に幻想を懐きつづけた孫文と較べて、思想的にはるかに優位に立つものであった。

民族の主体性としての歴史の探求——太炎の所謂国学は革命の原理であった。太炎は筆禍事件で獄中にとらわれていたとき次のように語ったことがある。

上天、国粋をもって余に附託せり。炳麟初めて生まれてより今に至るまで、ここに三十有六歳。鳳鳥至らず、河、図を出さず。余もまたその位《ところ》に安んずるに忍びず、素王素臣の迹をこれ践めり。あにただに抱残守闕のみならんや。またまさに民人と文物とをして所を得て、昌大光明ならしめんとするなり。志いまだ遂ぐるを得ざるに、仇国に縛せらる。惟うに金火あい革むるのこと、なお継ぐものあらん。その、国故民紀の余の手に絶え、支那の宏碩壮美の学の遂に統緒を斬たんとするに至っては、これすなわち余の罪なり(56)。

ここでは太炎が革命の原理――民族の主体性としての歴史の探求者であるばかりではなかった。歴史が太炎を通じて自己を主張し、自ら顕現するのである。革命は国学においてのみ根拠を得、国学は革命を目指すことによって発展しうるのであり、太炎はまさに革命と国学の接点に立っていたのである。革命的国学者太炎は何ら自己撞着していなかった。太炎が、変法派から保皇派に転身した康有為、梁啓超らの歴史意識――直線的歴史進化の立場に立ち、西ヨーロッパに範をとった、未来のブルジョワ的世界を描くことによって、それを目指す自己を正当化する思想は利録に他ならぬと看破しえたのも、まさにこの地平においてである。

だがマルクスも言うように、「思想が現実にむかってつきすすむだけでは充分ではない、現実が自分を思想におしつけなければならない」のだ(57)。太炎はその著を「訄《きゅう》書」と名付けたが、その「訄」とは「迫る」意味である。それは現実へ向って放たれた批判の刃であった。だが放たれたその批判の刃は、逆に現実の刃として革命者につきつけられるであろう。「訄書」はまた「迫られた書」でもあったのだ。革命の現実は革命者太炎と国学者太炎を分裂させざるをえない。太炎は国学者太炎自身にある危惧の念を懐くようになる。

私のような文人は、手に縛鶏の力もない。革命を実行しようとしても、それは甚だ困難である。文学の人を毒することは、アヘンと変るところはない。樸学を治めるのは大土煙を吸うのと同じであり、詩古文辞を治めるのは小土煙を吸うのと同じである。その中毒の程度には軽重があるけれども、毒たることは何ら変らないのである(58)。

太炎の直面したこの矛盾は、のちに文学と革命の問題をめぐって、魯迅の思想に現れることになるであろう。そして魯迅はこの矛盾をバネにプロレタリアを自己の思想の裡に発見するであろう。だが、太炎が発見したのは、唯識の論理であった。そして民族の主体性としての歴史を唯識の論理に相対化することになる。唯識の論理を発見した太炎を見るまえに、まずそれ以前の太炎の足跡をたどってみたい。

三　髪の話

章炳麟、字は枚叔、号は太炎。顧炎武を慕って絳と改名したこともあった（炎武の初名は絳）。号の太炎も顧炎武の炎をとったものである。浙江余杭の人。太炎は一九〇〇年辮髪を切り「解髪編」を著した。これは革命家太炎の出発を示している。太炎はそれ以前変法運動に参加する形で政治に関与していた。だがその学問は必ずしも政治活動——太炎のいわゆる革政の原理とはなっていなかった。つまり民族の主体性を明らかにする学問と、清朝支配下における一般的政治改革は抵触せざるを得なかったのである。それ故、清朝支配の象徴である辮髪をきり、革命を表明することは、これまで改革の下でくもりがちだった学術に対する目を再びかがやかすことにもなった。革命的国学者太炎はここに誕生したのである。

ここに至るまでの太炎の思想形成には様々なベクトルが働いていた。

太炎は幼少のときから、早くも清朝に反抗の念をいだいていたという。王船山、顧炎武の書籍を読みはじめたのが、九歳、「東華録」を読んで、戴名世・呂留良・曾静ら、文字の獄につながれた事跡を思いうかべ、復仇の念を深めたのが、十三歳である。だが成人した太炎が心身をそそぎこんだのは経学であった。中でも留意したのが、小学、礼学、春秋左伝学であった。父の濬が死んだのが二十三歳の時、つまり一八九〇年である。それ以後は、詁経精舎において兪樾に師事する。その間、純粋に考証学的な論文や「春秋左伝読」を著し、康有為らの公羊学には疑問をいだいたという。この間、一八九〇年から一八九六年まで、太炎は漠とした反清感情をもたしかにもっていたのであろうが、ひたすら考証学を自己のものとすることにつとめただけであった。一八九六年、太炎は新たな一歩をふみだし、政治生活に入ることになる。

周知のように一八七三年の世界恐慌から、資本主義は大不況期に入り、ほぼ二十年つづいた。この間パックス・ブリタニカは崩壊し、アメリカ、ドイツ、日本、ロシアの後発資本主義国が抬頭するとともに、資本主義は帝国主義化する。この世界的大不況期に列強の中国侵略は、清仏戦争をのぞけば、ただ深くしずかに浸透するだけであった。洋務派と清朝支配者が列強ともども中国人民を抑圧する太平天国革命以来の支配様式は安泰かにみえた。だが日清戦争の勃発と、清朝の惨敗は、中国に新たな状況をつくり出した、すなわち洋務運動の破綻と変法運動の抬頭、および帝国主義による瓜分の状況を。それは地方で考証学を学んでいた青年、太炎をもとらえる。太炎が変法運動の機関である強学会に入会したのが二十九歳のときである。彼は「会の趣旨が富国強兵に在ると考えて、会費十六元を納め、入会の申込みをした」(59)。ここから、変法の理論と対決しながら、変法の趣旨に奔走する生活が始まる。太炎はこれを「革政」と表現した(60)。ある学者がいうように「章氏は康有為たちの改良派が変法をすすめるのには賛意を表したが、その変法理論に対しては保留していた」(61)のである。変法派の理論である公羊学と太炎の学術はたしかに正反対のものであった。変法派が公羊学に依拠して、孟子を尊び、劉歆を否定し、黄宗羲をもち上げたのに対し、太炎は左伝学に依拠して、荀子を尊び、劉歆を慕い、康有為の弟子たちが、「明夷待訪録」をひきあいに出すと、王船山の「黄書」をもって対抗した。だがこの角逐は、康門の公羊学、太炎の左伝学という図式に収まるものでは決してなかった。「康門の諸大賢は、長素を教皇と仰ぎ、また南海の聖人と見なし、十年に及ばずして必ず符命あるべしとなし、その眼光は炯々として巌下の電の如くであります。これらの病狂じみた言葉など、一笑にすら値するものではありません」と譚献に書を送り(62)、康有為の変法理論の一つの柱である「新学偽経考」に「駁議数十条」を撰した太炎と変法派との間には、歴史認識に大きな溝があったのだ。太炎は後年、民報で康有為派の行動様式を剔抉する。

事を論ずるに、当に是非をもって準となし、新旧をもって準となすべからず(63)

是非とは歴史的正当性であり、新旧とは強きものは文明であり、弱きものは野蛮であるとする社会ダーウィニズムに短絡して行く直線的歴史進化論にささえられた概念である。是非を基準とするのか、新旧を基準とするのか、ここに両者の分岐があったのである。彼らはともにブルジョワ的秩序を目指し、そこに太炎が賛意を表わしたのは事実である。だがその内実は両者逆の方向に向いていた。太炎にとってブルジョワ社会の実現は中国の歴史の堆積が要請するものであったのに対し、康有為にとって、「新」であり従って「強」である西ヨーロッパ文明を中国に接木することが問題であったのである。

だが、変法運動を支持し、それに参加する太炎は、後に回顧するように「康梁と委蛇し、変法を言い」つづけた(64)。戊戌の政変後、太炎は変法派の一員として台湾、ついで日本に亡命する。変法派につき合ったのである。それは「解髪」までつづく。その間、太炎の思想の深化は、変法派とますます抵触するようになって行った。太炎は革命の原理としての歴史――民族の主体性としての歴史を築き上げていったのである。この間の思想は、哀をといた播種篇をふくむ「訄書」にみられる(65)。

太炎の思想が変法派の外衣をつきやぶるきっかけをつくったのは、義和団運動と唐才常らの自立軍起義とであった。太炎はこの二つの事件を通じて、清朝の本質と、変法派の実体をみてとった。帝国主義は清朝の死命を制することによって中国を支配下においているのであり、清朝を強化し、外圧に対抗しようとする変法は成り立ちえないのだ。それ故、自己の思想から、否、身体からも清朝を追放せねばならない。そして清朝は何よりもまず辮髪としてあったのである。このようにして太炎は解髪した。

辮髪を切った太炎は、従って革命家太炎は排満の立場と変法派批判とに自らをかけることになる。それは又、「康梁と委蛇」した過去の自己に対する糾弾でもあった。

これ以後、太炎の行動は文字通り歴史を動かす。だがその前に為さねばならぬことがあった。三十四歳の太炎が、その人生の殆んどをついやしてきた考証学をどうするかである。考証学は民族の主体性を明らかにする国粋の学――国学として解放しなくてはならぬ、と太炎は考えるようになっていた。それ故、単なる考証の学は止揚されなくてはならぬ。もはや兪樾とは訣別せざるをえない。学は学として自己完結しているのではなく、革命の原理——民族の主体性を明らかにするものとして、一切の領域に入り込まなくてはならないのだ。太炎は蘇州で兪樾と会った。兪樾はきびしく叱責した。その時、太炎は答える。

弟子、経を治むるをもって先生に侍す。今の経学、淵源は顧寧人にあり、顧公の此を為せしは、正に人をして国性を推尋し、漢虜の別を識らしめんと欲するのみ、豈に劉殷、崔浩をもって後世に期するならんや(66)。

と。そして太炎は「本師を謝し」た。本師とはいうまでもなく兪樾である。師と訣別した太炎は革命家としてまず自己批判から始めた。彼は「康党と委蛇せし」時の作である旧「訄書」を改訂する。その冒頭に「客帝匡謬」を置き、旧「訄書」の客帝の立場——満洲の皇帝は中国にとって客たるにせよ、中国の統一の象徴として認めようとする立場を否定し、満洲を駆逐しなければ、愛国心は発揚されないだろうし、かくて帝国主義の二重の奴隷——陪隷となることを確認する。

新「訄書」は、革命を学術において確認したものであった。この革命と学術の有機的統一をなしとげた太炎は、いまや変法派から保皇派に転身した康党と、名実ともに帝国主義列強のカイライとなった清朝への糾弾を開始する。

一九〇一年、梁啓超の「中国積弱遡源論」を批判した「正仇満論」を撰し、保皇派批判を開始した太炎は、蘇州で東呉大学に勤めるかたわら、中国教育会の計画に蔡元培、呉稚暉らとともに参加する。いずれも太炎と同様民族主義者であり、一つの革命機関となっていた。東呉大学での言動を官憲ににらまれたため、太炎は二度目の日本亡命をおこなう。一九〇二年早春のことであった。魯迅が日本に留学したのは同年の四月である。太炎は東京で、秦力山らと支那亡国二百四十二年紀念会を組織する。流産に終ったとはいえ、支那亡国紀念会の影響は大きかった。日本留学生の革命運動はこれを契機に急速に盛り上っていったのである。

一九〇三年には、革命派は思想的に攻勢に出るまでに成長していた。日本留学生の間に拒俄《ロシア》運動を契機として革命を宣伝する雑誌が雨後の筍の如く現れる。又上海でもそれに呼応して、革命の言論は日を追って高まっていった。そしてその頂点に立ったのが鄒容の「革命軍」と太炎の「康有為を駁して革命を論ずるの書」であった。太炎は鄒容の「革命軍」に序を書き、革命は光復に他ならぬことを再確認するとともに、一九〇二年康有為が書いた「南海先生最近政見書」を完膚なきまで批判した。ここで太炎と康有為の歴史認識の差は決定的となる。そして康有為の観点の中に利禄への指向をはっきりと見てとるのである。だが情況は、その思想の内実をめぐってではなく、その文に含まれる一句をめぐって急転回する。すなわち「載湉の小醜、菽麦を弁ぜず」という一句をめぐって。載湉とは光緒帝の幼名であり、この一句はまさに不敬罪ものであった。この一件で太炎は逮捕されて、三年の刑に処せられ、鄒容も二年の刑に処せられた。ただ、共同租界内部の出来事であり、直接清朝に裁かれることはなかった。これが太炎の一命をとりとめる結果になったのである。

獄中、太炎は活発な活動を続ける。光復会の組織、国粋学報の発刊等、間接的ながら参加した。だが、鄒容の獄死という波乱を含む獄中期間、太炎が心血を濺いだのは、何と、唯識の理論であった。太炎は「因明入正理論」「瑜伽師地論」「成唯識論」とくに「瑜伽師地論」の研究に没頭した。獄中における唯識の研究は、太炎の思想が頂点をむかえる民報期の思想に多大な影響をのこすことになった。

太炎が獄中にいたとき、革命運動は、とくに東京において大きな進展をみせていた。一九〇五年、革命派はかなり緩慢ながら大同団結をなしとげ、統一的な革命機関紙「民報」の発刊に成功する。革命は又新たな一歩を踏み出していたのである。満期出獄した太炎が、民報の主筆を任ずべく、三度東京に向けて上海埠頭に立ったのはまさにこのような時であった。

四　儒教アナーキズム

第一に、宗教によって信仰心を喚起し、国民の道徳心を増進せしむること、第二に、国粋によって民族性を激動し愛国の熱情を増進すること……(67)

中国同盟会の歓迎会で、太炎は革命家を前にしてこのように提起した。その日、一九〇六年七月十五日、会場の神田の錦輝館には二千人の聴衆があふれていた。太炎は演説する。「われわれ中国の宗教は、いったい何を採るべきか」それはキリスト教でも、孔教でもない。仏教である。仏教といっても浄土宗ではなくて、華厳と法相（唯識）でなくてはならない。一方国粋――歴史とは何か、それは言語文学、典章制度、人物事跡である。これが太炎出獄後の第一声であった。太炎の思想に新たな一ページがめくられたのである。即ち唯識のページが。そしてそのページにはアナーキズムとインドとの連帯が書き込まれるであろう。

その年の十二月二日、同じ神田の錦輝館で民報一周年祝賀大会が開かれる(68)。これは中国同盟会と民報の頂点をなすものであった。参会するもの五千人、黄興の司会の下に、まず太炎が立って祝辞をのべ、民報万歳、漢族万歳、中華民国万歳、と結んだ。そして孫文が立った。この演説は「三民主義と中国の前途」として知られているが、辛亥革命前の孫文の思想をもっともよく伝えているものである。次に、太炎が再度壇上に立って、民族革命のみならず平民革命の必要性を説き、会場には満場の拍手がおこったという。更に来賓の北一輝、宮崎滔天、平山周らの革命評論社のメンバーの演説などがあって閉幕した。

だがこの革命を誇示した大会にもかかわらず、中国同盟会はたちまちその脆弱性を示す。一九〇七年一月梁啓超が論争中止を申し入れると、太炎、宋教仁は応ずる意向を示したが、孫文、黄興は頑として拒否した。二月、国旗問題をめぐって孫文と黄興が論争した。そして三月、清朝の意向を入れた日本政府は孫文に国外退去を求め、五千円を渡した。孫文はそのうち二千円を民報社にのこし、ハノイに去った。太炎の目には、これは民報を売ったものとうつった。そして孫文の写真に「民報をうった孫文云々」と書きしるしたという。そして同盟会改組の提起すら出てくるありさまであった。このように同盟会はわずか二、三ヶ月のうちに危機に直面したのである。この一連の事件で孫文派は香港の「中国日報」に中心がうつったため、これ以後、民報は太炎とその同調者の独壇場となる。そしてここに太炎にも大きな波乱をおよぼすことになる一人の若い学者が現れた。劉師培である。これ以後、太炎の思想にも変化があらわれる。

劉師培、字は申叔、江蘇は揚州儀徴の人である。揚州はいわば清朝考証学のメッカとして、王念孫、王引之、汪中、焦循、阮元を輩出したところである。劉師培は一八八四年、劉文淇、劉毓崧、劉寿曾と受けつがれてきた左伝学をもって知られる学者の家に生まれた。一九〇三年、会試を受けた帰り、上海に立ちより、太炎および愛国学社のメンバーと会い、革命に賛意を示すようになった。その年何班（のちの何震）と結婚し、名を光漢と改めた劉師培は上海で「攘書」を著し、排満革命を鼓吹する(69)。一九〇五年、鄧実らと国粋学報を創刊する。これには太炎も獄中から参加するが、革命を学術によって説いたユニークな雑誌であった。劉師培はそのときわずか二十二歳の若さであった。彼は国粋学報の諸論文で名声を博し、世人をして世に二叔（枚叔すなわち太炎および申叔すなわち劉師培）ありと言わしめたと言う。この劉師培、何震夫妻が日本に亡命したのが、中国同盟会が一連の危機にみまわれていたさなかの一九〇七年二月のことであった。

太炎はそれ以前、「演説録」の趣旨に従って、唯識と国粋を説いていた。なかでも民報八号の「革命之道徳」は学会全体をゆり動かし、頑固な老先生を暗々裡に種族革命に賛成させたという(70)。「倶分進化論」「無神論」「社会通詮商《しょう》兌《だ》」など、太炎ならではの文章を書いたのもこの時期である。だがこの年の半ば以後、太炎の思想はいささか変化するようになる。すなわちインドへの関心とアナーキズムへの関心である。

一九〇七年、四月二十日、東京で印度西婆耆王紀念会が開かれた。西婆耆（Shivaji）王とは十七世紀後半にモンゴルの支配に抵抗した民族的英雄である。主宰したのはインドの革命家、鉢邏罕（?）、保什（Bose）らであり、太炎とは互いに許しあう間柄であった。これ以後、民報社のインドへの関心は急速に高まって行く(71)。

インドへの関心とともに太炎および劉師培は急速にアナーキズムへ傾斜していった。六月、劉師培、何震夫妻はアナーキズムの雑誌「天義」を創刊し、八月には更に社会主義講習会を張継らとともに開催した。又アジアの革命家を中国、インドを基軸として糾合した亜洲親和会が成立したのもこの頃である。その宣言書は太炎の手になるものである(72)。

この頃、民報はこの太炎・劉師培ラインで発行されるが、その過程で、太炎は自己の思想――国粋と唯識の関係に一つの総括を与える。そこでは民族主義の諸範疇はもはや革命そのものとはならない。

民族主義とは、必ずしも人類について説かれるものではなくて、もっぱら漢人について説かれるものである(73)。

それは、清朝に対する復仇であり、「強種」に対する自己の生存権の主張であった。

それ満洲を排すは、すなわち強種を排すなり(74)。

そして、究極的には、この狭隘な民族主義の壁をつきやぶって、逐次「五無」を実現しなくてはならない。すなわち、第一に、政府をなくし、第二に、聚落をなくし、第三に、人類をなくし、第四に、衆生をなくし、第五に、世界をなくさなくてはならない、というのである(75)。この間、太炎はこの排満と唯識の交錯した論文を民報誌上にかざる。すなわち「中華民国解」「五無論」「定復仇之是非」「国家論」「大乗仏教縁起説」等である。中でも「国家論」は民報期における太炎の思想の頂点をなすものと思われる。

「国家論」は社会主義講習会においてなされた講演に基く。太炎はまず、国家について次の三点を提起する。

一、国家の自性は仮有であって実有ではない。

二、国家の果す役割とは、趨勢としてやむをえず設定されたことであって、理の当然として設置されたのではない。

三、国家の事業は、卑賤きわまるものであって、神聖なものとは言えない。

そしてこの意味を太炎は唯識の理論に基いて説く。とくに重要と思われる第一項をみてみよう。太炎は説く。

そもそも、自性とは分析しえないものであり、たとえば、物質における原子であって、その上に構成されたものは仮有にすぎない。社会でいえば個体が実有であり、その集成は仮有である。「村落、軍隊、官僚、国家は一切虚偽であり、ただ人のみが真である」。たしかに諸個人も細胞によって成り立っている以上仮有である。「だが人と人が対置しているとき、両者が仮有の位相にあるのであれば、一方の仮有によって、他方の仮有を却けることはできない。もしわが身体の細胞が、人は仮有にすぎないと主張しきるなら、人はその説を論破しえない。だが国家に対置されるものは、国家それ自体ではないのだ。人こそ国家に対置されるものなのである。人はたしかに偽物にすぎないが、一つの個体として、構成された団体に対置されれば、より真である。それ故人が国家を仮有とするのは、論理的に当然であるばかりか、その位相からしても当然なのである。」

このように太炎は国家を「無」のものとした。だが、「政府のあらんことを期するものも、これによってさまたげられるものではない。それはどういう意味か。」「すでに国家の自性を実有の物と認めようとしない以上、愛国とは迷妄の一語につきる。だが愛国の意味は決してそのためにさまたげられない。」どうしてか。そもそも「人の身体は、もともと実有ではなくて、集合によって機関をなしているものである。そこで、身体を尺度として他者を推測するから、愛するものは、微粒子という実有ではなくて、集合物という仮有となるのである。愛国者が国家という構成物を愛するのもこの理由による」からである(76)。

「五無論」で説いたように、太炎の究極的目標とは、政府、聚落、人類、衆生、世界を「無」とすることにあった。だが何故に国家、そして愛国心が必要なのか。それは、国家、そして愛国心からまだ脱却しえない情況にあるからである。だがもし「人間は国家を廃棄できるときがくれば廃止するであろう」(77)。

このように太炎は、国家を「無」の論理のうちに相対化した。これは「解髪」以来の革命の理論——民族の主体性としての歴史の相対化であった。

太炎はこのように唯識の世界に飛翔し、民族主義をその論理の裡に相対化した。これは単なる幻想であろうか。否、太炎が、近代の生みだした様々な幻想を批判し、太炎の所謂公理、進化、唯物、自然に基く近代主義を「四惑」として退けたのは、この唯識の論理においてであり、被抑圧人民との連帯を訴えつづけたのも、この唯識の論理においてである。だが畢竟唯識の論理とは何か。孫文が土地国有化を提唱したのは「資本主義の予防」のためであった。それと同様、太炎が唯識を提唱したのは侵略を必然的にもたらす近代の諸価値を否定するためであった。だがマルクスおよびレーニンが指摘するごとく、土地国有化はブルジョワジーの徹底したスローガンにほかならなかった(78)。それと同様、太炎の唯識の理論における「個」に対する尊重は、ブルジョワジーの徹底した価値観ではありえても、その地平をのりこえるものではなかった。レーニンが指摘するごとく、「資本主義の予防」というスローガンを掲げて、最大限資本主義的な土地綱領を実行しようとするところに中国社会の弁証法があった(79)。それと同様、唯識等、近代を直線的に通り抜けてきた思想家の思いもよらない理論を掲げ、近代ののりこえを敢行しながら、しかも近代にとらわれているところに中国近代思想の弁証法があるのだ。そしてそれは究極的には帝国主義支配下の植民地におけるブルジョワ革命の弁証法であった。

このことはまた太炎の思想の限界をも物語っている。太炎が唯識の論理を構築したとき、批判の対象である近代を歴史的に批判しえていたのではなかった。それは唯識の論理に相対化し、無の世界へ昇華させたにすぎなかったのである。主義とは現実からのみ生ずるものであると太炎は言った。その時太炎は一歩進んで現実の歴史性を問うべきであったのだ。太炎は歴史が必然的に生みだす物神的な対象性形体であるところの国家を「仮象」に解消する。太炎はそれ故、歴史における必然性ということを無視する。彼にとって歴史とは民族の文化の堆積にすぎないのである。それ故、太炎の思想は決定的に非歴史的とならざるを得ない。つまり、一切が歴史的に可知されることはなくなるのである。太炎は歴史、歴史と言う。だが、その所謂「歴史」の歴史性を何一つ知らなかったのだ。

太炎はこのようにしてその思想の頂点を迎えた。だが、そこに待っていたのは、劉師培の変節という手痛い打撃であった。

一九〇七年九月、民報社から劉師培、何震夫妻宅に居を移した太炎は唯識の論理とインドとの連帯を訴えつづけてきた。その間「天義」とならんで有力なアナーキズムの雑誌であったパリ「新世紀」の呉稚暉との論争、更に太炎の「大乗仏教縁起説」をとりあげて「民報は民声をなすべきであって、仏声をなすべからず」と批判した「東亜日報」の武田範之との論争(80)、更に「天義」の廃刊などの事件がおこる。一九〇八年春、脳病の発作におそわれた太炎は再び民報社に居を移した。劉師培と太炎の間がプライベートなことから気まずくなったのはこの頃である。と同時に民報の主筆も太炎から張継、更に陶成章に移った。そして民報の趣旨も変化する。民報二十号(四月二十五日発行)からは「専ら歴史事実を根拠として、民族主義を発揮し、感情を激発して、空疎にならないことを期する」ように方針が変ったのである。そのころ劉師培とならんで、アナーキストにもっとも大きな影響をもっていた張継もパリへ去っていた。劉師培は殆んど孤立状態になって上海へ戻った。そしてそこにまっていたのは両江総督端方の買収の話であった。そして劉師培は買収されたのである。しかも彼は太炎も一役かっているのだとの内容の書簡、「章炳麟与劉光漢及何震書五通」なるものを関係者に発送した。このようにして太炎は劉師培と絶交するはめになったのである。そして更に民報も廃刊のやむなきに至った。このときの公判で、太炎の出獄直前に東京に出てきて、文学に自己をかけようとしていた魯迅は、罰金百十五円の工面に奔走したという(81)。

それ以後、太炎は国学講習会を開いたり、民報社で「説文解学」の講読をするようになる。魯迅が太炎の弟子となったのはこのときである。それとともに、太炎は自分の学術の整理にとりかかり「新方言」「文始」「国故論衡」「斉物論釈」等をまとめた。このようにして太炎は、革命の渦からとりのこされたのである。一九一一年夏、武昌蜂起の直前、馬叙倫が東京の太炎を訪問したとき、帰国したい旨を切々と訴えたという(82)。太炎はそれ以後、袁世凱とのエピソードをのこして、「他人が作り、自分の手でも作った塀によって、時代と隔絶してしまった」(83)のである。

このようにして、「哀」はその思想的生命を終える。そして、太炎が歴史に発しつづけた問いをうけとめた魯迅が「寂寞」を懐きつつ、新たな一歩を踏み出すであろう。

(1)『民報』二十一号「排満平議」

(2)『且介亭雑文』「病後雑談の余」

(3)新『訄書』「客帝匡謬」『訄書』については注(65)を参照。

(4)『中国の民主主義とナロードニキ主義』

(5)『人民民主主義独裁について』
(6)『三閒集』「掃共大観」
(7)『民報』十三号「記印度西婆耆紀念会事」又『民報』二十一号「駁神我憲政説」にも「愈文明者、即愈野蛮」とある。
『辛亥革命五十周年紀念論文集』所収、胡縄武・金冲及「辛亥革命時期章炳麟的政治思想」参照。
(8)『民報』七号「倶分進化論」参照。
(9)『民報』十二号「社会通詮商兌」参照。
(10)『華蓋集続編』「即時日記の二」
(11)旧『訄書』「播種」
(12)『民報』十七号「国家論」
(13)たとえば『袁世凱竊国記』にみられる陸建章にあてた書簡には「中華民国は我に由りて創造さる」とある。
(14)『民報』十五号「中華民国解」魯迅『且介亭雑文末編』「太炎先生に関する二、三のこと」参照。
(15)『三閒集』「文芸と革命」
(16)『故事新編』「鋳剣」
(17)許寿裳『亡友魯迅印象記』十三「看仏経」参照。
(18)王冶秋『辛亥革命前的魯迅先生』
(19)『民報』八号「革命之道徳」
(20)『革命軍序』参照。

(21) 新『訄書』「哀焚書」および『民報』六号「演説録」
(22) メルロー・ポンティ『シーニュ』「どこにもあり、どこにもない」Ⅱ「東洋と哲学」
(23) メルロー・ポンティ『眼と精神』「人間の科学と現象学」
(24) 魯迅「ドストエーフスキイの事」なお、この文章は日本語で書かれたものである。
(25) 丘濬編『朱子学的』巻下
(26) 『文史通義』「朱陸」
(27) 『朱子語類』巻四十一
(28) 『家蔵集』「太極弁」
(29) 『周易外伝』巻三「咸」
(30) 『三民主義』「民族主義」第五講
(31) 小松茂夫『歴史と哲学との対話』第一章「哲学の必要と必然性」
(32) このことばはもともと宋の唐庚の『唐子西文録』にみえるものである。李卓吾の『焚書』に収められた「賛劉諧」参照。
(33) 『朱子文集』巻十四
(34) 黄宗羲『南雷文定前集』巻一「留別海昌同学序」
(35) 杜国庠のことば。『杜国庠文集』「論〝理学〟的終結」
(36) 『孟子字義疏証』「理」なお太炎はしばしばこの戴震のことばに言及している。
(37) 「中国早期啓蒙思想史」(『中国思想通史』第五巻)は、王船山、顧炎武、黄宗羲、顔元をもってはじめる。

(38) 王通『文中子』巻一「王道」、なお王通と章学誠の学説に大きなへだたりがあることは『中華文史論叢』第一輯所収、周予同・湯志鈞「章学誠〝六経皆史説〟初探」参照。陳傅良『止斎先生文集』巻四十「徐得之左氏国紀序」。宋濂『竜門子凝道録』巻下「大学微」。王陽明『王文成公全書』巻一「伝習録」上。李卓吾『焚書』巻五「経史相為表裏」。なお全祖望は「宋元学案」で南宋以後の学術を朱学、呂学、陸学の三派に分けているが、曹聚仁はそのうち呂学が浙東学派の源流であろうと推定している。曹聚仁『国学十二講』第八講、三、「浙東学派」

(39) 劉師培『国学発微』。なおこの『国学発微』は章学誠の理論に基いた学術史である。

(40) 胡適『胡適文存』「費経虞与費密——清学的両個先駆者」によれば、章学誠は費密の子の費錫璜の文集『貫道堂文集』を通じて費氏の家学を知っていたという。又侯外盧『中国早期啓蒙思想史』十三章一節参照。

(41) 侯外盧前掲書参照。太炎は『致呉君遂書六』で傅山に言及している。湯志鈞『章太炎年譜長編』上冊。五経王制論は『霜紅龕集』巻三十六に見える。

(42) 姚名達『邵念魯年譜』附録「邵念魯与章実斎」

(43) 袁枚『随園文集』巻十「史学例議序」銭穆『中国近三百年学術史』第九章、および楊鴻烈『袁枚評伝』第六章参照。

(44) 『文史通義』「浙東学術」

(45) 同右「原道」中

(46) 同右「原道」中

(47) 同上外編「与朱滄湄中翰論学書」

(48) 島田虔次『歴史的理性批判——〝六経皆史〟の説』

(49)『戴震文集』巻十一「題恵定宇先生授経図」
(50)「南北考証学不同論」
(51)『戴震文集』巻九「与是仲明論学書」
(52)『孟子字義疏証』巻下
(53)新『訄書』「清儒」
(54)同右「哀焚書」
(55)専らこの問題をあつかったものに『歴史研究』一九六二年第一期、蔡尚思「論章炳麟思想的階級性」がある。ただその結論には賛意を表しがたい。
(56)『癸卯獄中自記』
(57)『ヘーゲル法哲学批判序説』
(58)沈延国『記章太炎先生』
(59)馮自由『中華民国開国前革命史』I
(60)『清議報』十九号「論学会有大益於黄人亟宜保護」
(61)『文史哲』一九六四年第二期、湯志鈞「辛亥革命前章炳麟学術思想評価」
(62)『致譚献書』
(63)『民報』十号「箴新党論」
(64)「獄中答新聞報」(『黄帝魂』所収)

(65)『訄書』には二種類ある。すなわち「革政」期の『訄書』および「解髪」後の『訄書』である。便宜上、前者を旧『訄書』後者を新『訄書』とよぶ。『訄書』については高田淳『章炳麟・章士釗・魯迅』の「戊戌・庚子前後の章炳麟の思想」に詳細な紹介がある。

(66)『自定年譜』

(67)『民報』六号「演説録」

(68)この大会を叙述したものはかなりある。たとえば、宋教仁「我之歴史」景梅仇「罪案」など。近藤邦康『亥辛革命』に紹介がある。

(69)『攘書』とは王船山の『黄書』にならってつけられた書名。

(70)景梅仇『罪案』邦訳『留日回顧』

(71)章太炎のインドへの関心を高めたものに蘇曼殊を忘れることは出来ない。太炎は彼とともにインドに行くつもりであったこともある。

(72)この項のことについては、当時の回想である竹内善作「明治末期における中日革命運動の交流」に詳しく述べられている。王有為「試析章太炎《亜洲和親会約章》」『学術月刊』一九七九年六期参照。

(73)『民報』十六号「定復仇之是非」

(74)同右

(75)『民報』十六号「五無論」

(76)以上『民報』十七号「国家論」

(77)『民報』十七号「国家論」

(78)マルクス『剰余価値学説史』第二巻二章六節、レーニン『プロレタリア革命と背教者カウツキー』、『中国の民主主義とナロードニキ主義』など。

(79)『中国の民主主義とナロードニキ主義』

(80)太炎は「東亜日報」のメンバーと交流があったことは、宋教仁『我之歴史』にみえる。なお滝沢誠『権藤成卿』にこのころの事情、ならびに太炎との筆談の内容の紹介がある。

(81)周作人『魯迅の故家』

(82)馬叙倫「太炎先生自定年譜補遺」(『近代史資料』一九五八年第一期)および『辛亥革命回憶録』第一集所収「我在辛亥這一年」

(83)魯迅『且介亭雑文末編』「太炎先生に関する二、三のこと」

『思想』No. 708(一九八三年六月) 岩波書店

蠶叢考

Ⅰ　序

蜀の歴史に関しては古くから謎につつまれていた。

蠶叢《さんそう》與魚鳧《ぎょふ》、開國何茫然。

蠶叢と魚鳧、開國なんぞ茫然たる。

これは李白の詩「蜀道難」の一節である。李白の時代にすでに「茫然」としていた蜀の歴史に関し、その神秘のベールの彼方に蠶叢と魚鳧という蜀国の伝説の王の姿をかいま見ることができるのであろうか。なにしろ李白は蠶叢と魚鳧以来、蜀の歴史は「爾來四万八千歳」と詠っているのであるから。蜀の歴史がいかにして形成されたかに関し、その文献資料はきわめて乏しく、断片的であり、且つ信憑性に欠けるものである。その代表的な資料を見てみよう。

蜀之爲國、肇于人皇。……至黄帝爲其子昌意娶蜀山氏之女、生子高陽、是爲帝嚳、封其支庶于蜀、世爲侯伯。歴夏、商、周。武王伐紂、蜀與焉。……周失紀綱、蜀先稱王。有蜀侯蠶叢、其目縱、始稱王。死、作石棺石槨、國人從之。故俗以石棺石槨爲縱目人冢。次王日柏灌。次王曰魚鳧。魚鳧王田於于湔山、忽得仙道、蜀人思之、爲立祠。

後有王曰杜宇、教民務農、一號杜主。時朱提有梁氏女利、遊江源、宇悦之、納以爲妃。移治郫邑、或治瞿上。七國稱王、杜宇稱帝、號曰望帝。……會有水災、其相開明、決玉壘山、以除水害。帝遂委以政事、法堯舜禪授之義、遂禪位于開明。帝升西山、隱焉。時適二月、子鵑鳥鳴。故蜀人悲子鵑鳥鳴也。巴亦化其教而力務農。迄今巴蜀民農時、先祀杜主君開明位、號曰叢帝。(『華陽国志・蜀志』)

蜀が国を形成したのは、人皇の世に始まる……。黄帝の時代になり黄帝はその子の昌意を蜀山氏の娘に娶《めあわ》せ、高陽が生まれた。この高陽こそ帝嚳である。帝嚳の庶子は蜀に封ぜられ、夏朝、商朝、周朝の三代を通じて代々侯爵、伯爵の爵位を世襲してきた。武王が殷の紂王を討伐したとき蜀はこれに参加した。……周の朝廷が綱紀を失ったとき、蜀は真っ先に王を称した。蜀の侯爵であった縱目の蠶叢が始めて王を称したのである。王は死に際し石棺石槨を作ったが、蜀の人々はその習慣を守った。俗に石棺石槨を縱目人の塚と呼んでいるのはこのためである。次の王は柏灌といい、また、その次の王は魚梟といった。魚梟王は湔山に狩りをしたときたちまちにして仙道を得て世を去った。蜀の人々はそこで魚梟王を慕って祠を立てたのである。

その後、杜宇という王が現れ民を教化して農業に勤めるようにさせた。杜宇はまた杜主とも呼ばれる。その頃、朱提に梁氏の娘で利というものがいて江源に遊んだ折、杜宇に寵愛され、その妃となった。都を郫邑に移したが、瞿上に都を置いたとも言われている。七国が王を称したとき、杜宇は帝を称して望帝と号した。……たまたま洪水があった。杜宇の宰相である開明は玉壘山を決壊させ洪水を解決した。望帝はそこで堯舜禅譲の義に則って、遂に開明に政事を委ね、位も開明に譲ったのであった。そして、望帝は西山に昇天し、お隠れになったのである。その時節たまたま二月であり不如帰が鳴く頃であった。そのようなわけで蜀のひとびとは不如帰が鳴くと悲しむようになったのである。巴国もまた望帝の教化により、農業に勤めるようになった。現在にいたるまで巴蜀の民は、春耕の際まず杜主の君と開明の位を叢帝と称して祭るのである。『華陽国志・蜀志』

王国維は『古史新証』の冒頭において中国の古史について「伝説」と「史実」の混淆が見られると指摘しているが、『華陽国志』のこの一段もこの「伝説」と「史実」の混淆の典型的な例であり、古来、『山海経』とともに「雅馴」ならざる荒唐無稽な伝誦として扱われてきた。一九八五年、四川省の三星堆において多量の文物が出土した。残念ながら文字資料は発見されなかったが、これにより古代の蜀の国に殷と匹敵する文明が存在したことが明らかになったのである。『華陽国志』のこの一段も伝説と史実の両者を慎重に処理するならば、烏有の文明ではなかった古代蜀の歴史に照明を当てることも可能であろう。ことに蠶叢、柏灌、魚鳧、杜宇、開明という諸王の世系には一定の根拠があると思われる。

Ⅱ　杜宇、望帝考

『華陽国志』において中心的位置を占めている望帝と称した杜宇とはいかなる存在であったのであろうか。それは、中原における禹ないしは后土に相当すると考えられる。『春秋左氏伝』の昭公廿九年の条によるならば

社稷五祀、土正曰后土。共工氏有子曰句龍、爲后土。后土爲社。

とあり、また『国語・魯語』によるならば

共工氏之伯九有也、其子曰后土、能平九土、故祀以爲社。

とされる。この二つの記載から共工――句龍（生前は后土、死後は社）という世系が確定できる。ところが、『淮南子・氾論』によると

禹勞天下、死而爲社。

と記されている。すなわち、共工系の后土はすなわち鯀禹《こんう》系の禹に相当する。数多くの学者は、この事実から共工すなわち鯀、后土すなわち禹である、と断定している。この后土ないしは禹は蜀の伝誦においては杜宇として現れる。丁山はこの点に関して次のように分析している。

古くには「社」という文字は存在しなかった。「社」という文字は商の時代「土」と表記され、宗周の時代には「杜」と表記されていた。戦国の時代になってはじめて「袿」の文字が現れ、秦時代になって「社」と略記されたのである。

「社主」、「杜主」「柱」は同じものを表している。では、なに故「杜主」はまた「杜宇」と表記されるのであろうか。『説文解字』宀部によるならば「宇、屋邊なり。宀に从い于聲なり。寓、籀文の宇なり」、禹に从う」とある。禹、宇の二文字は音の点でも字の点でも一致している。それ故、「杜宇」は当然のことながら「社禹」の別名である。(『中国古代宗教与神話考・后土為社』)

以上の点から中原系の后土ないしは禹は、蜀系の杜宇であると判断されるのである。ではなに故、この杜宇は中原には伝誦のない「望帝」という称号をもつのであろうか。その謎を解くかぎは「縦目」という言葉のなかに隠されている。『華陽国志』によるならば、蜀は蠶叢以来代々「縦目人の塚」を守ってきたという。杜宇もまた当然のことながら縦目人の塚である石棺、石槨に葬られたであろう。いわば「縦目」族なのである。甲骨文字では「見」の字はと表記し、「望」の字はと表記している。いわば「見」は目を横にして見るのであり、「望」は目を縦にして見るのである。杜宇が望帝を称号としたのも当然なことであった。また、杜宇は「あるいは瞿上を治む」とされる。于省吾の『甲骨文字釈林』によるならば、『説文解字』には「臦、乖也、从二臣相違、讀若誑」また「䀠、左右視也。从二目、讀若拘」とあるが、この二つの字はこれは正座した縦目の人を意味する甲骨文字の「」字に由来している、という。そして、「」の字が古典において「瞿」と通ずることはいうまでもない。すなわち、「望」「瞿」の字はいずれも「縦目」と切っても切れない意味的連環があるのである。

Ⅲ　鼈靈《べつれい》と開明

禹は秦公敦の銘文に「鼏《べき》宅禹賚」、齊侯鎛《はく》鍾の銘文に「宲宲成唐、處禹之堵」とあるように金文資料で確認されている。これを文献資料と対応させるならば、禹が中国史上確認される最初の王であったことは、したがって中国の歴史が禹によって切り開かれたことは、十分肯定されてよい。そして、中国最初の王朝の夏は禹の子である夏后啓によって開かれたのである。この禹——啓の系譜は奇しくも蜀の杜宇——開（啓）明の系譜と合致している。ところが、この開明については『華陽国志』にない伝誦がある。

荊人の鼈令が死に、その骸が川に流され、荊の人々はその骸を捜し出すことはできなかった。鼈令は汶山の麓に流れつき蘇り、立ち上がって望帝にまみえた。望帝とは杜宇のことである。……望帝は鼈令を宰相に取り立てた。その頃、巫山で川がせき止められ蜀の川々は流れ出ることができなくなった。望帝は鼈令に巫山の堰を決壊させ水が流出できるようにさせた。こうして蜀の大地は確保されたのである。望帝は徳が鼈令に及ばないと考え、ついに国を禅り渡した。鼈令はこうして開明と号したのである。(『水経注・江水篇』所引来敏『本蜀論』)

この鼈令とは中原の伝誦における鯀の蘇生した姿である。『春秋左氏伝』昭公七年の条に、

堯殛鯀于羽山、其神化爲黄熊、以入手羽淵。

とあるが、これについて朱熹は『楚辞集注』において

『左伝』では鯀は黄熊に化したとされるが、『国語』では黄能に化したとある。思うに、熊とは獣の名であり、能とは三足の鼈である。わたくしは、獣は水生のものではなく、それ故、(鯀は)鼈に化したと言いたい。

と述べている。鼈令が鯀の蘇生した姿であるのはいうまでもないであろう。すなわち、中原の伝誦における鯀——禹——啓の世系は、蜀の伝誦にあっては杜宇——（禅譲）——鯀の蘇生としての開明として現れるのである。なお、『楚辞・天問』に

阻窮西征、巖何越焉。化爲黄熊（或作能）、巫何活焉。

とあるが、これについて唐蘭は『阻窮西征解』において「鯀は黄熊（黄能と改めるべきである）に化した後、窮山巖岡を越えて、西方に至り巫師（シャーマン）に医治をもとめた」と解釈している。鼈令の伝誦すなわち蜀の東方に位置する荊人の鼈令が西方の蜀に流れ着き蘇生したという伝誦と重ね合わせると實に興味深い一段である。

Ⅳ　崇山、叢社、縦目

『説文解字』によれば「鯀、魚也」である。この魚である鯀は蘇生して能すなわち三足の鼈となった。『山海経・中山経』にこの三足の鼈について次のような記載がある。

從山、其上多松柏、其下多竹。從水出于其上、潛于其下、其中多三足鼈、枝尾、食之無蠱疫。

郭璞注曰、三足鼈名能、見爾雅。

この三足の鼈が多くいるという従山の従とはどのような意味なのであろうか。『礼記・檀弓』によれば「爾毋《なかれ》從從爾。注曰、從從、謂高大也」すなわち「高大」の意味であるという。『楚辭・大招』の「豕首縱目、被髮鬤只」という一段について王逸は「言西方有神、其状猪頭從目」と注している。縱とはすなわち「從」、「高大」の意味である。縱目とは突出した目のことである。三星堆の遺跡から異形の青銅器が発掘されている。それは十六センチも飛び出した目をもつ仮面である。しかも、豚の耳に似た耳をつけている。それはまさに『楚辞』の「豕首縦目」ではなかろうか。『国語・周語下』によるならば鯀について「有崇伯鯀」と記載している。この崇は縦と古韻においてともに東部に属している。声紐（音節の始めの子音）も近い。また『荘子・斉物論』に「堯……欲伐宗膾胥敖」とあるが、『人間世』では「堯攻叢枝胥敖」と記されている。崇と宗はもともと同字である。だとすれば、『山海経』の「従」、『楚辞』の「縦」、『国語』の「崇」、『荘子』の「宗」ないしは「叢」はいずれも「高大」を意味する同じ言葉ではなかろうか。蜀の開闢が蠶叢によってなされたのも、言語学的にも十分根據のあることなのである。『山海経・海内北経』の「袜、其爲人身黒首從目」、『楚辞・招魂』の「豺狼從目」、『漢書・天文志』の「從目人當來」、さらに時代を下らせて清代の陸次雲『峒谿織志』の「豎目仡佬、蠻人之尤怪者、兩目直生」も蠶叢を神とする「縱目」族の異聞であろう。また、『風俗通義』の「巴有賓人」『後漢書・南蛮伝』の「賓布」で有名な賓も巴蜀の「縦目」族と見てまず間違いない。

Ⅴ　魚鳧、柏灌

中原の伝誦では鯀――禹――啓の世系が確定している。蜀の伝誦では魚鳧――杜宇――開明の世系となっている。ここから鯀は魚鳧ではなかろうかという疑問が発生する。先に見たように『説文解字』によるならば「鯀、魚也」である。『山海経・大荒西経』には次のような一段がある。

有魚偏枯、名曰魚婦。顓頊死即復蘇。風道北來、天乃大水泉、蛇乃化爲魚、是爲魚婦。顓頊死即復蘇。

この魚婦は魚鳧ではなかろうか。『大戴礼記・帝繫』の所謂「顓頊産鯀」と関連させつつ考えるならば、魚婦ないしは魚鳧は鯀ということにならないであろうか。『山海経』の「死即復蘇」すなわち魚を媒介とする蘇生神話は人物を異にするが『淮南子・墜形篇』にも現れる。

后稷壟在建木西、其人死復蘇、其半、魚在其間。

かりに魚を媒介とする蘇生神話が成立するならば、魚である鯀が三足の鼈となって蘇生するという中原の伝誦を蜀の神話に適用し、魚鳧が鼈令すなわち三足の鼈となって蘇生し開明となった、と想定しても大きな誤りはないであろう。『水経注・江水注』に「江水は又東に流れ、魚復縣の故城の南を經由している。そこは古の魚国である」という記載があるが、この魚復は当然のことながら魚鳧ないしは魚婦であろう。その魚とは「柏枝山」の麓の穴に棲息する「嘉魚」であり「常に春末をもって渚に遊び、冬の初に穴に入るのである」。

『山海経』の「顓頊死即復蘇」という神話は顓頊・祝融系と深く関係している。『大戴礼記・帝繋』により「死即復蘇」とされる顓頊の世系を復元してみよう。

黄帝――昌意――顓頊
顓頊＝女禄氏――老童
老童＝高緺氏――重黎
　　　　　　　――呉回――陸終

この系譜について丁山は次のように分析している。

「耆」、「黎」は古字では通用する。いわゆる重黎とは「耆童」の語譌であろう。「老童」なるものは、すなわち「顓頊死即復蘇」の神話の変形した姿である。だとすれば、『帝繋』のいわゆる「顓頊産鯀」の鯀はおのずから『大荒西経』の「魚婦」、『華陽国志』の「魚鳧」、『水経注』の「魚復」に比定されるであろう。これらはいずれも「顓頊死即復蘇」の神話と関連している。（『中国古代宗教与神話考・顓頊与祝融』）

見事な分析である。かりに魚鳧すなわち鯀という丁山の説に誤りがないとすれば、蜀系の魚鳧――杜宇――開明は中原の鯀――禹――啓に相当する。しかも、それは言語学的にも神話学的にも十分根拠をもつと言えよう。

では『華陽国志』の蜀の世系において魚鳧の上に位置する柏灌とは中原の伝誦のいかなる存在に当たるのであろうか。『尚書・堯典』の

流共工于幽州、放驩兜于崇山、竄三苗于三危、殛鯀于羽山、四罪而天下咸服。

という一段と『山海経』の

西北海外、黒水之北、有人有翼、名曰苗民。顓頊生驩頭、驩頭生苗民、苗民釐姓、食肉、有山名曰章山。(『大荒北経』)

有人焉、鳥喙、有翼、方捕魚于海。大荒之中、有人名曰驩頭。鯀妻士敬、士敬子曰炎融、生驩頭。(『大荒南経』)

という記述を考え合わせると、崇山、章山(後述)、鯀、苗民などのキーワードが符合することから、また音韻と文字の面からも、柏灌は驩兜ではなかろうか、と推定される。しかし、『山海経・大荒南経』によれば驩

頭は鯀の孫の世代にあたることとなり、『華陽国志』の世系と齟齬する。この柏灌については、推定の域を出ないので贅言しない。

Ⅵ　蠶叢と燭龍

蠶叢が神であったか、人であったか、それは中原の神話伝誦と対比させるならば、神であったとするのが合理的解釈であろう。では、いかなる神なのか。それは、『墨子・明鬼』の莡位、『墨子・耕柱』『呂氏春秋』の叢社に祭られた神であったであろう。すなわち、蜀の叢社に祭られていた神であったと思われる。

しかし蠶叢の叢は叢社の叢と解釈することができるが、蠶叢の蠶とはいかなる意味なのであろうか。蠶とはカイコのことである。たしかに蜀は養蠶と絹の産地として有名である。蠶叢の字義は養蠶と関係するのであろうか。また、蜀という字義も蠶と関連がある。『説文解字』虫部に「蜀は葵中の蠶なり。虫に从う。上の目は蜀の頭形を象る。中はその身の娟娟たるを象る。詩に曰く、娟娟たるものは蜀なり」とあるが、『説文解字』の説では蠶すなわち蜀ということになる。しかし、『淮南子』で「蠶と蜀は似るも愛憎異なる」と言われているように蠶と蜀は異なる。この点をふまえつつ任乃強は蠶叢という原義について、次のような議論を展開している。

ひそかに思うに、蠶叢の意味は箔（まぶし、すなわち蠶棚）にまとめて飼い、簇《あつ》めて（すなわち一か所に集中させて）繭を産出するのである。……現在の蜀の人（四川省の人）は繭を生み出す桑の木を簇（cu）と呼んでいる。その発音は叢（cong）の入声である。蠶叢の語変と思われる。（『華陽国志校補図注・蠶叢考』）

任乃強によるならば、蜀の原義は野生の蠶であるという。蜀の人であった揚雄はその著『方言』で「一、蜀なり。南楚はこれを獨と謂う」と解釈している。それは野生の蠶が「性として群聚せず。故に蜀の字の引伸の義は獨たり」という事實に基づいているという。そして、蠶の字は蜀の複数形であると結論付けている。この任乃強の説は筆者の説と根本的に異なるが、論理的整合性を持っており愼重に対応する必要がある。だが、その所説には一つの前提がある。それは、『説文解字』虫部の「蜀は葵中の蠶なり。虫に从う」という解釈である。かりにこの『説文解字』の解釈が蜀の字の原義でなく、派生的な意味であったとするならば、任乃強の説には疑義が出てくる。甲骨文字には蜀に比定しうる罒という文字がある。この罒の字の原義は何か。『説文解字』の解釈以外にも別の解釈が可能なのではないだろうか。この罒の字義に関して李遠国は罒の字の上に位置する罒は竪目であるという。『荀子・賦篇』の「以能合縱」の注には「縱は竪なり」とあり、竪目とは縦目であるという。そして李遠国は「罒の本義は縦目の蛇である」と結論している（「試論『山海経』中的鬼族——兼及蜀族的起源」『山海経新探』所収）。甲骨文字の罒という字義に關するこのような見解は決して孤立したものではない。この罒すなわち縦目の蛇ないしは縦目の龍は文献に現れるであろうか。それは直目の燭龍として『山海経』に現れる。

西北海之外、赤水之北、有章尾山。有神、人面蛇身而赤、直目正乘、其瞑乃晦、其視乃明、不食不寢、風雨是謁。是燭九陰、是謂燭龍。（『山海経・大荒北経』）

この章尾山に住む神すなわち燭龍は「直目正乘」であったとあるが、「直目」は郭璞の注では「直目は目從なり」としている。すなわち縦目である。しかし、「正乘」については「正乘はいまだ聞かず」、つまり不明なのである。郝懿行は『山海経箋疏』でこの「正乘」について畢沅の説を引用しつつ朕の借音であろうとしている。そして「朕」の意であろうと推定する。しかし、朕の意味は目の精であり、やはり判然としない。筆者は「乘」は「乖」の字譌であると考える。𦣞は正座した縦目の人を意味する甲骨文字の「𦣞」字に由来しているという。「𦣞」の字について『説文解字』は「𦣞、乖也、从二臣相違、讀若誑」と解釈していることは先に見た。この仮説に誤りがなければ「直目正乘」の意味は縦目が二つながら飛び出しているという意味になり、出土文物とも合致する。この燭龍こそ蜀の神であったのではないか。この燭龍の原義は縦目の龍であったに違いない。『楚辞・天問』の「日安不到、燭龍何照」という一段について王逸の章句は「この意味は、世界の西北に太陽の差さない暗黒の国があって、燭を銜えた龍がその国を照らしている」と解釈しているが、それは「蜀」の原義である縦目の龍という意味が失われ「燭」という字にとらわれ「ともしび」と誤解したためである。燭九陰ともよばれる燭龍は『山海経・海外北経』に再度現れる。

鐘山之神、名曰燭陰。視爲晝、瞑爲夜、吹爲冬、呼爲夏、不飲、不食、不息、息爲風、身長千里、在無䏿之東。其爲物、人面、蛇身、赤色。居鐘山下。（郝懿行『山海経箋疏』「章鐘聲轉、鐘山即章尾山」）

この燭陰、燭龍の形で『山海経』に現れる˜は赤色の龍であった。それ故、蜀では「人尚赤」（『華陽國志・蜀志』）ということになるのであろう。この燭陰と燭龍について丁山は燭陰は殷の旧名であり、燭龍は周、楚の方言であろうとしている（『中国古代宗教与神話考・顓頊与祝融』）。いずれにせよ燭陰、燭龍は甲骨文字の˜に基づくものであり、それが殷の傳承に基づく場合は燭陰として現れ、周と楚の伝承に基づく場合は燭龍として現れるものと考えられる。そして、燭龍は姜亮夫が祝融であると指摘しているように（『楚辞通故』）、中原の伝誦における顓頊・祝融の神話として資料に現れるのである。顓頊は明堂月令のいわゆる「玄堂大廟」の「帝」である。その神格からして冬至の太陽神であったことは疑いを容れない（陸思賢「神話考古」引言参照）。「顓頊死即復蘇」という蘇生神話はほかならぬこの顓頊の神格から生じたものである。そして、燭陰、燭龍は『山海経』の記述から見て冬至の太陽神とみて誤りはないであろう。蜀の神話に蘇生神話が豊富なのも当然のことであった。

では、蠶叢とはなにか。筆者はそれは叢社に祭られていた˜であったと推定する。すなわち、隷定する（隷書で書く）ならば「蜀叢」であったと思われる。それは、叢社に祭られた縦目の太陽神、しかも生命の再生――蘇生を司る冬至の太陽神であった。蜀は蜀錦をもって天下に名が知られている。しかし、その発生は野蠶すなわち蜀によってなされたに相違ない。縦目の龍を表す˜という甲骨文字は、仮借あるいはその他の理由によりカイコを表すようになっていったのである。その後、養蠶が盛んになるにつれ野蠶すなわち「蜀」と家蠶すなわち「蠶」の区別が明確となる。蠶叢の神格も太陽神の神格から蜀を代表する産物を表す神格を獲得していった。こうして本来「蜀叢」――叢社に祭られた冬至の太陽神を表す神格から養蠶の神格に変化していった。以上はあくまでも推定であるが、大誤はないものと思う。

最後に蠶叢の神格の変化を図表として小論を終えたい。

罚 →
燭陰（殷系の伝誦）
燭龍（主として楚系の伝誦）
祝融（中原系の伝誦、東方系の冬至の太陽神の顓頊と融合する）
蜀叢（蜀系の伝誦、叢社に祭られた罚――推定）――蠶叢に譌変

中原系の祝融は蜀系の蠶叢と並行的であり、その両者の古層として罚の神話、すなわち縦目の冬至の太陽神があったと考えられる。この系統は民族的には羌系と考えられるが、その場合、原羌系から中原系の羌系すなわち祝融系と蜀系の羌系すなわち蠶叢系が分化したという考え方と中原系の祝融系が分化して蜀系の蠶叢系が成立したという考え方が成立すると思われるが、そのいずれが事実であるのかは出土文物を待つほかはないであろう。

『中国古代史研究　第七』（一九九七年三月一五日）研文出版

1986年中国四川省広漢市三星堆遺跡出土。青銅製の巨大な仮面。日中国交正常化40周年（2012年）特別展で日本でも、これとは別の「突目仮面」（高82.5、幅77.4cm。紀元前13～11世紀）が各地で展示された。（編者）
©中国駐大阪観光代表処（HPの三星堆博物館より）。

原島春雄略年譜

一九四六（昭和二十一）年　福岡市生まれ

一九六五（昭和四十）年　私立武蔵高校卒業

一九七一（昭和四十六）年　京都大学文学部　東洋史学科卒業

一九七五（昭和五十）年　東北大学大学院　文学研究科　中国学科修了

一九七七（昭和五十二）年六月～一九八一（昭和五十六）年八月

中国広東省　広州外国語学院　外国人専門家（日本語）

一九八〇（昭和五十五）年九月～一九八二（昭和五十七）年八月　＊一九八〇年は右と兼任

中国　中山大学外国語学部　外国人専門家

一九八八（昭和六十三）年　学習院大学　助教授（言語共同研究所）

一九九三（平成五）年　学習院大学　教授

一九九七（平成九）年　東京で死去

編集のあとに

一九六九年四月一日、東洋史闘争委員会から、「明日オリエンテーションをやるので、東洋史研究室へいらっしゃいませんか」という電話があった。

その年の一月十六日、学生部封鎖に端を発した京大闘争が始まっていた。封鎖された学生部の中から女子学生の歌うインターが流れ、ふと傍を見ると、当時中文の助教授だった高橋和巳氏がその歌をじっと聞いていた。教養部封鎖に続いて文学部の封鎖が三月十四日に行われた。(私たちは三月まで教養部の学生だった。)

翌日二日、文学部新館のバリケードの迷路を潜って中庭に入ると、二階の窓のベランダに一人の男子学生がいて、「廊下は封鎖されているので、その梯子を上がって来てください」と言う。二階の窓から中へ入って、その学生と初対面の挨拶をした。研究室へ行く間、その人は「あなたも東洋史のアカデミズムに惹かれていらしたんですか?」と聞く。私は、当時東洋史学科に属していた西南アジア史を専攻するつもりであった。私の答えは、「いいえ、アフガニスタンへ行きたいのです。」当時、京大からアフガニスタン探検隊が派遣されていた。私の答えは、その人の予想とかけ離れていたらしく、不審の眼差しが返って来た。それが、一年先輩の原島さんとの出会いだった。

翌日から、東洋史の教授や助教授との団交、文学部の大学院入試阻止闘争、自主講座、デモ、集会、合宿、限りない討論(仏文の人がパリ五月革命を語り、原島さんが文革を語るのを聞いた)、百万遍カルチェラタン、時計台の攻防……いろいろのことがあり、九月には封鎖は解除され、「正常化」が進みつつも、何かあるたびにストがあり、騒がしさの続く学生時代を過ごした。

東洋史闘争委員会を構成していたのは、院生と学部学生であったが、中心になった四回生は、のちに竺沙雅章先生が「十年に一度の学年」とおっしゃったように、勉強家揃いであり、その中でも原島さんは目立つ存在であった。追求の中心は学問のあり方、知のあり様を問うものであった。だから、自分の場所を崩す運動は、苦しいものであった。

先輩たちは七一年に、私たちは七二年に卒業し、京都に残るもの、京都を去るもの、それぞれに私たちは散った。

数年後、東洋史の先輩から、原島さんが文革後の中国へ行かれた、とお聞きした。そうなのか……。そして二十年後、再び噂を聞いた。原島さんが亡くなった、と。そうなのか……。

それからまた二十年後、ある集まりで原島さんの思い出が語られた。二十年、いや四十年の時間の経過が吹っ飛び、私はあの優れた先輩があの後何をなさったのか、何をなさろうとされたのかという疑問にかられ、二十年前にはなかった道具、パソコンで調べ始め、学習院大学文学部研究年報に発表された論文を発見した。原島さんを敬愛していた同期の一人に連絡し、二人で作業を開始し、集められる限りの論文を集め、読んだ。……浅学の身に原島さんの論文を真に理解する能力はない。しかし、私たちは納得した。原島さんは、ご自分の問題意識に従って、素晴らしい論文を残しておられた。当時の語り口が伝わってくる思いがした。私たちはこれを残したいと思った。……

ついに原島夫人に連絡がつき、奥様から亡くなるまでの最後の頃のご様子をお聞かせいただいた。そして、病床で論文集を出す気持ちでおられたことをお聞きした。……それがこの遺稿集となって結実した。原島さんは奥様に「行方不明のままで思い出されたい……」とおっしゃったそうだ。そのように私たち後輩二人は思い出したのだ。

原島さんは京都北白川に下宿されていた。高橋和巳『憂鬱なる党派』にも出てくる小学校裏の界隈、静かな住宅地の中の古い下宿屋二階で、他室には独文の大学院生などもおられ、しばしばお世話になった。「原島はバナナを食べるのにナイフとフォークを使う」という先輩たちの間の伝説の様子は見かけたことはないが、リンゴが好きだと上手に剥いてくださって、白ワインもいただいた。

本棚には茶色の紙のカバーがかかった船山全書がずらりと並び（洋装本でも一九六九年どんな刊本だったか）、九鬼周造や波多野精一など日本の本もすべて箱まで薄紙で丁寧に包まれていた。相良亨『近世の儒教思想』もあった。君にはマルクスが絶対かもしれないけど、僕にはマルクスも大勢の中の一人なんだ、と言って、スチュアート・ヒューズの思想史を推し、歴史の根本である時間の概念、キリスト教のカイロスとクロノスについてや、ティリッヒの組織神学の話も興味深いものだった。教養部の上横手雅敬先生の話から、僕は日本史も、特に中世史に詳しいんだとにっこりして言われた。ちょうど伊藤野枝全集を熱心に読んでおられた時もあった。平凡社東洋文庫で出た朝鮮史関係の本のことも話題に上った。僕の父の名前はね、「鮮」というんだ。この漢字は何と読むか知ってるかい、「しずか」と読む。僕は家が皆学者だから、京都に来て、学者になる以外のことは考えられない、二十代やそこらで本を書くのは感心しないね、僕は四十を過ぎてからちゃんとしたものを書きたい、とも。

見せていただいた厖大な中文の書籍、漢籍には、みな朱で点が打たれ、人名とかの固有名詞には縦線、など伝統的な読書の作法を守っておられたようだ。

筆者の下宿に立ち寄られた時、偶々西嶋定生の横に史記を置いて読んでいたら、それを手に取ってすらすらと訓読講釈してくださって、史記などどみな暗記されているように見えた。中華書局の標点本もそのまま全部信じる必要はないことも知った（顧頡剛の訓点だが）。漢代の社会はまだ統一以前の都市国家の要素が残っていたかもしれないね、とも言われた。王応麟や侯外廬とともに先輩たちとの読書会テキスト『明夷待訪録』だったが、『本朝漢学師承記』と合冊になった台湾刊本を取り上げて（当時文革下の大陸の本はほとんど手に入らなかった）、この本は僕も持っている、けどこちらの方を読みたくて買ったんだ、とおっしゃって、ちょうど山田慶児訳の章炳麟民報論文の話と共に、中国革命の起源が明末清初にあることを教えていただいた。人文研での島田虔次、川勝義雄先生らの様子も出て、当時流行のメルロー・ポンティのことを島田先生に尋ねたら、何でも知ってられたと感嘆しきり、中国文明の一番根っこにあるものは「礼」だと強調された。人文研の先生方が陳舜臣の『阿片戦争』に感心して（冒頭に龔自珍の詩が出てくる）、どんな歴史の論文もあれには及ばないと嘆いておられたという話も印象的だった。

仙台の金谷治先生の下で章炳麟を読まれていることは人づてに聞いた。後に、中国広州から一時日本に戻られた時、甲子園の山村洋介さんのお宅でお会いしたこともある。上海師範大学『世界近代史』の翻訳校正稿を持っておられた（一九七九年東方書店から上下巻刊行）。中国での暮らしのあれこれ、何を食べようかといつも心配しなければならないことなどと同時に、とんでもない規模の設備投資が始まろうとしていて、もうすぐに中国の工業生産力は何倍にもなるだろうというような中国経済発展への観測も聴いた。突然電話がかかってきて、大阪の淡路（東淀川区）に来ているからと呼び出された時には、狭い下宿部屋に大勢の中国人留学生たちが車座になって、酔った原島さんはその中で心底うれしそうにしておられた。

＊

本書編集を担当したのは直接には二人ですが、原島優子様はもちろんのこと、かつての先輩・学友のみなさんの友情の絆を支えに進めることができました。論文の転載を快諾してくださった学習院大学文学部、岩波書店、研文出版（山本書店出版部）、中国研究所、『現代の理論』編集委員会の関係者の皆さまのご厚意も忘れられません。ありがとうございました。

藤田省三を思い起こさせるような本の題名で、かつての中国社会についての二十年以上も前に書かれた分析が現代日本社会への鋭い批評のように読めるのも驚きですが、それにしても昨今のあまりに酷い中国についての日本の言論です。遣隋使以来明治大正昭和に至る中国古典文化尊重の気風も今では風前の灯火、日本という国、日本人にとって死活的に重要な中国認識の現代における原点を、中国の「国学」をきちんと踏まえて（朝鮮認識も同様ですが）再構築するために、原島さんの遺稿が何かの役に立つことを切に願います。

慎むべき贅言ですが、例えば本書第一論文の朝鮮側史料「沈（瀋）館録」によって清朝創成期祭祀の真実を解明しようとするところ、内藤湖南を受け継ぎ（ただしあえて湖南の名を出さず同時代の中国学者孟森に依拠する所に原島さんの姿勢が見てとれる）、また『尋求中国現代性之道』東方出版社・二〇一九年の李沢厚論文が「話のテーマ、シャーマニズムから礼に至る（由巫至礼）」と始められているところからすれば、近代を主題としながら、それを文明の始原とも対比し、新しい多民族、多元的起源論に光を当てている点も納得できるのではないでしょうか。

最後に、私たち両名は本書編集に携わることができた幸せに感謝いたします。

二〇一九年八月三十日

印藤　和寛
橋本　恭子

本書は、印藤様、橋本様の深い想いがなかったなら、刊行できなかったでしょう。お二人に感謝です。
若い世代に、本書が思索の一助となれば幸いです。
原島春雄とご縁のあった皆様に、心よりお礼申し上げます。

二〇一九年十一月吉日

原島　優子

近代中国断章

二〇一九年十二月二十日　初版発行

著　者　原島　春雄

発行所　株式会社　美巧社
〒七六〇―〇〇六三
香川県高松市多賀町一―八―一〇
TEL　〇八七―八三三―五八一一
FAX　〇八七―八三五―七五七〇

印刷・製本　株式会社　美巧社

ISBN 978-4-86387-108-3 C3000